中華現代學術名著叢書

兩漢經學今古文平議

錢穆 著

商務印書館

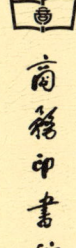

圖書在版編目(CIP)數據

兩漢經學今古文平議/錢穆著. —北京:商務印書館,2015
(中華現代學術名著叢書)
ISBN 978-7-100-11811-8

I. ①兩… II. ①錢… III. ①经学—研究—中国—汉代
IV. ①Z126.273.4

中國版本圖書館 CIP 數據核字(2015)第 283709 號

本書據商務印書館 2001 年版排印

中華現代學術名著叢書
兩漢經學今古文平議
錢穆 著

商務印書館出版
(北京王府井大街 36 號 郵政編碼 100710)
商務印書館發行
北京冠中印刷廠印刷
ISBN 978-7-100-11811-8

2015 年 12 月第 1 版　　開本 880×1240 1/32
2015 年 12 月北京第 1 次印刷　　印張 16 1/4 插頁 1
定價:49.00 元

錢 穆

(1895—1990)

出版説明

百年前，張之洞嘗勸學曰：『世運之明晦，人才之盛衰，其表在政，其裏在學。』是時，國勢頽危，列强環伺，傳統頻遭質疑，西學新知亟亟而入。一時間，中西學并立，文史哲分家，經濟、政治、社會等新學科勃興，令國人亂花迷眼。然而，淆亂之中，自有元氣淋漓之象。中華現代學術之轉型正是完成於這一混沌時期，於切磋琢磨、交鋒碰撞中不斷前行，涌現了一大批學術名家與經典之作。而學術與思想之新變，亦帶動了社會各領域的全面轉型，爲中華復興奠定了堅實基礎。

時至今日，中華現代學術已走過百餘年，其間百家林立、論辯蜂起，沉浮消長瞬息萬變，情勢之複雜自不待言。温故而知新，述往事而思來者。『中華現代學術名著叢書』之編纂，其意正在於此，冀辨章學術，考鏡源流，收納各學科學派名家名作，以展現中華傳統文化之新變，探求中華現代學術之根基。

『中華現代學術名著叢書』收錄上自晚清下至二十世紀八十年代末中國大陸及港澳臺地區、海外華人學者的原創學術名著（包括外文著作），以人文社會科學爲主體兼及其他，涵蓋文學、歷史、哲學、政治、經濟、法律和社會學等衆多學科。

出版『中華現代學術名著叢書』，爲本館一大夙願。自一八九七年始創起，本館以『昌明教育，開啓民智』爲己任，有幸首刊了中華現代學術史上諸多開山之著、扛鼎之作；於中華現代學術之建立與變遷而言，既爲參與者，也是見證者。作爲對前人出版成績與文化理念的承續，本館傾力謀劃，經學界通人擘畫，并得國家出版基金支持，終以此叢書呈現於讀者面前。唯望無論多少年，皆能傲立於書架，并希冀其能與『漢譯世界學術名著叢書』共相輝映。如此宏願，難免汲深綆短之憂，誠盼專家學者和廣大讀者共襄助之。

商務印書館編輯部

二〇一〇年十二月

凡　例

一，『中華現代學術名著叢書』收錄晚清以迄二十世紀八十年代末，爲中華學人所著，成就斐然、澤被學林之學術著作。入選著作以名著爲主，酌量選錄名篇合集。

二，入選著作内容、編次一仍其舊，唯各書卷首冠以作者照片、手迹等。卷末附作者學術年表和題解文章，誠邀專家學者撰寫而成，意在介紹作者學術成就，著作成書背景、學術價值及版本流變等情況。

三，入選著作率以原刊或作者修訂、校閱本爲底本，參校他本，正其訛誤。前人引書，時有省略更改，倘不失原意，則不以原書文字改動引文；如確需校改，則出脚注説明版本依據，以『編者注』或『校者注』形式説明。

四，作者自有其文字風格，各時代均有其語言習慣，故不按現行用法、寫法及表現手法改動原文；原書專名（人名、地名、術語）及譯名與今不統一者，亦不作改動。如確係作者筆誤、排印舛誤、數據計算與外文拼寫錯誤等，則予徑改。

五，原書爲直（橫）排繁體者，除個別特殊情況，均改作橫排簡體。其中原書無標點或僅有簡單斷句者，一律改爲新式標點，專名號從略。

六，除特殊情況外，原書篇後注移作脚注，雙行夾注改爲單行夾注。文獻著錄則從其原貌，稍加統一。

七，原書因年代久遠而字迹模糊或紙頁殘缺者，據所缺字數用『□』表示；字數難以確定者，則用『（下缺）』表示。

兩漢經學今古文平議　目次

自序

本書共收文四篇：

一、劉向歆父子年譜
二、兩漢博士家法考
三、孔子與春秋
四、周官著作時代考

此四文皆爲兩漢經學之今、古文問題而發。其實此問題僅起於晚清道、咸以下，而百年來掩脅學術界，幾乎不主楊，則主墨，各持門戶，互爭是非，渺不得定論所在，而夷求之於兩漢經學之實況，則並無如此所云云也。

蓋清儒治學，始終未脫一門戶之見。其先則爭朱、王，其後則爭漢、宋。其於漢人，先則爭鄭玄、王肅，次復爭西漢、東漢，而今、古文之分疆，乃由此而起。其治今文經學者，其先則爭左氏與公羊，其次復爭三家與毛、鄭。其於推尋家法，紬繹墜緒，未爲無功。而縋之愈幽，鑿之益深，流遁而忘反，遂謂前漢古文諸經，盡出劉歆僞造，此則斷斷必無之事也。本書第一篇劉向歆父子年譜，即對此而發。

清季今文學大師凡兩人，曰廖季平與康有爲。康著新學僞經考，專主劉歆僞造古文經之說，而廖季平之今古學考，剔抉益細，謂前漢今文經學十四博士，家法相傳，道一風同，其與古文對立，則一一追溯之於戰國先秦，遂若漢代經學之今古文分野，已遠起於先秦戰國間，而夷考漢博士家法，事實後起，遲在宣帝之世。及其枝分脈散，漫失統紀，歧途亡羊，無所歸宿。不僅無當於先秦之家言，抑且復異於景、武之先師。兩漢書儒林傳，可資證明。本書第二篇兩漢博士家法考，則爲此而作也。夫治經學者，則豈有不讀儒林傳？而終至於昧失本眞而不知，此即是門戶之見之爲害也。

然一時代之學術，則必其有一時代之共同潮流與其共同精神，此皆出於時代之需要，而莫能自外。逮於時代變，需要衰，乃有新學術繼之代興。若就此尋之，漢儒治經學，不僅今文諸師，同隨此潮流，同抱此精神，即古文諸師，亦莫不與此潮流精神相應相和，乃始共同形成其爲一時代之學術焉。清儒晚出於兩千載之後，其所處時代，已與漢大異，清儒雖自號其學爲「漢學」，此亦一門戶之號召而已，其於漢學精神，實少發見。本書第三篇孔子與春秋，特於古今經學流變之大體，以及經學與儒家言之離合異同，提絜綱領，窮竟源委，於學術與時代相配合相呼應之處，獨加注意，而漢儒與清學之辨，亦朗若列眉，更無遁形。讀者必於此有悟，乃可以見清學之所建立，乃所以獨自成其爲清學，而未必卽有當於漢儒之眞相也。

清儒主張今文經學者，羣斥古文諸經爲僞書，尤要者則爲周官與左傳。左傳遠有淵源，其書大部分應屬春秋時代之眞實史料，此無可疑者。惟周官之爲晚出僞書，則遠自漢、宋，已多疑辨。然其書果起何代，果與所謂古文經學者具何關係，此終不可以不論。本書第四篇周官著作時代考，卽爲此而發。然貌若辨僞，而旨切存眞，而於後代經師，考禮紛綸，種種誤失，其癥結所在，亦藉此可見。此如大禹治水，先疏源而後可以治委，而門戶之見之無當於治學，亦由此而益顯。蓋不僅於經學中有門戶，卽經學本身，亦一門戶也。苟錮蔽於此門戶之內，則不僅將無由見此門戶之外，並亦將不知其門戶之所在，與夫其門戶之所由立矣。故知雖爲徵實之學，仍貴乎學者之能脫樊籠而翔寥廓也。

晚清經師，有主今文者，亦有主古文者。主張今文經師之所說，既多不可信。而主張古文諸經師，其說亦同樣不可信，且更見其爲疲軟而無力。此何故？蓋今文古今之分，本出晚清今文學者門戶之偏見，彼輩主張今文，遂爲今文諸經建立門戶，而排斥古文諸經於此門戶之外。而主張古文諸經者，亦卽以今文學家之門戶爲門戶，而不過入主出奴之意見之相異而已。此如盜憎主人，入室操戈，又如隨樂起舞，俯仰由人，則宜乎其所主張之終無以大勝乎今文諸師矣。

本書宗旨，則端在撤藩籬而破壁壘，凡諸門戶，通爲一家。經學上之問題，同時卽爲史學上之問題，自春秋以下，歷戰國，經秦迄漢，全據歷史記載，就於史學立場，而爲經學顯眞是。遂若有以超出於從來經學專家藩籬壁壘之外，而另闢途徑，別開戶牖，此則本書之所由異夫前人也。

夫治經終不能不通史，卽清儒主張今文經學，龔定菴、魏默深爲先起大師，此兩人亦既就史以論經矣。而康長素、廖季平，其所持論，益侵入歷史範圍。故旁通於史以治經，篳路藍縷啓山林者，其功績正當歸之晚清今文諸師。惟其先以經學上門戶之見自蔽，遂使流弊所及，甚至於顚倒史實而不顧。凡所不合於其所欲建立之門戶者，則胥以僞書僞說斥之。於是不僅羣經有僞，而諸史亦有僞。輓近世疑古辨僞之風，則胥自此啓之。夫史書亦何嘗無僞？然苟非通識達見，先有以廣其心、沉其智，而又能以持平求是爲志，而輕追時尚，肆於疑古辨僞，專以蹈隙發覆、標新立異爲自表襮之資，而又雜以門戶意氣之私，則又烏往而能定古書眞僞之眞乎？

本書之所用心，則不在乎排擊清儒說經之非，而重在乎發見古人學術之眞相。亦惟眞相顯，而後僞說可以息，浮辨可以止。誠使此書能於學術界有貢獻，則實不盡於爲經學上之今古文問題持平論、作調人，而更要在其於古人之學術思想有其探原抉微、鈎沉闡晦之一得。讀吾書者，亦必先自破棄學術上一切門戶之成見，乃始有以體會於本書之所欲闡述也。

本書第一篇曾刊載於燕京學報及古史辨，又曾由中國文化服務社單獨印行；第二篇曾刊載於中央大學出版之文史哲季刊；第三篇曾刊載於香港大學東方文化研究院之東方學報；第四篇曾刊載於燕京學報。①此次彙刊，各篇文字，均續有修訂，幷此附識。

一九五八年八月二十日錢穆識於九龍鑽石山寓廬

① 編者按：劉向歆父子年譜初刊於民國十九年六月燕京學報第七期；兩漢博士家法考原載民國三十三年七月中央大學文史哲季刊第二卷第一號；孔子與春秋原載一九五四年一月香港大學東方文化研究院東方學報第一卷第一期；周官著作時代考原載民國二十一年六月燕京學報第十一期。

兩漢經學今古文平議

劉向歆父子年譜自序

主今文經學者，率謂六經傳自孔氏，歷秦火而不殘，西漢十四博士皆有師傳，道一風同，得聖人之旨。此三者，皆無以自堅其說。然治經學者猶必信今文，疑古文，則以古文爭立自劉歆，推行自王莽，莽、歆爲人賤厭，謂歆僞諸經以媚莽助篡，人易信取，不復察也。南海康氏新學僞經考持其說最備，余詳按之皆虛。要而述之，其不可通者二十有八端。

劉向卒在成帝綏和元年，劉歆復領五經在二年，爭立古文經博士在哀帝建平元年，去向卒不踰二年，去其領校五經才數月。謂歆徧僞諸經，在向未死前乎？將向既卒後乎？

向未死前，歆已徧僞諸經，向何弗知？不可通一也。

向死未二年，歆領校五經未數月，即能徧僞諸經，不可通二也。

謂歆徧僞諸經，非一時事，建平以下，迄於爲莽國師，逐有所僞，隨僞隨佈，以欺天下，天下何易欺？不可通三也。

然則歆之徧僞諸經，果何時耶？

且歆徧僞諸經，將一手僞之乎？將借羣手僞之乎？一手僞之，古者竹簡繁重，殺青非易，不能不假手於人也。羣手僞之，何忠於僞者之多，絕不一洩其詐耶？不可通四也。

莽嘗徵天下通逸經、古記、小學諸生數千人記說廷中，謂此諸人盡歆預布以待徵，則此數千人者遍於國中四方，何無一人洩其詐？自此不二十年，光武中興，此數千人不能無一及於後，何當時未聞言歆之詐者？不可通五也。

與歆同校書者非一人。尹咸名父子，歆從受學，與歆父向先已同受校書之命，名位皆出歆上，何不能發歆之僞？班斿校書，亦與劉向同時，漢廷賜以祕書之副。歆僞中祕，不能並班家書而僞之也。蘇竟與歆同校書，至東漢尚在，其人正士，無一言及歆僞，且深推敬。不可通六也。

揚雄校書天祿閣，即歆校書處，歆於諸經、史恣意妄竄，豈能盡滅故簡，徧爲更寫？僞迹之昭，雄何不見？不可通七也。

東漢諸儒，班固、崔駰、張衡、蔡邕之倫，並校書東觀，入覩中祕，目驗僞迹，轉滋深信。不可通八也。

桓譚、杜林與歆同時，皆通博洽聞之士，湛靜自守，無所希於世。下逮東漢，顯名朝廷，何所忌憚，於歆之徧僞諸經絕不一言，又相尊守？不可通九也。

稍前如師丹、公孫祿，稍後如范升，皆深抑古文諸經，皆與歆同世，然皆不言歆僞，特謂非先帝所立而已。何以捨其重而論其輕？不可通十也。

然則歆之徧僞諸經，當時知之者誰耶？而言之者又誰耶？

且歆亦何爲而徧僞諸經哉？

歆之爭立古文諸經，王莽方退職，絕無篡漢之象，謂歆僞諸經，將以助莽篡乎？不可通十一也。

謂歆僞經媚莽，特指周官爲說。然周官後出，方爭立諸經時，周官不與。不可通十二也。

且莽據周官以立政，非歆據莽政造周官。謂歆以周官諛莽猶可，不得謂以周官媚莽也。不可通十三也。

考周官之見於漢廷政制，最先在平帝元始元年，前一年哀帝崩，莽拜大司馬，白歆爲右曹太中大夫，相距不數月。其前兩人皆退居，不相聞。謂歆逆知哀帝之不壽，莽之且復用，而方退職不得志之時，私僞此書以誤莽歟？謂歆於爭立古文諸經前，已先僞此書，而故自秘惜，不之及歟？抑歆爲太中大夫後乃僞之歟？不可通十四也。

夫媚莽以助篡者，符命爲首。符命源自災異，善言災異者，皆今文師也。次則周公居攝稱王，本諸尚書，亦今文說耳。歆欲媚莽助篡，不造符命，不言災異，不說今文尚書，顧僞爲周官。周官乃莽得志後據以改制，非可借以助篡，則歆之僞周官，何爲者耶？其果將以誤莽耶？不可通十五也。

若歆自有專政改制之心，知莽好古，因僞爲周官以肆其意，則井田見於孟子，分州見於尚書，爵位之等詳於王制、公羊，其他如郊祀天地、改易錢布之類，莽朝政制，元、成、哀、平以下，多已有言之者。此皆有本，何歆之不憚煩，必別僞一書以啓天下之疑耶？不可通十六也。

謂歆之僞周官，將以媚莽助篡，未見其然也。且歆僞周官以前，已先僞左氏傳、毛詩、古文尚書、逸禮諸經。周官所以媚莽，左氏傳諸經又何爲哉？

謂將以篡聖統，則歆既得意，爲國師公，莽加尊信，而莽朝六經祭酒、講學大夫多出今文諸儒，此又何說？不可通十七也。

謂歆僞諸經以媚莽，其說既絀，乃謂將以篡聖統；因又謂古文、今文如冰炭之不相竝。然莽朝立制，王制、周禮兼舉；歆之議禮，亦折衷於今文。此不可通十八也。師丹、公孫祿，下及東漢范升，諫立左氏諸經，並不爲今古分家，又不言古文出歆僞。自西漢之季，以逮夫東漢之初，求所謂今古文鴻溝之限，不可得也。是不可通十九也。

謂歆之僞諸經，將以篡聖統，又未見其然也。然則歆之徧僞諸經，果何爲者耶？

且左氏既出歆僞，何以有陳欽爲莽左氏師，別自名學，與歆各異，豈亦歆私自命之以掩世耳目者耶？不可通二十也。

左氏傳授遠有淵源，歆師翟方進；翟子義，爲莽朝反虜逆賊；方進發塚，戮及屍骨。歆苟僞托，何爲而托於此？不可通二十一也。

歆以前，其父向及他諸儒，奏記述造，引左氏者多矣。左氏自傳於世，謂盡歆僞，不可通二十二也。

至周官果出何代？左氏、國語爲一爲二？此皆非一言可決，而何以遽知其皆爲歆僞？不可通二十三也。

且當時媚莽助篡者衆矣，不獨一歆；歆又非其魁率。甄豐爲莽校文書，六筦之議，蔽罪魯匡，此尤其彰著，何以謂僞經者之必歆？不可通二十四也。

蓋古文諸經，多有徵驗。謂左氏、周官僞，不得不謂他經盡僞。謂諸經皆僞，不得不謂僞經者乃歆。何者？歆在中秘，領校五經，非歆不得徧僞諸經也。則歆亦不幸焉爾！然史、漢所載，可爲古文徵驗者猶多，因謂史記多歆僞竄，漢書亦出歆手，輕據葛洪僞說，漢代史實，一切改觀。不可通二十五也。

且歆徧僞諸經，當有實例。謂今文五帝無少皞，歆古文有之；今文五帝前無三皇，歆古文有之；今文惟九州，無十二州，歆古文有之。如此類，所以爲聖統者僅矣；歆何爲必篡焉？不可通二十六也。

況五帝有少皞，與夫三皇、十二州之說，又斷斷不始於歆。因謂先秦舊籍及此者，盡歆所僞。此又不可通二十七也。

必以今文一說爲眞，異於今文者皆歆說，皆僞；然今文自有十四博士，已自相異。此益不可通二十八也。

如此而必謂歆僞諸經，果何說耶？

此姑擧其可略論者，其他牽引旣廣，不能盡辨。余讀康氏書，深疾其牴牾，欲爲疏通證明，因先編劉向歆父子年譜，著其實事。實事旣列，虛説自消。元、成、哀、平、新莽之際，學術風尚之趨變，政治法度之因革，其迹可以覩。凡近世經生紛紛爲今古文分家，又伸今文，抑古文，甚斥歆、莽，徧疑史實，皆可以返。循是而上溯之晚周先秦，知今古分家之不實，十四博士之無根，六籍之不盡傳於孔門而多殘於秦火，庶乎可以脱經學之樊籠，發古人之眞態矣；而此書其嚆矢也。

至於整統舊史，歸之條貫，讀者自得之。

中華民國十八年歲盡前一日錢穆識

此稿初刊於燕京學報第七期；嗣轉載於顧頡剛所編古史辨第六册，略有增訂。二十六年冬，國難，避居南岳，又校讀一過。錢穆又識。

劉向歆父子年譜

昭帝元鳳二年，壬寅。（西曆紀元前七九）

劉向生。

漢書向傳：向字子政，本名更生。系出高祖同父少弟楚元王交後。交生紅侯富，富生光祿大夫辟彊，辟彊生陽城侯德，為向父。又向傳：「向居列大夫官前後三十餘年，年七十二卒。卒後十三歲而王氏代漢。」

王先謙漢書補注引錢大昕曰：「依此推檢，向當卒於成帝綏和元年。」又葉德輝曰：「漢紀云：『前後四十餘年。』案：傳言『卒後十三年王氏代漢』，則向卒於成帝建平元年。由建平元年上推，向生於昭帝元鳳四年。自既冠擢為諫大夫至此實四十餘年。當以漢紀為是。吳修續疑年錄亦推向生元鳳四年，卒建平元年。蓋莽代漢在孺子嬰初始元年十二月，是年上距向卒正十三歲之後。錢氏誤推，不足據。」

按：向生實在元鳳二年，錢氏推不誤。自綏和元年後十三年爲孺子嬰居攝元年，莽稱假皇帝，漢書帝紀盡於平帝元始五年，無孺子嬰。王子侯表、外戚恩澤侯表、百官公卿表，皆及孝平而止，無記孺子嬰者。此漢人以莽代漢在居攝元年之證也。又王莽班符命亦言：「漢氏平帝末年，火德銷盡，土德當代，皇天眷然，去漢與新。」後漢杜篤傳謂：「創業於高祖，祚缺於孝平，傳世十一，歷載三百」，均不數孺子嬰。或疑向年十二以父德任爲輦郎，當在地節四年德封陽城侯之歲。按：哀紀除任子令，應劭注引漢儀注：「吏二千石以上視事滿三年，得任同產若子一人爲郎。」德以元鳳三年即爲宗正，本始三年賜爵關內侯，不必封陽城後乃得任子爲郎。德傳稱德封陽城侯，「宗家以德得官宿衞者二十餘人」，亦非謂其親子。又參其卒年及壽數，向生元鳳二年甚信。其卒年別有考，詳後。

元鳳三年，癸卯。（七八）

正月，眭孟言事伏誅。

孟傳：孟……從嬴公受春秋，……元鳳三年正月，泰山……大石自立，……又上林苑……大柳樹斷枯臥地，亦自立生。……孟推春秋之意，以為……大石自立，僵柳復起，……當有從匹夫為天子者。……即說曰：「先師董仲舒有言，雖有繼體守文之君，不害聖人之受命。漢家堯後，有傳國之運，漢帝宜誰差天下，求索賢人，禪以帝位，而退自封百里，如殷、周二王後，以承順天命。」使友人……上此書，……大將軍霍光……惡之，……廷尉奏孟妄設祆言惑衆，大逆不道，伏誅。

補注：齊召南曰：「以漢為堯後，始見此文；然則弘雖習公羊，亦兼通左氏矣。其後劉向父子申明其義，而新莽亦因以為篡竊之本。」又葉德輝曰：「退封百里如二王後，亦公羊家『新周故宋』之說。」

按：後書賈逵傳：「逵具奏曰：『五經家皆無以證圖讖明劉氏爲堯後者，而左氏獨有明文』」，後人多疑此爲左氏學者僞羼。然班書高紀贊已引劉向高祖頌云：「漢帝本系，出自唐帝，降及於周，在秦作劉。涉魏而東，遂爲豐公。」則豈僞羼左氏者乃劉向乎？眭孟言漢爲堯後，不述所本，以事屬當時共信，無煩引據也。其論禪讓，據公羊，尤明白。後莽自引爲虞帝裔，以篡漢擬唐、虞，此已遠啓其先矣。

向父劉德爲宗正。（見百官表）

元鳳四年，甲辰。（七七）

京房生。

元平元年，丁未。（七四）

昭帝崩。昌邑王以淫亂廢，皇太后遣宗正劉德迎立宣帝。

夏侯勝遷長信少府。

按：路溫舒傳：「溫舒受春秋通大義，宣帝初即位，上書言宜尚德緩刑。其辭曰：『齊有無知之禍，而桓公以興；晉有驪姬之難，而文公用霸。』」均本左氏。又引「山藪藏疾，川澤納汚」四句，乃左氏載晉大夫伯宗辭。是溫舒曾治左氏也。

宣帝本始三年，庚戌。（七一）

韋賢相。

儒林傳：宣帝即位，聞衛太子好穀梁春秋，以問丞相韋賢、長信少府夏侯勝及侍中樂陵侯史高，皆魯人也。言穀梁本魯學，公羊氏乃齊學，宜興穀梁。時蔡千秋為郎，召見，與公羊家並說。上善穀梁說，擢千秋爲諫大夫給事中。

賜宗正劉德爵關內侯，並食邑。

地節二年，癸丑。（六八）

向年十二，以父德任爲輦郎。

霍光卒。

龔勝生。

地節三年，甲寅。（六七）

六月，魏相相。

霍禹爲大司馬。

張敞傳：「敞上封事曰：『臣聞公子季友有功於魯，大夫趙衰有功於晉，大夫田完有功於齊，皆疇其官邑，延及子孫。終後田氏篡齊，趙氏分晉，季氏顓魯。故仲尼作春秋，迹盛衰，譏世卿最甚。……』」傳又云：「敞本治春秋，以經術自輔。」

按：儒林傳：「漢興，北平侯張蒼，及梁太傅賈誼，京兆尹張敞，皆修春秋左氏傳。」季友、趙衰、田完受封事，公、穀皆不著，敞治春秋，及見左氏審矣。敞又名能識古文字，左氏多古字，與其學合。譏世卿乃公羊義，敞引爲說，當時通學本不分今古也。

韋賢卒，年八十二。

地節四年，乙卯。（六六）

三月，封劉德爲陽城侯。（見恩澤侯表）

德傳：地節中，以親親行謹厚，封為陽城侯。子安民為郎中右曹，宗家以德得官宿衛者二十餘人。

七月，霍氏謀反伏誅。

元康元年，丙辰。（六五）

以左馮翊蕭望之爲大鴻臚。

孔光生。

神爵元年，庚申。（六一）

三月，改元。

郊祀志：三月幸河東，祠后土，有神爵集，改元為神爵。制詔太常，令祠官以禮為歲事，自是五嶽四瀆皆有常禮。東嶽泰山於博，中嶽泰室於嵩高，南嶽灊山於灊，西嶽華山於華陰，北嶽常山於上曲陽。

康氏僞經考云：「古經傳皆言四嶽，其言五嶽者僞說，或竄入也。」又云：「劉歆既僞毛詩、周官，思以證成其說，故僞造爾雅，欲以訓詁代正統。考爾雅訓詁，以釋毛詩、周官為主。釋山則有「五嶽」，與周官合，與堯典、王制異。（原注：王制：「五嶽視三公」，後人校改之文也。）釋地「九州」與禹貢異，與周官略同。釋樂與周官大司樂同。釋天與王制異。祭名與王制異，與毛詩、周官合。蓋歆既徧僞羣經，又欲以訓詁證之，而作爾雅，心思巧密，城壘堅嚴，此其所以欺紿百世歟？」

按：爾雅有出孝武後者，昔人已論之。然據郊祀志，五嶽明見宣帝前，時周禮、毛詩皆未出，歆尚未生，必如康說，非漢書亦出歆僞，不足自圓。

又劉向說苑辨物有五嶽，康氏謂亦竄入，劉向九歎復有言五嶽者，是亦歆之僞爲而竄入者耶？

遣諫大夫王褒求金馬碧雞之神於益州。

褒傳：褒字子淵，蜀人也。宣帝時，修武帝故事，講論六藝羣書，博盡奇異之好。徵能為楚辭九江被公。益召高材劉向、張子僑、華龍、柳褒等，待詔金馬門。益州刺史王襄因奏褒有軼材，徵至，詔為聖主得賢臣頌其意。今與張子僑等並待詔。頃之，擢為諫大夫。後方士言益州有金馬碧鷄之寶，可祭祀致，宣帝使褒往祀，褒道病死。

按：郊祀志，其事當在今年。然考藝文類聚、初學記、御覽諸書，均引王褒僮約，云：「神爵三年，資中男子王子淵從成都女子楊惠買戶下髯奴便了。」似其時子淵尚未出蜀赴朝，與史不合。

補注：周壽昌曰：「張子僑、華龍俱見蕭望之傳。龍為弘恭、石顯頌望之，非正士。子僑作子蟜，又見東平王傳。藝文志詩賦家光祿大夫張子僑賦三篇，漢中都尉丞華龍賦二篇，又有車郎張豐賦三篇，注云：『張子僑子。』」

張敞為京兆尹。

郊祀志：「時美陽得鼎，有司以為宜薦見宗廟。張敞好古文字，按鼎銘勒，上議曰：『臣愚不足以迹古文，竊以……此鼎殆周所以褒賜大臣，大臣子孫刻銘其先功，藏之於宮廟也。……不宜薦見於宗廟。』制從之。」又藝文志：「倉頡多古字，俗師失其讀。宣帝時，徵齊人能正讀者，張敞從受之。傳至外孫之子杜林，為作訓詁。」

偽經考：當時識古文者惟有敞。歆古文二字大體從此撰出；其以左傳附於張敞亦以此。然恐張敞識古文字亦歆所杜撰。

按：康氏無可堅持其說，故曰「大體」，曰「恐」，輕輕作規避也。

神爵二年，辛酉。（六〇）

向年二十，擢爲諫大夫。

向傳：既冠，以行修飭，擢為諫大夫。時宣帝循武帝故事，招選名儒俊材，置左右，更生以通達能屬文辭，與王褒、張子僑等並進對，獻賦凡數十篇。

按：王褒卒應在前年，向年十九，郊祀志及本傳屢以王褒、張子僑與向連文，或向擢尚在前，或褒卒尚在後，不可確定矣。

又按：藝文志劉向賦三十三篇，王褒賦十六篇，向父陽城侯劉德賦九篇。

九月，司隸校尉蓋寬饒自剄北闕下。

寬饒傳：寬饒奏封事，引韓氏易傳言：「五帝官天下，三王家天下，家以傳子，官以傳賢。若四時之運，功成者去。不得其人，則不居其位。」書奏……，遂下吏。

按：先是有王生與寬饒書，謂：「君不務盡職而已，乃欲以太古久遠之事，匡拂天子，數進不用難聽之語，摩切左右，非所以揚令名、全壽命者也。」而寬饒不能改。自元鳳三年，眭弘以論禪讓誅，至是不二十年，當時學者敢於依古以違時政如是。又深信陰陽之運，五德轉移，本不抱後世帝王萬世一姓之見。莽之代漢，碩學通儒多頌功德勸進，雖云覬寵競媚，亦一時學風趨向，不獨一劉歆。歆何爲不憚勞，必徧僞羣經，篡今文聖統，乃得助莽爲逆耶？又元帝紀：「太子柔仁好儒，見宣帝以刑名繩下，大臣楊惲、蓋寬饒等坐刺譏辭語爲罪誅，嘗從容言：『陛下持刑太深，宜用儒生。』宣帝作色曰：『漢家自有制度，奈何純用周政？俗儒不達時宜，好是古非今，使人眩於名實，不知所守，何足委任？』又歎曰：『亂我家者，太子也。』寬饒亦言：『方今聖道寖廢，儒術不行，以刑餘爲周、召，以法律爲詩、書。』」蓋漢自元、成以下，始純用儒術，異於武、宣。不達時宜，是古非今，其風至莽、歆而極，正其篡漢自敗之本。宣帝時學者已有此風，故能預言之如此也。

神爵三年，壬戌。（五九）

三月，魏相卒。

相傳：相明易經，有師法，數表采易陰陽及明堂月令奏之。其言曰：「……臣聞易曰：天地以順動，故日月不過，四時不忒。聖王以順動，故刑罰清而民服。……東方之神太昊，乘震，執規，司春。南方之神炎帝，乘離，執衡，司夏。西方之神少昊，乘兌，執矩，司秋。北方之神顓頊，乘坎，執權，司冬。中央之神黃帝，乘坤、艮，執繩，司下土。茲五帝所司，各有時也。東方之卦，不可以治西方。南方之卦，不可以治北方。春興兌治則飢，秋興震治則華，冬興離治則泄，夏興坎治則雹。明王謹於尊天，慎於養人，故立義和之官，以乘四時，節授民事。……臣愚以為陰陽者，王事之本，羣生之命。自古聖賢，未有不繇者也。……高帝皇所述書，天子所服第八，……令羣臣議天子所服，以安治天下。相國臣何（蕭何）、御史大夫臣昌（周昌），謹與將軍臣陵（王陵）、太子太傅臣通（叔孫通）等議：『春夏秋冬，天子所服，當法天地之數，中得人和。……臣請……中謁者趙堯舉春，李舜舉夏，兒湯舉秋，貢禹舉冬，四人各職一時。』……制曰：『可。』……臣相伏念陛下恩澤甚厚，然而災氣未息，竊恐詔令有未合當時者也。願陛下選明經通知陰陽者四人，各主一時，……以和陰陽，天下幸甚。」

按：僞經考以明堂、月令及五帝有少皞之說，皆劉歆僞撰，以與今文家爲難。左傳、國語、史記曆書言及少皞，皆歆竄入。崔適史記探源則謂：「劉歆欲明新之代漢，迫於皇天威命，非人力所能辭讓，乃造爲『終始五德』之說，託始於鄒衍。」呂氏春秋十二紀、淮南天文訓，凡言五帝有少皞分列五德，崔氏謂自歆爲莽典文章始。更推衍其說，謂「凡：史記、漢書所載張蒼、公孫臣、司馬遷等言及五德者，皆歆僞托，不足信。」又謂：「夏尚黑，殷尚白，周尚赤，此因三正，不緣五德。王莽傳曰：『定有天下之號曰新，服色配德尚黃，犧牲應正用白』，是則別服色於正朔之外，而屬之『終始五德』，亦自歆爲莽典文章始。於史記則竄入黃帝、秦始、漢高本紀、十二諸侯年表、張蒼傳也。」今按：魏相此奏，明引少皞五帝，其引高帝天子所服，亦明以月令配服色，不屬三正。如康、崔之論，此亦歆所僞撰矣。循此論之，凡莽、歆以前一切傳記，苟與莽、歆有關，無論其層見疊出，要之爲歆所僞竄，而後康、崔之讞，洵不可搖，其持論之悍有如此。又相奏主復古羲和官，亦新政先聲。

四月，丙吉相。

吉傳：吉嘗出，逢清道羣鬭者，死傷横道，吉不問。前行，逢人逐牛，牛喘吐舌，吉止問。……或以譏吉，吉曰：「民鬭相殺傷，……小事，非當於道路問也。方春，少陽用事，未可以熱，恐牛行近，用暑故喘，此時氣失節，……三公典調和陰陽，職所當憂，是以問之。」

掾史迺服，以吉知大體。

七月，以大鴻臚蕭望之爲御史大夫。

光祿大夫梁丘賀爲少府。

五鳳二年，乙丑。（五六）

向年二十四歲。父德卒，兄安民嗣侯。向以典上方鑄作事繫獄，得踰冬減死論。

向傳：上復興神仙方術之事，而淮南有枕中鴻寶苑祕書，言神仙使鬼物爲金之術，及鄒衍重道延命方。世人莫見，更生父德，武帝時治淮南獄得其書。更生幼而讀誦，以爲奇，獻之，言黄金可成。上令典上方鑄作事，費甚多，方不驗。上乃下更生吏。吏劾更生當死。更生兄陽城侯安民上書入國户半贖更生罪。上亦奇其材，得踰冬減死論。

又德傳：地節中，封陽城侯。立十一年，子向坐鑄僞黄金當伏法。德上書訟罪，會薨，大鴻臚奏德訟子罪，失大臣體，不宜賜謚置嗣。制曰：「賜謚繆侯。為置嗣。」

按：恩澤侯表，德地節四年三月甲辰封，十年薨。又云：五鳳二年，節侯安民嗣。自地節四年至五鳳二年，凡十一年，正與德傳立十一年向坐法，德上書訟罪相符，表作「十年」，脫一「一」字。

又郊祀志序大夫劉更生獻淮南枕中洪寶苑祕之方，令尙鑄作，事不驗，更生坐論，其事次美陽得鼎前，則神爵元年，時向年十九，豈以是年上書，歷六年不驗而始坐罪歟！然向坐論則斷在此年，或郊祀志自連王褒諸人爲文，誤記在前耶？又向傳補注劉奉世曰：「德待詔丞相府，年三十餘，始元二年事也。淮南事在元朔六年，時德甫數歲，傳誤記。」王先謙曰：「德傳言治劉澤詔獄是也。此因向得淮南書而附會。」按：今傳劉子政上關尹子序有云：「淮南王好道聚書，有此不出。臣向父德因治淮南王事得之，臣向幼好焉。」此襲漢書而誤，亦關尹書不可信一證。康氏謂漢書向歆傳卽出歆手，觀此等處，自知其非。

五鳳三年，丙寅。（五五）

向年二十五歲，待詔受穀梁。

向傳：會初立穀梁春秋，徵更生受穀梁。

按：石渠講論，在甘露三年。據儒林傳，劉向待詔受穀梁時，乃江公孫爲博士。後江博士卒，徵周慶、丁姓待詔保宮。後石渠議，慶、姓皆在。江博士之卒，慶、姓之徵，以至於明習，其間需時。自此下至甘露三年共五歲，向既以今年春得減死論，疑不久卽待詔受穀梁也。清梅毓劉更生年表繫此於石渠講論之年，誤。

甘露元年，戊辰。（五三）

揚雄生。

按：文選李善注任昉王儉集序引七畧云：「子雲家牒言以甘露元年生。」

甘露三年，庚午。（五一）

向年二十九，與諸儒講五經同異於石渠閣，復拜爲郎中，給事黃門。遷散騎諫大夫給事中。

儒林傳：蔡千秋擢為諫大夫後，有過，左遷平陵令，復求能為穀梁者，莫及千秋。上愍其學且絶，迺以千秋為郎中戶將，選郎中十人從受。汝南尹更始翁君本自事千秋，能說矣，會千秋病死，徵江公孫為博士。劉向以故諫大夫通達，待詔受穀梁，欲令助之。江博士復死，迺徵周慶、丁姓待詔保宮，使卒授十人。自元康中始講，至甘露元年，積十餘歲，皆明習。迺召五經名儒太子太傅蕭望之等大議殿中，平公羊、穀梁異同，各以經處是非。時公羊博士嚴彭祖、侍郎申輓、伊推、宋顯，穀梁議郎尹更始、待詔劉向、周慶、丁姓並論。公羊家多不見從，願請內侍郎許廣，使者亦並內穀梁家中郎王亥，各五人，議三十餘事。望之等十一人各以經誼對，多從穀梁。由是穀梁之學大盛。慶、姓皆為博士。姓至中山太傅，授楚申章昌曼君，為博士，至長沙太傅，徒衆尤盛。尹更始為諫大夫，長樂戶將，又受左氏傳，取其變理合者以為章句，傳子咸，及翟方進、瑯邪房鳳。咸至大司農，方進丞相。

按：石渠議據宣紀在甘露三年，此云甘露元年，誤也。又云：「卒授十餘人，積十餘歲皆明習」；然與議者，惟尹更始習之最久，其他如劉向待詔受穀梁不踰五年，周慶、丁姓之徵猶在後，王亥則不可考。歆傳：「宣帝時，詔向受穀梁春秋，十餘年，大明習」，亦不可據。

又按：嚴彭祖公羊大師，然孔穎達春秋疏沈氏云：「嚴氏春秋引觀周篇：『孔子將修春秋，與左丘明乘如周觀書。』」隋書經籍志有春秋左氏圖十卷，漢太子太傅嚴彭祖撰，新、舊唐志皆有嚴彭祖春秋圖七卷，即隋志所稱。則彭祖應兼通左氏，惜兩書皆不傳，無堪深論矣。

宣帝紀：甘露三年，詔諸儒講五經同異，太子太傅蕭望之等平奏其議，上親稱制臨決焉。迺立梁邱易，大、小夏侯尚書，穀梁春秋博士。

補注：錢大昭曰：「時與議石渠者，易家博士沛施讎，黃門郎東萊梁丘臨。書家博士千乘歐陽地餘，博士濟南林尊，譯官令齊周堪，博士扶風張山拊，謁者陳留假倉。詩家淮陽中尉魯韋玄成，博士山陽張長安，沛薛廣德。禮家梁戴聖，太子舍人沛聞人通漢。公羊家博士嚴彭祖，侍郎申輓、伊推、宋顯、許廣。穀梁家議郎汝南尹更始，待詔劉向，梁周慶、丁姓，中郎王亥。其可考者二十三人。議奏之見於藝文志者，書四十二篇，禮二十八篇，春秋三十九篇，論語二十八篇，五經雜議十八篇，凡一百六十五篇。易、詩二經獨無議奏，班氏失載之耳。」

按：儒林傳載「由是某經有某家之學」，事皆晚出。可證其先諸家說經雖有異同，未分派別，不成家數。故劉歆云：「至孝武皇帝，然後鄒、魯、梁、趙頗有詩、禮、春秋先師，皆起於建元之間。當此之時，一人不能獨盡其經，或爲雅，或爲頌，相合而成。泰誓後得，博士集而讀之也。」然正惟其時說經疏略，故經師不必專治一經，雖謂不能獨盡，亦多兼通五經者。自漢武置五經博士，說經爲利祿之途，於是說者日衆，經說益詳密，而經之異說亦益歧，乃不得不謀整齊以歸一是。故宣帝有石渠會諸儒論五經異同之擧，其不能歸一是者，乃於一經分數家，各立博士。其意實欲永爲定制，使此後說經者限於此諸家，勿再生歧異也。故使大臣平奏其異同，而漢帝稱制臨決，此卽整齊歸一是，永不欲再有異說之意。「乃立梁邱易，大、小夏侯尙書，穀梁春秋」者，此卽漢帝稱制特許之異說也。漢博士經說分家，實起於此。論漢代經學派別者，不可不知。

又按：宣帝欲立穀梁，周折如是，則此後劉歆之爭立諸經，多遭非難，固宜。

黃龍元年，壬申。（四九）

帝寢疾，以史高爲大司馬車騎將軍，蕭望之爲前將軍，光祿勳周堪爲光祿大夫，皆受遺詔輔政，領尙書事。冬十二月，帝崩。

元帝初元元年，癸酉。（四八）

向年三十二，擢爲散騎宗正，給事中。

向傳：元帝初卽位，太傅蕭望之爲前將軍，少傅周堪爲諸吏光祿大夫，皆領尚書事，甚見尊任。更生年少於望之、堪，然二人重之，薦更生宗室忠直，明經有行。擢爲散騎宗正給事中，與侍中金敞拾遺於左右。四人同心輔政，患苦外戚許、史在位放縱，而中書宦官弘恭、石顯弄權，望之、堪、更生議，欲白罷退之。未白而語泄，遂爲許、史及恭、顯所譖愬。堪、更生下獄，及望之皆免官。

王吉卒。

吉傳：元帝初卽位，遣使者徵貢禹與吉，吉年老，道病卒。吉兼通五經，能爲騶氏春秋，好梁丘賀說易。

按：貢禹以今年爲諫大夫，吉卒蓋亦在今年。僞經考：「鄒、夾二氏，無是烏有。」又謂：「歆既爲左氏微以作書法，又錄鐸氏微、張氏微在虞氏微傳之上，皆以爲春秋說，而西漢人皆未嘗稱之，蓋亦鄒、夾之類，皆歆所僞作，以旁證左氏微者。其意謂中秘之春秋說尚多，不止左氏春秋爲人間所未見，謏見寡聞，未窺中秘者，愼勿妄攻也。」據此，則王吉之傳騶氏，亦歆僞竄，歆之作僞，旁見側出，千門萬戶，有如此，誠可爲千古一大騙局，而康氏洵千古一大卓眼矣。

又按：吉傳：「宣帝時，吉上疏言得失云：『陛下躬聖質，總萬方，惟思世務，將興太平。……臣伏而思之，可謂至恩，未可謂本務也。……公卿幸得遭遇其時，……然未有建萬世之長策，舉明主於三代之隆者。其務在於期會簿書，斷獄聽訟而已，此非太平之基也。……孔子曰：「安上治民，莫善於禮」，非空言也。王者未制禮之時，引先王禮宜於今者用之。臣願陛下……述舊禮，明王制，敺一世之民，濟之仁壽之域。』上以其言迂闊，不甚寵異也。」蓋漢初治尚恭儉，主無爲，武帝始從事禮樂，以興太平，而不免於奢侈。王、貢之徒乃以恭儉說禮樂。王吉不見用於宣帝，而元帝則尊信禹，遂開晚漢儒生復古一派。

以貢禹爲諫大夫，罷諸宮館希幸者。

禹傳：元帝初卽位，徵禹為諫大夫，數虛己問以政事。禹奏言：「古者宮室有制，……至高祖、孝文、孝景皇帝，循古節儉。……後世爭為奢侈。……承衰救亂，矯復古化，在於陛下。臣愚以為盡如太古難，宜少放古以自節。……當仁不讓，獨可以聖心參諸天地，揆之往古，不可與臣下議也。」

按：漢武、宣用儒生，頗重文學，事粉飾。元、成以下，乃言禮制，追古昔。此爲漢儒學風一大變。莽、歆亦自王、貢來。必以巨譈大奸視之，此乃帝王萬世一統之所以詔其子民，未足爲知人論世之準也。

張敞卒。

敞傳：元帝初即位，待詔鄭朋薦敞名臣，宜傅皇太子。上問前將軍蕭望之，以為敞能吏，非師傅器。天子使徵敞，欲以為左馮翊，會病卒。

按：據此，敞卒在今年望之下獄前也。張氏世擅古文學。杜鄴傳：「鄴母敞女，鄴從敞子吉學問，得其家書。吉子竦，又幼孤，從鄴學問，尤長小學。鄴子林，清靜好古，其正文字過於鄴、竦。故世言小學者由杜公。」僞經考謂：杜林爲歆傳法，則所謂父鄴及外祖張敞，皆歆門附會之辭。惟歆所以偏僞羣經，不惜自誣其父者，特以佐莽篡。林既博洽多聞，又見稱卓行，彼固無所希於莽世，何以亦爲歆欺，又不惜自誣其父並及其外家，以與歆同串此騙局？此則康氏所無以爲說者。

又按：其時古文別自名學，與經說家派無關，後人乃專以文字古今流變爲當時經說分野，亦誤也。

翼奉以待詔上封事。

按：奉封事有云：「王者忌子卯，春秋諱焉。」補注葉德輝曰：「左氏昭公九年傳：『辰在子卯，謂之疾日，君徹宴樂。』公羊莊二十二年傳：『肆大眚』，何注：『謂子卯日也。夏以卯日亡，殷以子日亡，先王常以此日省吉事不忍舉云。』忌子卯爲疾日，公、穀無明文，此何暗襲左氏。」

又按：傳稱奉「治齊詩，與蕭望之、匡衡同師」，齊召南曰：「案儒林傳，其師乃東海后蒼。」傳又稱奉「好律歷陰陽之占」。

初元二年，甲戌。（四七）

向年三十三，與蕭望之、周堪同下獄，皆免爲庶人。

夏，蕭望之賜爵關內侯。

秋，向、堪皆徵爲中郎。

冬，向使其外親上變事，坐免爲庶人。蕭望之自殺。

向傳：其春地震，夏，客星見昴、卷舌間，上感悟，賜望之爵關內侯，奉朝請。秋，徵堪、向，欲以為諫大夫，恭、顯白皆為中郎。冬，地復震。時恭、顯、許、史子弟侍中諸曹，皆側目於望之等，更生懼焉，乃使其外親上變事。……書奏，恭、顯疑其更生所為，白請攷姦詐。辭果服，遂逮更生繫獄。下太傅韋玄成、諫大夫貢禹，與廷尉雜考。劾更生……誣罔不道，坐免為庶人。望之亦坐使子上書自冤前事，恭、顯白令詣獄置對，望之自殺。

初元三年，乙亥。（四六）

周堪爲光祿勳，張猛爲光祿大夫，給事中。

向傳：蕭望之既自殺，天子甚悼恨之，乃擢周堪為光祿勳，堪弟子張猛光祿大夫，給事中，大見信任。恭、顯憚之，數譖毀焉。

翼奉上疏，請徙都成周。

疏云：「漢德隆盛，在於孝文皇帝，……其時未有甘泉、建章及上林諸離宮館，未央宮又無高門諸殿。……孝文欲作一臺，度用百金，……廢而不為。……如令處於當今，因此制度，必不能成功名。天道有常，王道亡常，亡常者所以應有常也。漢家郊兆寢廟祭祀之禮，多不應古，……願陛下遷都正本，眾制皆定，亡復繕治，……所謂與天下更始者也。天道終而復始，窮則反本，故能延長而亡窮也。」

按奉傳：「奉後貢禹亦言當定迭毁禮，及匡衡爲丞相，奏徙南北郊，其議皆自奉發之。」今考奉疏「王道亡常」云云，卽漢歷中衰之意也。其主循古節儉，亦與王、貢一轍。奉疏又有云：「按成周之居，兼盤庚之德，萬歲之後，長爲高宗。」補注：李慈銘曰：「後王莽奏尊元帝廟爲高宗，蓋卽采奉議。」今按：莽議欲遷都，亦自奉此疏發之。

六月，詔丞相御史舉天下明陰陽災異者各三人。

元帝紀，詔曰：「蓋聞安民之道，本繇陰陽，……有司勉之，毋犯四時之禁。丞相御史舉天下明陰陽災異者各三人。」於是言事者衆，或進擢召見，人人自以得上意。

補注：何焯曰：「陰陽、月令發於魏相，至此言陰陽者遂盛。」

初元四年，丙子。（四五）

王莽生。（五行志）

京房以孝廉爲郎。

按：魏志文帝紀注引京房易傳有曰：「凡爲王者，惡者去之，弱者奪之，易姓改代，天命應常。人謀鬼謀，百姓與能。」其說亦與眭、孟同流，當時學風如此，斷可識矣。後房亦見戮。又劉師培曰：「賓起見雄雞斷尾，宋女子生毛，事均僅見左傳，而京房易傳均述之，見漢書五行志」，是房亦兼治左氏。

初元五年，丁丑。（四四）

正月，以周子南君爲周承休侯，位次諸侯王。

按：梅福傳：「武帝時，始封周後姬嘉爲周子南君，至是尊爲侯，位次諸侯王」，此亦追復古禮一見端也。又使諸大夫博士求殷後。匡衡議：「王者存二王後，所以尊其先王而通三統。春秋之義，諸侯不能守其社稷者絕。宋已不守其統而失國。禮記孔子曰：『丘，殷人也。』先師所共傳，宜以孔子世爲湯後。」上以其語不經，遂見寢。至成帝時，梅福復言之，語詳後。

六月，以貢禹爲御史大夫。

禹傳：自禹在位，數言得失，書數十上。禹以為：「古民亡賦算，口錢起武帝……民產子三歲則出口錢，故民重困。……宜令兒七歲去齒乃出口錢，年二十乃算。」

又言：「古者不以金錢為幣，專意於農。……自五銖錢起七十餘年，民坐盜鑄錢被刑者衆。富人積錢滿室，猶亡厭足。……宜罷採珠玉金銀鑄錢之官，亡復以為幣，市井勿得販賣，除其租銖之律。租稅祿賜，皆以布帛及穀。使百姓壹歸於農，復古道便。」

又言：「諸官奴婢十餘萬人，戲遊亡事，……宜免為庶人。」又欲令近臣自諸曹侍中以上，家亡得私販賣，與民爭利。又奏欲罷郡國廟，定漢宗廟迭毀之禮。

按：凡禹所奏，皆主上復古禮，下卹民生，與武、宣二帝張揚禮樂粉飾太平之意不同。莽、歆爲政，定井田，釋奴隸，更幣制，倡官賣，皆遠承此意而起。惟亦鋪張禮樂，兼效武、宣，則爲不同。

十二月，貢禹卒，年八十一。

永光元年，戊寅。（四三）

向年三十七歲，上封事。

向傳：更生見堪、猛在位，幾己得復進，乃上封事。

按：向封事有云：「初元以來六年矣」，知在今歲。

周堪左遷爲河東太守，張猛爲槐里令。

向傳：恭、顯見其書，愈與許、史比，而怨更生等。是歲夏寒，日青無光，恭、顯、許、史皆言堪、猛用事之咎，左遷堪爲河東太守，猛槐里令。顯等專權日甚。

永光二年，己卯。（四二）

韋玄成相。匡衡爲光祿大夫。

永光四年，辛巳。（四〇）

周堪爲光祿大夫，張猛爲大中大夫。堪卒，猛自殺。

向傳：後三歲餘，孝宣廟闕災。其晦，日有食之。於是上召諸前言日變在堪、猛者責問，皆稽首謝。乃因下詔徵堪拜爲光祿大夫，領尚書事。猛復爲太中大夫，給事中。顯幹尚書，尚書五人皆其黨。堪希得見，常因顯白事，事決顯口。會堪疾瘖，不能言而卒，顯誣譖猛，令自殺於公車。更生傷之，乃著疾讒、擿要、救危及世頌，凡八篇。……遂廢十餘年。

十月，罷祖宗廟在郡國者。

按：此議唱自貢禹，至是丞相韋玄成、御史大夫鄭弘、太子太傅嚴彭祖、少府歐陽地餘、諫大夫尹更始等七十人贊成之。詳韋玄成傳。

永光五年，壬午。（三九）

十二月，毀太上皇、孝惠皇帝寢廟園。

按：此以親盡毀，韋玄成、尹更始等主之。詳玄成傳。

建昭元年。癸未。（三八）

冬，罷孝文太后、孝昭太后寢園。

按：此亦發於韋玄成，詳玄成傳。凡此皆漢儒追復古禮之事，蓋始自漢元以後。

建昭二年，甲申。（三七）

京房棄市。　年四十一。（漢紀作「三十一」。）

按：淮陽憲王傳：京房妻父張博兄弟三人，與房同棄市。博與淮陽憲王書，言「齊有駟先生，善爲司馬兵法，大將之材」。僞經攷謂：「司馬法言車乘與今學不同，與周官合，亦歆僞書。其云軍禮，與周官吉、凶、軍、賓、嘉合。以禮經按之，禮運、昏義祗有冠、昏、喪、祭、射、鄉、朝、聘八禮。王制有冠、昏、喪、祭、鄉、相見六禮。唯本命以冠、昏、朝、聘、喪、祭、賓主、鄉飲酒、軍旅爲九禮。若非歆所自出，則歆所竄入者也。大戴禮多與周禮同，二者必居一焉。」若康氏說，凡同周禮，盡出歆僞，漢書亦成於歆手。則張博諸書，亦歆僞造以欺後世，僞中有僞，可謂無微不至。試問歆固何爲出此？天下亦有此情理否？

又按：何武上封事薦辛慶忌，亦引司馬法。

建昭三年，乙酉。（三六）

韋玄成卒。匡衡爲相。

甘延壽、陳湯斬郅支單于。

湯傳：湯旣斬郅支，疏請「宜縣頭稾街蠻夷邸間，以示萬里」。丞相匡衡以為「月令春『掩骼埋胔』之時，宜勿縣」。

按：傳首至漢，已在翌年，故衡云然。其引月令，徵非歆僞。

竟寧元年，戊子。（三三）

四月，封甘延壽爲義成侯，賜陳湯爵關內侯。

按：湯傳：延壽、湯出西域，斬郅支單于，在建昭三年，爲匡衡、石顯所抑，功久不賞。劉向以故宗正上疏，兩人乃得封；據功臣表在今年。梅表並列建昭三年，誤。又按：向治穀梁，而此疏用公羊義，其條災異封事，如祭伯奔魯、尹氏世卿，亦均公羊說。後人必謂漢儒經學守家法不相通，其實非也。

五月，帝崩。

六月，成帝卽位，以元舅王鳳爲大司馬大將軍，領尙書事。

郊祀志：成帝初卽位，丞相衡（匡衡）、御史大夫譚（張譚）奏言：「甘泉泰畤、河東后土之祠，宜可徙置長安，合於古帝王。」大司馬車騎將軍許嘉等八人以爲所從來久遠，宜如故。右將軍王商、博士師丹、議郞翟方進等，以爲如禮便。天子從之。旣定，衡言：「甘泉泰畤，紫壇八觚，宣通象八方，五帝壇周環其下，又有羣神之壇。宜皆勿修。」衡又言：「王者各以其禮制事天地，非因異世所立而繼之。今雍鄜、密、上、下畤，本秦侯各以其意所立，非禮之所載術也。漢興之初，儀制未及定，卽且因秦故祠，復立北畤。今旣稽古，建定天地之大禮，郊見上帝，青赤白黃黑五方之帝皆畢陳，各有位饌，祭祀備具。諸侯所妄造，王者不當長遵。及北畤，未定時所立，不宜復修。」天子皆從焉。及陳寶祠，由是皆罷。

按：此事爲循秦制及稽古禮一大爭端。師丹、翟方進之徒與匡衡同主興復古禮以革秦制，蓋亦承貢、韋議禮之風也。

成帝建始元年，己丑。（三二）

正月，石顯以罪免。

向年四十八歲，復進用爲中郎，領護三輔都水，遷光祿大夫。

向傳：成帝卽位，顯等伏辜；更生乃復進用，更名向。向以故九卿召拜為中郎，使領護三輔都水，數奏封事，遷光祿大夫。

元后傳：大將軍鳳用事，上謙讓無所專。左右常薦光祿大夫劉向少子歆，通達有異材。上召見歆，誦讀詩賦，甚説之，欲以為中常侍。召取衣冠，臨當拜，左右皆曰：「未曉大將軍。」

上曰：「此小事，何須關大將軍？」左右叩頭爭之。上於是語鳳。鳳以為不可，乃止。

向傳：向三子，皆好學。長子伋，以易教授，官至郡守。中子賜，九卿丞，蚤卒。少子歆，最知名。

歆傳：歆字子駿，少以通詩書能屬文，召見成帝，待詔宦者署，為黃門郎。

按：歆生年無考。成帝初即位，歆蓋弱冠，其年當較王莽稍長。又揚雄生年，劉向二十七歲，距成帝即位二十一年。雄、歆年蓋相若，子雲猶或稍長。然其來京師已年四十餘。僞經考以子雲著書多及古文，遂謂「揚雄乃從歆學」，實無據。

十二月，用匡衡議，作長安南北郊，罷甘泉、汾陰祠。毀太上皇、孝惠、孝景皇帝廟，罷孝文、孝昭太后、昭靈后、武哀王、昭哀后寢園。

按：前韋玄成等所議罷諸廟寢園，以元帝連年疾，盡復修祀如故。及是帝崩，丞相匡衡請悉罷勿奉，奏可。詳韋傳。

建始三年，辛卯。（三〇）

十二月，朔，日食，夜地震，詔舉直言極諫之士，谷永以待詔對策。

按：永策有云：「四輔既備，成王靡有過事。」又曰：「堯遭洪水，天下分絕爲十二州。」方望溪疑莽朝四輔，康有爲疑莽朝十二州，皆前無所承，爲劉歆所創僞說，皆非也。辨見後。

又按：永又云：「白氣起東方，賤人將興之表也；黃濁冒京師，王道微絕之應也。夫賤人當起，而京師道微，二者已醜。」（補注王文彬曰：「『醜』猶『比』也，言二者之徵兆已相連比而見。」）此亦隱寓漢家運數將終之意。當時據災異言占應，多持此說，宜莽之乘機而起也。下至竇融與河西，彼中智者猶謂：「自前世博物道術之士，谷子雲、夏賀良等，建明漢有再受命之符，言之久矣。」可見當時漢運中衰說之入人之深。

又按：陳湯傳：「成帝時，大中大夫谷永上疏訟湯。曰：『楚有子玉得臣，文公爲之仄席。』」此本左氏。又五行志引谷水曰：「虢公無道，神降」云云，亦本左氏。是谷永通左氏也。

河平二年，甲午。（二七）

悉封王氏諸舅，譚、商、立、根、逢時，皆爲列侯。是歲王莽年十九。

莽傳：莽字巨君，孝元皇后弟子也。家凡九侯、五大司馬。唯莽父曼蚤死，不侯。莽羣兄弟皆將軍五侯子，乘時侈靡，以輿馬聲色佚游相高。莽獨孤貧，因折節為恭儉。受禮經，師事沛郡陳參，勤身博學，被服如儒生。事母及寡嫂，養孤兄子，行甚敕備。又外交英俊，內事諸父，曲有禮意。

河平三年，乙未。（二六）

向年五十四歲，校中祕書。

成帝紀：河平三年，光祿大夫劉向校中祕書。謁者陳農使，使求遺書於天下。

藝文志：成帝時，以書頗散亡，使謁者陳農求遺書於天下。詔光祿大夫劉向校經傳諸子詩賦，步兵校尉任宏校兵書，太史令尹咸校數術，侍醫李柱國校方技。每一書已，向輒條其篇目，撮其旨意，錄而奏之。

補注：陶憲曾曰：「據哀紀、公卿表，有任宏字偉公，為執金吾，守大鴻臚，蓋即其人。」又王先謙曰：「太史令，奉常屬官。咸先為丞相史，見劉歆傳。更始子，官至大司農。見儒林傳、百官表。」

按：襄向校書尚有可考者：（一）杜參。藝文志有博士弟子杜參賦二篇。師古曰：「劉向別錄云：『臣向謹與長社尉杜參校中秘書。』劉歆又云：『參，杜陵人，以陽朔元年病死，時年二十餘。』」陽朔元年在此後二年也。晏子春秋敍錄：「臣向謹與長社尉臣參校讎」，即此人。北史文苑傳，樊遜議校書事云：「案漢中壘校尉劉向受詔校書，每一書竟，表上，輒言臣向書、長水校尉臣參書、太常博士書、中外書，合若干本，以相比較，然後殺青。」作「長水校尉」恐誤。又今列子敍錄，稱「永始三年八月壬寅上」，若參以陽朔元年病死，至是十一年，豈得與校讎？歆語非僞，即列子敍錄非眞。（二）班斿。敍傳：「班斿博學有俊材。左將軍史丹舉賢良方正，以對策爲議郎，遷諫大夫、右曹中郎將，與劉向校祕書。每奏事，斿以選受詔，進讀羣書。上器其能，賜以祕書之副。」補注：王先謙曰：「據公卿表，成帝河平三年，史丹爲左將軍，永始三年薨。建始三年詔舉賢良方正，在史丹爲左將軍前四年，而云『左將軍史丹舉』者，從其後官書之。斿由議郎遷至中郎將，與向校書，自是後數年事。」又按：斿弟穉，王莽少與穉兄弟同列友善，兄事斿而弟畜穉。斿之卒也，修緦麻，賻賵甚厚。穉子即班彪叔皮。敍傳：「彪幼與從兄嗣共遊學。家有賜書，內足於財，好古之士，自遠方至。父黨揚子雲以下，莫不造門。嗣貴老莊之術，桓生（譚）欲借其書，嗣報書卻之。」叔皮年二十，遭王莽敗。班氏父子並不黨莽，劉歆縱能僞中祕書，班氏有副，歆不得竄改。若謂漢書係劉歆作，豈此亦劉歆僞造以欺班氏之子孫，遂並以欺後世乎？(三) 劉歆。歆傳：「河平中，受詔與父向領校祕書，講六藝、傳記、諸子、詩賦、數術、方技，無所不究。」(四) 望。山海經第九、第十三卷末，有「建平元年四月丙戌臣望校」云云，其姓字不可考。山海經劉歆所上，望則助歆校書者，或其人向時已爲助校，不可知。

至其校書之事，亦有可言者：

風俗通云：「劉向別錄，讎校者，一人讀書校其上下，得謬誤爲校。一人持本，一人讀書，若怨家相對爲讎。」（文選魏都賦注引）又云：「劉向別錄曰：殺青者，直治竹作簡書之耳。新竹有汗，善朽蠹。凡作簡者，皆於火上炙乾之。陳、楚間謂之汗；汗者，去其汁也。吳、越曰殺；殺，亦治也。向為孝成皇帝校書籍二十餘年，皆先書竹，為易刊定，可繕寫者，以上素也。由是言之，殺青者竹，斯為明矣。今東觀書，竹素也。」（御覽六百六引）

按：上引兩條，似風俗通釋別錄「校讎」、「殺青」二語義，非別錄本文。後人徑謂別錄云云，誤矣。又先以殺青書者，爲易刊削；至繕寫上素，則爲定本。補注，沈欽韓曰：「向上晏子、列子奏，並云以殺青書，可繕寫，然則其錄奏者，並先殺青書簡也。」按：沈引此條「爲易刊定」作「改易刊定」，誤。云可繕寫，而仍以殺青簡書，不徑繕寫上素者，此謙謹不敢專輒意。

上所著洪範五行傳。

向傳：是時帝元舅陽平侯王鳳為大將軍秉政，倚太后，專國權，兄弟七人，皆封為列侯。時數有大異，向以為外戚貴盛，鳳兄弟用事之咎。而上方精於詩書，觀古文，詔向領校中五經祕書。向見尚書洪範，箕子為武王陳五行陰陽休咎之應，向乃集合上古以來歷春秋、六國至秦、漢符瑞災異之記，推迹行事，連傳禍福，著其占驗，比類相從，各有條目，凡十一篇，號曰洪範五行傳，論奏之。天子心知向忠精，故為鳳兄弟起此論也，然終不能奪王氏權。

按：趙翼二十二史劄記，謂漢書藝文志有劉向五行傳十一卷，是以言五行傳者皆以爲劉向所作。然漢書五行志先引「經曰」，則洪範本文也。次引「傳曰」，顏師古初未注明何人所作。今觀夏侯勝引洪範五行傳以對張安世，則武帝末已有是書，不自劉向始也。漢代言陰陽災異者，惟眭孟與勝同時；其餘京房、翼奉、劉向、谷永、李尋、解光等，皆在勝後。則勝所引必非諸人所作。在勝前者有董仲舒、夏侯始昌，然仲舒之陰陽本之春秋，不出於洪範，今仲舒所著繁露具在，初無推演五行之處。至尚書雖自景帝時伏生所傳，而伏生亦未言洪範災異，其弟子作尚書大傳，亦無五行之說。惟夏侯始昌以尚書敎授，明於陰陽，先言柏梁臺災日，至期果驗。自董仲舒、韓嬰死後，武帝甚重始昌。然則勝所引洪範五行傳，蓋卽始昌所作也。其後劉向又推演之成十一篇耳。

又按：藝文志有劉向五行傳記十一卷。又有許商五行傳記一篇。公卿表，永始三年，詹事許商爲少府；綏和元年，又由侍中光祿大夫爲大司農；其年又遷光祿勳。與向正同時。治大夏侯尚書，其弟子顯於莽朝。

又按：漢書眭孟等傳贊曰：「漢興，推陰陽言災異者，孝武時有董仲舒、夏侯始昌；昭、宣則眭孟、夏侯勝；元、成則京房、翼奉、劉向、谷永；哀、平則李尋、田終術。此其納說時君，著明者也。察其所言，彷佛一端，假經設誼，依託象類，或不免乎億則屢中。」今按：向等言陰陽災異，實開以後新莽符命之漸，雖用意不同，而學風則一，可辨而知也。

又按：僞經考謂向時無古文，此言「成帝觀古文」，是歆僞竄。不知西漢人言「古文」，每與詩書並舉，故凡六藝、詩書，皆「古文」也。史記所稱「古文」諸條，均如此。康、崔不識，以「古文」爲指劉歆爭立諸經之專名，因疑盡歆僞竄矣。

陽朔二年，戊戌。（二三）

向年五十七歲，上論王氏封事。

向傳：時上無繼嗣，政由王氏，災異浸甚。向雅奇陳湯智謀，與相親友，獨謂湯曰：「災異如此，而外家日甚，其漸必危劉氏。吾幸得同姓末屬，身為宗室遺老，歷事三主。上以我先帝舊臣，進見常加優禮，吾而不言，孰當言者？」遂上封事極諫。書奏，天子召見向，歎息悲傷其意，謂曰：「君且休矣，吾將思之。」

按：疏云：「大將軍秉事用權，五侯驕奢僭盛，並作威福，擊斷自恣。」陽朔元年王章見殺，四年王鳳卒。通鑑載此疏於陽朔二年，情事恰符。梅氏表失載。

又按：疏云：「內有管、蔡之萌，外假周公之論」，時王氏專政，已假周公爲說。谷永、杜欽之徒，言事涉王氏，亦屢及周公。僞經考謂歆作僞經，移孔子爲周公。豈今文經生乃不知周公耶？是時歆僞經未出，何以有假周公之論者？

以向爲中壘校尉。

按：向傳，向爲中壘校尉在上封事後，蓋在今年。梅表爲中壘校尉在元延元年，亦失之。

李尋傳：成帝時，齊人甘忠可詐造天官曆、包元太平經十二卷，言「漢家逢天地大終，當更受命於天。天帝使真人赤精子下教我此道」。忠可以教重平夏賀良、容丘丁廣世、東郡郭昌等。中壘校尉劉向奏忠可假鬼神罔上惑衆，下獄治服，未斷，病死。賀良等以不敬論。

按：觀忠可之行僞以殺身，可見當時尊信陰陽律歷、終始五德之盛，亦由羣信漢家歷數當終，否則忠可雖愚妄，亦無從憑空造爲此等之見。其事未知在何年，向既爲中壘校尉，斷當在此後。

陽朔三年，己亥。（二二）

八月，王鳳卒。九月，以王音爲大司馬。

莽年二十四，爲黃門郎，遷射聲校尉。

莽傳：陽朔中，世父大將軍鳳病，莽侍疾，親嘗藥，亂首垢面，不解衣帶連月。鳳且死，以託太后及帝，拜爲黃門郎，遷射聲校尉。

歆傳：莽少與歆俱爲黃門郎，重之。

按：莽、歆關係始見此。

永始元年，乙巳。（一六）

向年六十四歲，上疏諫起延陵。

向傳：營起昌陵，數年不成，復還歸延陵，制度泰奢。向上疏諫。上甚感向言，而不能從其計。

補注：王先謙曰：「成帝以渭城延陵亭部為初陵，在建始二年。以新豐戲鄉為昌陵縣，在鴻嘉元年。罷昌陵反故陵，在永始元年。反故陵，即此傳所云『復還歸延陵』也。反故陵後，制度仍奢，故向上此疏。末云：『初陵之撫，宜從公卿大臣之議。』明向此疏諫延陵制度之奢，非諫昌陵也。谷永傳云：『五年不成而後反故，又廣盱營表，發人冢墓，斷截骸骨，暴揚尸柩，百姓財竭力盡，愁恨感天。』又云：『且寢初陵之作，止諸營繕宮室』，與向此時進諫事可互證。漢紀、通鑑並載此疏於永始元年罷昌陵之前，以為向諫昌陵，誤矣。」

按：成帝紀：永始元年秋七月，詔曰：「朕過聽將作大匠萬年言，昌陵三年可成，作治五年，天下虛耗，百姓罷勞，……終不可成。朕惟其難，怛然傷心。其罷昌陵及故陵。」補注陳景雲曰：「『及』，當作『反』。先是，劉向諫昌陵事，有還復故陵之請。反故陵，謂仍還渭城延陵。」不知向自諫延陵，非請反延陵也。陳說亦誤，補注未加辨正。

又按：向疏文云：「……王者必通三統，明天命所授者博，非獨一姓也。……是以富貴無常。不如是，則王公其何以戒愼，民萌何以勸勉？……自古及今，未有不亡之國也。」其言深切。謂天命非獨一姓，尤可注意。其先公羊家言三統受命，本以解釋漢室之起平民爲天子，至是漢德日衰，乃以警庸主，而轉爲新莽斬榛莾，除先道焉。後谷永亦善言之，固不徒眭、蓋、甘、夏有此說也。

向爲列女傳、新序、說苑。

向傳：向睹俗彌奢淫，而趙、衛之屬起微賤，踰禮制。（趙皇后、昭儀衛倢伃。）向以為王教由內及外，……故採取詩書所載賢妃貞婦，興國顯家可法則，及孽嬖亂亡者，序次為列女傳，凡八篇，以戒天子。及采傳記行事，著新序、說苑，凡五十篇，奏之。數上疏言得失，陳法戒，書數十上，以助觀覽，補闕遺。上雖不能盡用，然而嘉其言，常嗟歎之。

補注，王先謙曰：「曾鞏云：『列女傳稱八篇，而隋書及崇文總目稱十五篇，曹大家注。非向書本然也。』」

按：初學記卷二十五引別錄曰：「臣向與黃門侍郎歆所校列女傳，種類相從，爲七篇」，是向輯此書，歆亦助之。

又補注，沈欽韓曰：「新序三十篇，說苑二十篇，案說苑本有劉向奏上言：「所校中書說苑雜事，及臣向書、民間書校讎，其事類衆多，章句相溷，除去復重，更造新事」，則此二書舊本有之，向重爲訂正，非剏自其手。」章炳麟劉子政左氏說，謂說苑、新序、列女傳中，所擧左氏事義六、七十條，其間一字偶易，正可見古文左傳不同今本，而子政之改易古文代以訓詁者，亦皆可覩。又謂五行志中亦間有大劉說左氏語。今按：如「龍鬭洧淵」、「蛇出泉宮」等是也。

五月，封舅曼子王莽爲新都侯，遷騎都尉光祿大夫侍中。莽時年三十。

莽傳：叔父成都侯商上書，願分戶邑封莽，及長樂少府戴崇、侍中金涉、胡騎校尉箕閎、上谷都尉陽竝、中郎陳湯，皆當世名士，咸為莽言。上由是賢莽。永始元年，封莽為新都侯，遷騎都尉光祿大夫侍中。宿衛謹敕，爵位益尊，節操愈謙。散輿馬衣裘，振施賓客，家無所餘。收贍名士，交結將相卿大夫，故在位更推薦之。

永始二年，丙午。（一五）

正月，王音卒。三月，以王商爲大司馬。

十一月，翟方進爲相。

李尋傳：尋治尚書，與張孺、鄭寬中同師。（齊召南曰：據儒林傳，乃小夏侯建。）寬中等守師法，尋獨好洪範災異，又學天文月令陰陽。事丞相翟方進。方進亦善星曆，除尋爲吏。

永始三年，丁未。（一四）

向年六十六。

冬十月，以劉向言復甘泉泰時、汾陰后土，及雍五時、陳寶祠，長安及郡國祠著明者皆復之。

郊祀志：匡衡坐事免官爵，衆庶多言不當變動祭祀者。又初罷甘泉泰時，作南郊日，大風壞甘泉竹宮，折拔時中樹木十圍以上百餘。天子異之，以問劉向。對曰：「家人尚不欲絕種祠，況於國之神寶舊時？且甘泉、汾陰及雍五時始立，皆有神祇感應，然後營之。……武、宣之世，……神光尤著。祖宗所立神祇舊位，誠未易動。及陳寶祠，自秦文公至今，七百餘歲矣。……此陽氣舊祠也。及漢宗祖廟之禮，……皆祖宗之君與賢臣所共定。古今異制，經無明文，至尊至重，難以疑說正也。前始納貢禹之議，後人相因，多所動搖。易大傳曰：

『誣神者殃及三世』，恐其咎不獨止禹等。」上意恨之。後上以無繼嗣故，令皇太后詔復甘泉泰畤、汾陰后土如故。及雍五畤、陳寶祠在陳倉者，天子復親郊禮如前。又復長安、雍及郡國祠著名者且半。

按：志又云：「元帝好儒，貢禹、韋玄成、匡衡等相繼爲公卿，禹建言漢家宗廟祭祀多不應古禮，上是其言。後韋、匡皆承禹意持論，故向言及之。」向雖精忠，識有不超，如此等處可見。後建平三年，劉歆等重申匡衡議，復長安南北郊。父子之間，學有異同，不能謂凡向者皆是，凡歆則盡非也。

十一月，尉氏男子樊並等謀反，誅。

儒林傳：「世所傳尚書百兩篇，出東萊張霸，分析合二十九篇以為數十，又采左氏傳、書序為作首尾，凡百二篇，篇或數簡，文意淺陋。成帝時，求其古文者，霸以能為百兩徵。以中書校之，非是。霸辭受父，父有弟子尉氏樊並。時太中大夫平當、侍御史周敞勸上存之。後樊竝謀反，乃黜其書。」論衡佚文篇：「孝成皇帝讀百篇尚書，博士郎吏莫能曉知，徵天下能為尚書者。東萊張霸通左氏春秋，案百篇序，以左氏訓詁造作百二篇，具成，奏上。成帝出祕尚書以考校之，無一字相應者。下霸於吏。成帝奇霸才，赦其辜，亦不滅其經，故百二尚書傳在民間。」

按：張霸獻百兩僞書，其事的在何年不可考。公卿表，平當以永始二年自長信少府爲大鴻臚，其爲太中大夫給事中，尚在爲長信少府前，推其事，當在陳農求遺書後十年間。可證是時確有左氏及書序，故霸資以爲僞。僞經考謂：「霸采左氏傳、書序爲作首尾者，實則歆采霸僞書而作書序，並竄入左氏耳。」張霸僞書，時人盡知，歆雖愚，其徧僞羣經，固已無微不至，何至重借霸僞以自襮己僞？康氏不如謂張霸百兩篇亦歆僞造，見歆前已有竊左氏傳、書序爲僞者，使人信其所僞左氏傳、書序之眞，如此爲說，猶勝康氏今說之顯爲曲强也。又儒林傳：「賈誼爲左氏傳訓故」，觀論衡云云，則誼有訓詁之書亦信。

元延元年，己酉。（一二）

七月，星孛東井。谷永言災異之意。

谷永傳：元延元年，爲北地太守。時災異尤數，永當之官，上使衞尉淳于長受永所欲言。永對曰：「……臣聞天生蒸民，不能相治，爲立王者以統理之。方制海內，非爲天子；列土封疆，非爲諸侯，皆以爲民也。垂三統，列三正，去無道，開有德，不私一姓。明天下乃天下之天下，非一人之天下也。王者躬行道德，承順天地，……則卦氣理效，五徵時序，……符瑞並降，以昭保右。失道妄行，逆天暴物，……則卦氣悖亂，咎徵著郵，上天震怒，災異婁降。……終不改寤，惡洽變備，不復譴告，更命有德。……加以功德有厚薄，期質有修短，時世有中季，天道有盛衰。陛下承八世之功業，當陽數之標季，涉三七之節紀，遭无妄之卦運，直百六之災阸。三難異科，雜焉同會。……隆德積善，懼不克濟。」

按：永傳，稱其「於天官、京氏易最密，故善言災異」。甘忠可、夏賀良之徒方以推運數見誅，而永言又如此，此自元、成以來一時學者意見，鼓盪蘊積，遂召莽篡。歆、雄之徒，後世所譏爲「貳臣」、「莽大夫」者，彼固自有其見解。谷永之言，雖涉荒誕，而發明天意不私一姓，其義深切著明，固非後世拘儒所與知也。

又按：「三七」謂二百一十歲，自漢開國至是已近。无妄，按京房六月七分圖，爲九月卦，亦所謂「陽數之標季」也。故京氏易以爲「大旱之卦，萬物皆死，無所復望」。（見周易集解。）「百六」者，律曆志：「初入元，百六，陽九」，蓋亦陽數已極，例有災阸之歲。自武帝太初改歷，至是已踰九十年，適近百六災歲也。九世當陽數標季，爲一難。自漢開國以來二百一十歲，適合三七，七亦陽數，其運三終，爲二難。又自漢武改歷紀元，至是近百六，又値陽九之阨，爲三難。三難異科同會，雖隆德積善，猶懼不克濟，則歷數已終，大命莫續矣。谷永所言，可徵當時運數論所持理由之一斑。又路溫舒傳：「溫舒從祖父受曆數天文，以爲漢阨三七之間，上封事以豫戒。成帝時，谷永亦言如此。及王莽篡位，欲章代漢之符，著其語。」溫舒封事尚在谷永前，漢書不著，今無考。

十二月，王商卒，以王根爲大司馬。

元延二年，庚戌。（一一）

正月，行幸甘泉，郊泰畤。

揚雄奏甘泉賦，時年四十三。

雄傳：「孝成帝時，客有薦雄文似相如者，上方郊祠甘泉泰畤、汾陰后土，以求繼嗣，召雄待詔承明之庭。正月，從上甘泉還，奏甘泉賦以風。」又班氏贊曰：「初，雄年四十餘，自蜀來游京師，大司馬車騎將軍王音奇其文雅，召以為門下史。薦雄待詔。歲餘，奏羽獵賦，除為郎，給事黃門，與王莽、劉歆並。」

補注：錢大昕曰：「雄以天鳳五年卒，年七十一，則成帝永始四年，年始四十有一，而王音之薨乃在永始二年正月，使果為音所薦，則遊京師之年，尚未盈四十也。」宋祁曰：「通鑑考異云：雄自序云：『上方郊祀甘泉泰畤，召雄待詔承明之庭，奏甘泉賦』，其十二月，奏羽獵賦，事在元延元年，時王音卒已久，蓋王根也。」周壽昌曰：「成帝即位，雄甫二十二歲，陽朔三年，王音拜大司馬，雄年三十二。永始二年音薨，雄年三十九。云『四十餘自蜀遊京師，為王音門下史』，語不合。應正作『三十餘』，始合。」

按：雄以楊莊之薦召見，待詔歲餘而賦羽獵，殆可信。謂其爲王音門下史，則誤。周說失之。

三月，行幸河東，祠后土。

揚雄上河東賦。

雄傳：其三月，將祭后土，上乃帥羣臣，橫大河，湊汾陰，既祭，……還，上河東賦以勸。

冬，行幸長楊宮，從胡客大校獵。

揚雄上羽獵賦。除爲郎。

雄傳：其十二月，羽獵，雄從，……故聊因校獵賦以風。

補注：沈欽韓曰：「李善注甘泉賦引七略曰：『甘泉賦，永始三年正月待詔臣雄上。』漢書三年無幸甘泉之文，疑七略誤也。愚案成帝紀，永始四年正月，元延二年正月、四年正月，俱有行幸甘泉事。據此傳下云：『其三月，將祭后土；其十二月，羽獵』，不別年頭，則為一年以內之事。奏甘泉當在元延二年，與紀文方合。」又曰：「文選注引七略曰：『羽獵賦，永始三年十二月上。』案帝紀，當在元延二年。」

按：永始二年王音卒，李善所見七略，自據漢書雄在音門下歲餘而奏羽獵，故以爲永始三年。不悟漢書自誤，則李引七略，非眞歆物矣。

元延三年，辛亥。（一〇）

正月，蜀郡岷山崩，雍江。

向年七十歲。上奏論災異事。（荀悅漢紀，向上奏在元年四月，通鑑亦在元年。）

向傳：元延中，星孛東井，蜀郡岷山崩，雍江。向惡此異，……復上奏，然終不能用。向每召見，自謂得信於上，常顯訟宗室，譏刺王氏及在位大臣，言多痛切，發於至誠。上欲用向為九卿，輒為王氏居位者及丞相御史所持，終不遷。

秋，校獵長楊射熊館，揚雄上長楊賦。

雄傳：明年，（承上羽獵賦言。）上將大誇胡人以多禽獸，秋，命右扶風發民入南山……捕熊羆豪豬虎豹，……輸長楊射熊館，……令胡人手搏之，……上親臨觀。……雄從，……還，上長楊賦。

補注：錢大昕曰：「此傳皆取子雲自序，與本紀敘事多相應。……此年秋，復幸長楊射熊館，則本紀無之。蓋行幸近郊射獵，但書最初一次，餘不盡書耳。但二年校獵無從胡客事，至次年乃有之，並兩事為一，則紀失之也。戴氏震以本紀元延三年無長楊校獵事，斷為傳誤，不知羽獵、長楊本非一時所作，羽獵在元延二年之冬，長楊則三年之秋，子雲自序必不誤也。」又李善文選注引七略云：「長楊賦，綏和元年上。」沈欽韓曰：「疑七略編當時文，不當有失。或雄止據奏御之日，祕書典校則憑寫進之年，故參差先後。」如沈說，可解於長楊之誤後至綏和元年，而甘泉之誤前為永始三年者，說又不可通。止據雄傳為定可也。

任宏爲太僕。

百官表，護軍都尉任宏偉公為太僕，二年徙。

按：宏卽校中祕兵書者。

綏和元年，癸丑。（八）

二月，封孔吉爲殷紹嘉侯。三月，進爵爲公，及周承休侯皆爲公。

成帝紀：詔曰：「蓋聞王者必存二王之後，所以通三統也。」

補注：錢大昕曰：「王者存二王之後，並當代為三。漢承周，周承殷，故以殷、周為二王後，並漢為三代也。」

按：此皆漢儒自元、成以下追古禮、薄秦制之徵。其議發於匡衡、梅福。衡事見前。福傳，成帝時，福上書議封孔子子孫爲殷後，至是，推迹古文，以左氏、穀梁、世本、禮記相明，遂下詔封孔子後世爲殷紹嘉公。漢廷據左氏立制，事始此。梅福譏切王氏，至元始中，王莽顓政，福一朝棄妻子去九江。然亦引左氏建議，明左氏非劉歆僞撰，亦不爲新莽專造矣。且通三統，本公羊家說，而推迹及於左氏、穀梁，則所謂今古文界限者，又安在哉？崔適春秋復始謂：「梅福所上書，引『春秋經曰：宋殺其大夫。穀梁曰：其不稱名字，以其在祖位尊之也。』是爲引穀梁氏之始。去河平三年劉歆始校書時十八年矣。歆所造僞書已出故也。」崔氏既謂古文爲劉歆雜取傳記而造，而梅福明稱推迹古文，以左氏、穀梁、世本、禮記相明，乃不得不謂穀梁亦劉歆造，遂並不信儒林傳載武、宣兩世公、穀相爭事，謂直如捕風捉影。然河平三年始校書者乃劉向，非歆也。卽謂歆亦預聞，一時同校者多矣，歆豈得遽肆其僞？且其時歆豈逆知王莽後將篡漢，遂汲汲爲之僞造古文？此等盡可不辨，然世竟多信者，則亦不得不辨耳。

四月，改御史大夫爲大司空。

何武傳：成帝欲修辟雍，通三公官，卽改御史大夫為大司空。

按：朱博傳，其議發於何武，亦薄秦制、追古禮之一徵，爲莽、歆新政先聲。

十月，大司馬王根病免。

十一月，衞尉淳于長有罪下獄死。

按：翟方進傳：淳于長陰事發，下獄，方進奏劾紅陽侯王立，並及其黨友，奏中有云：「昔季孫行父有言曰：『見有善於君者，愛之若孝子之養父母也。見不善者，誅之若鷹鸇之逐鳥爵也。』」師古曰：「事見左氏傳。」補注，周壽昌曰：「案西漢文中無引左氏者，獨方進奏中引此數句，緣方進好爲左氏學。韋賢傳中始見劉歆等引左氏傳，此尚在前也。」今按：路溫舒、張敞等引左氏尤在前，而方進之傳左氏，則有明證矣。必如康說，漢書全成歆手，則此亦歆所僞造以欺後世耶？

莽年三十八，爲大司馬。

莽傳：時太后姊子淳于長以材能爲九卿，先進，在莽右。莽陰求其罪過，因大司馬曲陽侯根白之，長伏誅，莽以獲忠直。根因乞骸骨，薦莽自代，上遂擢爲大司馬。莽既拔出同列，繼四父而輔政，欲令名譽過前人，遂克己不倦，聘諸賢良以爲掾史，賞賜邑錢，悉以享士。愈爲儉約。母病，公卿列侯遣夫人問疾，莽妻迎之，衣不曳地，布蔽膝，見者以爲僮使；問知其夫人，皆驚。

按：莽敢顯白淳于長之罪，與其後誅董賢，皆快人心，振綱紀，見風節，謇謇忠直，未必不爲同時所折服。異代爲史，則莽乃篡賊，必曰「陰求其罪過」，淳于長之罪，何俟陰求？又曰：「莽心害長寵」，（見長傳。）此何以知之？曰「莽以獲忠直」，何以知莽之白長罪必非眞忠直？及其位高益恭，克己守儉，則曰「欲令名譽過前人」，無所往而逃於貶，此自易世史臣之文則然耳。實事之與虛文，深心者分別觀之可也。

十二月，罷部刺史，更置州牧，秩二千石。

何武傳：武爲九卿時，奏言宜置三公官，又與方進共奏罷刺史，更置州牧。

朱博傳：何武為大司空，又與方進共奏言：「古選諸侯賢者，以為州伯，書曰：『咨十有二牧。』所以廣聰明，燭幽明也。……請罷刺史，更置州牧，以應古制！」

按：僞經考謂：「古皆言九州，未有言十二州者。歆多以漢制爲古制，五色之帝，郊祀諸星皆然。漢有十二州，故亦以古爲有十二州也。堯典『十二州』三字，必爲古文家竄改。尚書大傳有『兆十有二州』說，或更追改者歟？史記五帝本紀、漢書谷永傳永之對，皆有十有二州之說，皆竄改者。」不悟此文亦當時已說有十二州之證。又豈翟、何原奏，及朱博之議，皆歆憑空僞撰以欺後世耶？且歆既處處僞竄，何獨於其所一手僞造之周禮（此據康說耳。）職方氏，亦僅言九州，不明言十二州乎？且歆果何爲偏僞諸經，此謂其多以漢制爲古制，他處又謂其多僞古制改漢制，兩說絕不同，而出於一人之口，此豈復有可信之地乎？

又按：何武、翟方進皆治古文，通左氏。其學風蓋承王、韋而啓莽、歆。改易官名以慕古昔，亦新政先聲也。

向年七十二，說興辟雍。卽以是年卒。

禮樂志：成帝時，犍為郡於水濱得古磬十六枚。劉向因是說上：「宜興辟雍，設庠序，陳禮樂，隆雅頌之聲，盛揖讓之容。……或曰，不能具禮。禮以養人爲本，如有過差，是過而養人也。刑罰之過，或至死傷，今之刑，非皋陶之法也，而有司請定法，削則削，筆則筆，救時務也。至於禮樂，則曰不敢，是敢於殺人，不敢於養人也。爲其俎豆筦弦之間小不備，因是絕而不爲，是去小不備而就大不備，惑莫甚焉。夫承千歲之衰周，繼暴秦之餘敝，民漸漬惡俗，……不閑義理，不示以大化而獨敺以刑罰，終已不改。……初，叔孫通將制定禮儀，見非於齊、魯之士，然卒爲漢儒宗，業垂後嗣，斯成法也。」成帝以向言下公卿議，會向病卒。丞相大司空奏請立辟雍。案行長安城南，營表未作，遭成帝崩，羣臣引以定謚。及王莽爲宰衡，欲燿衆庶，遂興辟雍，因以篡位，海內畔之。

按：向傳云：「向年七十二卒，卒後十三歲而王氏代漢」，則向卒當在今年。成帝崩在明年三月。其二月，翟方進卒。孔光傳：「丞相方進薨，召左將軍光當拜，已刻侯印，書贊，上暴崩，卽其夜於大行前拜受丞相博山侯印綬。」是方進既卒，成帝未崩，其間未有丞相。禮樂志謂「向病卒，丞相大司空奏請立辟雍」，此丞相當爲方進，而向卒在方進卒前也。禮樂志又云：「成帝以向言下公卿議，會向病卒。」夫下其議以及於病卒，向之卒以及於丞相大司空之請，又及於丞相之卒，其間皆需時。方進卒在明年二月，向卒定在今年矣。

何武傳：「成帝欲修辟雍，通三公官，即改御史大夫爲大司空。」改三公官名，其議發自何武，或本與向請修辟雍同時，故史連綴爲說。則向之請修辟雍，或者尚在今年春、夏之間耶？

又按：時學者可分兩派：一好言災異，一好言禮制。言災異，本之天意。言禮制，揆之民生。京房、翼奉、劉向、谷永、李尋之徒言災異，貢禹、韋玄成、匡衡、翟方進、何武之徒言禮制。向晚年議興辟雍，亦昌言禮樂矣。王、貢言禮，皆主儉約，重民生；向重教化，又微不同，蓋仍是武、宣一脈。莽、歆新政，托於符命，則言災異之變也。其措施多慕古昔，切民事，則言禮制之裔也。然亦盛誇飾，兼襲武、宣遺風。史言王莽興辟雍，欲耀衆庶，而必謂成帝、劉向意在美教化，何也？棄虛文，循實跡，則莽之興辟雍，其議端自劉向開之。

綏和二年，甲寅。（七）

二月，翟方進卒。

方進傳：綏和二年春，熒惑守心，李尋奏記言：「應變之權，君侯所自明。……大責日加，安得但保斥逐之勠？」……方進憂之，不知所出。會郎賁麗善為星，言大臣宜當之。上乃召見方進，還歸，未及引決，上遂賜册曰：「惟君登位……十年，災害並臻，……其咎安在？使尚書令賜君上尊酒十石，養牛一，君審處焉。」方進卽日自殺。上祕之，……親臨弔，禮賜異於他相故事。

按：漢儒言災異，流弊所及至如是。天子殺大臣以應星變，學者亦能預言其禍以爲先見奇中，而無有知其非者。劉向論政，率本災異。初元二年冬地震，向上變事，遂以見劾，蕭望之自殺。永光元年夏寒，日青無光，弘恭、石顯之徒皆言周堪、張猛用事之咎，堪、猛皆左遷。我以災異推之人，人亦得以災異歸之我，向言災異之效，亦可睹矣。方進好天文星曆，厚李尋，卒亦死於災異。災異進而爲符命，莽遂以篡漢。此自漢儒學風如此，豈亦劉歆一人所僞？

又方進傳：方進雖受穀梁，然好左氏傳、天文星曆。其左氏則國師劉歆，星曆則長安令田終術師也。厚李尋，以為議曹。

按：康氏謂翟方進傳左氏，皆出劉歆僞托。然方進子翟義，反莽見誅，莽發其父方進及先祖冢，夷滅三族，誅及種嗣。歆既僞經媚莽，假托傳授，何以托之當時所謂反虜逆賊耶？

此云「國師劉歆，長安令田終術」，「國師」之稱，莽朝乃有，班史何以據莽官稱之？此或襲新朝人語，非班自造。史稱司馬遷史記多有續撰，揚雄、史岑等皆仕新朝，豈此語本諸揚、史諸人書耶？田終術見莽傳，與泉陵侯劉慶，前煇光謝囂，同造居攝之萌；又見李尋傳贊，亦好推陰陽，言災異者。

三月，成帝崩。四月，哀帝即位。

莽舉歆爲侍中，遷光祿大夫，復領五經。

歆傳：哀帝初即位，大司馬王莽舉歆宗室有材行，為侍中太中大夫。遷騎都尉奉車光祿大夫，貴幸，復領五經，卒父前業。歆乃集六藝羣書，種別為七略。

按：歆傳，向死後，歆復爲中壘校尉，下接「哀帝初即位」云云，歆爲中壘校尉，已在哀帝崩後，此特提先言之，非向死，歆即爲中壘校尉也。太中大夫秩比千石，光祿大夫秩比二千石，中壘校尉爲正二千石。倘歆先已爲中壘校尉，不俟莽薦再爲太中大夫矣。藝文志：「會向卒，哀帝復使向子侍中奉車都尉歆卒父業」，亦其時未爲中壘校尉之證。

藝文志：向卒，哀帝復使向子侍中奉車都尉歆卒父業。歆於是總羣書而奏其七略。故有輯略，有六藝略，有諸子略，有詩賦略，有兵書略，有術數略，有方技略。

按：通鑑云：「凡書六略，三十八種，五百九十六家，萬三千二百六十九卷。」隋志：「哀帝使歆嗣父之業，乃徙溫室中書於天祿閣上。歆遂總括羣書，撮其指要，著爲七略。」天祿閣，卽新莽時揚子雲校書處也。

又按：歆傳：「尹咸以能治左氏，與歆共校經傳。」七略術數，本咸所修。其論雜占云：「春秋之說，妖由人興。」此咸述左氏之證。

六月，詔罷樂府。

哀帝紀：詔曰：「鄭聲淫而亂樂，聖王所放，其罷樂府。」

按：漢自元、成以下，儒者言禮制，美古昔，於武、宣所興頗有矯革。樂府立於武帝元狩三年，王吉、貢禹每以爲言，至是乃廢。

詔議田宅奴婢限列。

哀帝紀：詔曰：「制節謹度，以防奢淫，為政所先。……諸侯王、列侯、公主、吏二千石及豪富民，多畜奴婢，田宅亡限，與民爭利，百姓失職，重困不足。其議限列！」有司條奏：「諸王、列侯得名田國中，列侯在長安及公主名田縣道，關內侯、吏民名田，皆無得過三十頃。諸侯王奴婢二百人，列侯、公主百人，關內侯、吏民三十人。年六十以上，十歲以下，不在數中。賈人皆不得名田、為吏。犯者以律令。諸名田畜奴婢過品，皆沒入縣官。齊三服官、諸官織綺繡，難成害女紅之物，皆止無作輸。除任子令，及誹謗詆欺法。掖庭宮人年三十以下，出嫁之。官奴婢五十以上，免為庶人。禁郡國無得獻名獸。益吏三百石以下奉。察吏殘賊酷虐者以時退。有司無得舉赦前往事。博士弟子父母死，予寧三年。」

按：除任子令，創議自王吉。止齊三服官作輸，出嫁掖庭宮人，免官奴婢爲庶人，貢禹皆已言之。制節謹度，追復古禮以卹民生，自元帝以來，王、貢、韋、匡諸儒迭唱之，今乃見諸詔令也。

食貨志：哀帝即位，師丹輔政，建言：「古之聖王，莫不設井田，然後治乃可平。孝文皇帝承……兵革之後，……務勸農桑，帥以節儉。民始充實，未有并兼之害，故不為民田及奴婢為限。今累世承平，豪富吏民訾數巨萬，而貧弱愈困。蓋君子為政，貴因循而重改作。然所以有改者，將以救急也。亦未可詳，宜略為限。」天子下其議。丞相孔光、大司空何武奏請：「諸侯王、列侯皆得名田國中。列侯在長安，公主名田縣道，及關內侯、吏民名田，皆無過三十頃。諸侯王奴婢二百人。列侯、公主百人。關內侯、吏民三十人。期盡三年，犯者沒入官。」時田宅奴婢，賈為減賤。丁、傅用事，董賢隆貴，皆不便。詔書且須後，遂寢不行。

王嘉傳：嘉以日食上封事，云：「詔書罷苑，而以賜賢二千餘頃，均田之制從此墮壞。」

按：此一事而敍述彼此有詳略也。其事疑實主於王莽，否則莽亦預聞其事者。莽以七月罷就第；此事在六月，莽猶未去，當國。莽傳：始建國元年下詔禁買賣田宅奴隸，有云：「予前在大麓，始令天下公田口井」，事在元始二年。莽之創制立法，亦皆遠有端緒，當自元、成以下漢廷諸儒議論意態推迹之，不得謂由歆僞諸經，乃有新莽一朝之制度也。補注，何焯曰：「哀帝行限田之制，本善。王莽之行公田，蓋務以祈勝而致不便於民也。」此則所謂以成敗好惡論人，皆不得史實之眞相者。

七月，大司馬王莽病免，以師丹爲大司馬。莽時年三十九。

莽傳：莽輔政歲餘，成帝崩，哀帝卽位，尊皇太后為太皇太后。太后詔莽就第，避帝外家。莽上疏乞骸骨。哀帝遣尚書令詔莽，又遣丞相孔光等白太后。太后復令莽視事。時哀帝祖母定陶傅太后、母丁姬在，高昌侯董宏上書言：「丁姬宜上尊號。」莽與左將軍師丹共劾宏。後日，未央宮置酒，內者令為傅太后張幄，坐於太皇太后坐旁。莽責內者令撤去，更設坐。傅太后大怒，怨恚莽。莽復乞骸骨，罷就第。公卿大夫多稱之。

師丹傳：哀帝卽位，為左將軍，賜爵關內侯，食邑，領尚書事。遂代王莽為大司馬，封高樂侯。

外戚恩澤侯表：高樂節侯師丹，綏和二年七月庚午封，一年，建平元年坐漏泄免。

按：師丹以七月代莽爲大司馬，封侯，其前不得稱輔政。食貨志限田之議，明出王莽，而班史誤記，否亦莽之授意者歟？

傅喜傳：莽退，衆庶歸望於喜。傅太后不欲喜輔政。上於是用左將軍師丹。大司空何武、尚書令唐林，皆上書言喜。

按：何、唐上書有云：「魯以季友治亂，楚以子玉輕重。」此亦據左氏。史稱何武與「翟方進交志相友」，宜及見左氏也。

丞相孔光、大司空何武奏議宗廟迭毁之次。

韋玄成傳：哀帝卽位，丞相孔光、大司空何武奏言：「永光五年制書，高皇帝為漢太祖，孝文皇帝為太宗。建昭五年制書，孝武皇帝為世宗。損益之禮，不敢有與。……迭毁之次，當以時定。……臣請與羣臣雜議。」奏可。於是光祿勳彭宣、詹事滿昌、博士左咸等五十三人，皆以為「繼祖宗以下，五廟而迭毁。後雖有賢君，猶不得與祖宗並列。……孝武皇帝雖有功烈，親盡宜毀」。太僕王舜、中壘校尉劉歆議曰：「孝武皇帝……南滅百粵，……北攘匈奴，……東伐朝鮮，……西伐大宛，……四垂無事。斥地遠境，起十餘郡。功業既定，……富實百姓。……又……興制度，改正朔，易服色，立天地之祠，建封禪，殊官號，存周後，定諸侯之制。……中興之功，未有高焉者也。高帝建大業為太祖；孝文皇帝德至厚，為文太宗；孝武皇帝功至著，為武世宗；此孝宣帝所以發德音也。禮記王制及春秋穀梁傳，天子七廟，諸侯五，大夫三，士二。……春秋左氏傳曰：『名位不同，禮亦異數。』自上以下，降殺以兩，禮也。七者，其正法數，可常數者也，宗不在此數中。宗，變也。苟有功德則宗之，不可預為設數。故於殷太甲為太宗，太戊曰中宗，武丁曰高宗，周公為毋逸之戒，舉殷三宗以勸成王。由是言之，宗無數也。……以七廟言之，孝武皇帝未宜毀；以所宗言之，則不可謂無功德。……臣愚以為孝武皇帝功烈如彼，孝宣皇帝崇立之如此，不宜毀。」上覽其議而從之，制曰：「太僕舜、中壘校尉歆議可。」

按：王舜，莽從弟，史稱其人修飭，爲太皇太后所信愛。歆、舜此奏，已引左氏；然據禮記王制及穀梁而言七廟，引周公毋逸舉殷三宗，亦用今文說，烏見所謂欲奪今文而篡孔子之統者？後人必謂今古文各自分家，不相混淆，然歆爭立古文諸經，而奏書議禮乃復雜引今文。劉向治穀梁，與公羊家廷辯，其奏書、封事亦屢引公羊爲說。哀帝所謂「欲廣道術」，本非有今古分家之見也。廖平以來，康、崔紛紛，盡屬無據。

又按：毀廟之議發自貢禹，至是紛紛數復矣。時議者率主毀武帝廟，蓋元、成以來言禮制者，頗非孝武誇飾，亦一時學風然也。莽、歆爲政，多採言禮制者卹民之意，然亦好舖張太平，效法漢武。歆此奏，亦見其一端。

又按：歆復論毀廟失禮意，引周語，稱春秋外傳，疑亦同時。及明年，歆遂請立左氏春秋。

又按：歆此時尚未爲中壘校尉，史文疑誤。

十月，師丹徙爲大司空。

百官公卿表：綏和二年十月癸酉，大司馬丹爲大司空，一年免。

傳喜傳：哀帝卽位，明年正月，徙師丹爲大司空，而拜喜爲大司馬，封高武侯。

師丹傳：丹代王莽爲大司馬，月餘，徙爲大司空。

補注：宋祁曰：「以外戚恩澤侯表考之，丹爲大司馬封高樂侯，在綏和二年七月，以傅喜傳考之，徙爲大司空在明年正月，恐不當言『月餘』。」

按：傳喜傳記喜封侯歲月，連文及丹。丹徙大司空當據百官表在今年十月。自七月至十月極近，丹傳因誤爲「月餘」也。

又按：丹傳：上少在國，見成帝委政外家，王氏僭盛。即位，多欲有所匡正。封拜丁、傅，奪王氏權。丹上書言：「古者諒闇不言，聽於冢宰，三年無改於父之道。……臣聞天威不違顏咫尺，願陛下深思先帝所以建立陛下之意。」「天威」語見左僖九年傳，丹後雖抑劉歆建立左氏之議，然亦嘗治其書，故引用及之。若左氏出歆僞，丹正可明發其奸，不僅以「改亂舊章」說矣。

哀帝建平元年，乙卯。(六)

歆請建立左氏春秋，及毛詩、逸禮、古文尚書，移書讓太常博士。

歆傳：歆及向皆治易。宣帝時，詔向受穀梁春秋，……及歆校秘書，見古文春秋左氏傳，大好之。時丞相史尹咸，以能治左氏，與歆共校經傳。歆略從咸及丞相翟方進受，質問大義。初左氏傳多古字古言，學者傳訓故而已。及歆治左氏，引傳文以解經，轉相發明，由是章句義理備焉。……歆以爲左丘明好惡與聖人同，親見夫子，而公羊、穀梁在七十子後，傳聞之與親見之，其詳略不同。歆數以難向，向不能非間也，然猶自持其穀梁義。及歆親近，欲建立左氏春秋及毛詩、逸禮、古文尚書，皆列於學官。哀帝令歆與五經博士講論其義，諸博士或不肯置對。歆因移書太常博士責讓之。……其言甚切，諸儒皆怨恨。是時名儒光祿大夫龔勝，以歆移書，上疏深自罪責，願乞骸骨罷。及儒者師丹為大司空，亦大怒，奏歆改亂舊章，非毀先帝所立。上曰：「歆欲廣道術，亦何以為非毀哉？」歆由是忤執政大臣，為衆儒所訕，懼誅，求出補吏，為河內太守。以宗室不宜典三河，徙守五原。後復轉在涿郡。歷三郡守。數年，以病免官。起家復為安定屬國都尉。

儒林傳：王龔與奉車都尉劉歆共校書，及房鳳三人皆侍中。歆白左氏春秋可立，哀帝納之，以問諸儒，皆不對。歆於是數見丞相孔光，為言左氏以求助，光卒不肯。惟鳳、龔許歆，遂共移書讓太常博士。大司空師丹奏歆非毀先帝所立，上於是出龔等補吏。龔為弘農，歆河內，鳳九江太守，至青州牧。

後書賈逵傳：建平中，侍中劉歆欲立左氏，不先暴論大義，而輕移太常，恃其義長，詆挫諸儒。諸儒內懷不服，相與排之。孝哀皇帝重逆衆心，故出歆為河內太守。

按：歆移書未定在何時，師丹爲大司空，至今年九月即免，則歆移書及求出補吏均在九月前，其白哀帝請立左氏諸書，則猶在前。哀帝以問諸儒，歆又數見丞相，需時不暫，乃有移書太常之舉。向卒至今，纔踰一年。至莽之薦歆，得爲光祿大夫領校五經，殆不出數月事也。

僞經考：歆古文之學發端自左氏。左氏書藏祕府，人間不易見。自非史遷、劉向之倫，不可得而讀也。漢世重六經，以春秋為孔子筆削，尤尊之。於時公羊盛行，穀梁亦賴宣帝得立。歆思借以立異，校書時發得左氏國語，乃引傳解經，自為春秋之一家。劉歆校書，為王莽所擧。尹咸校數術，殆黨附於莽、歆者。房鳳則王根所薦，王龔則外戚，非經師也。是四人者共校書，鳳、龔所校不知何書，尹咸校數術，其經術不如歆可知。歆又挾權寵，故房鳳、王龔、尹咸咸附之也。

按：莽薦歆爲侍中，後歆自得領校祕書，何以知歆之校書爲莽所擧？時莽以失職，漢廷亦絕無傾覆之象，豈莽、歆已預謀篡漢，乃擧歆校書，徧僞羣經以預爲莽篡地耶？尹咸爲更始子，更始治穀梁，先於劉向。尹咸校數術，遠在河平時，與劉向同膺校書之命。史稱其「治左氏，歆從受質問大義」，何以知其經術之不如？史又明云「咸以能治左氏，與歆同校經傳」，何以謂其尚校數術？房鳳爲王根所薦，根非與莽同謀篡漢，何以鳳必黨於莽、歆之僞局？王龔外戚，何以必非經師？馮野王亦外戚，必得謂其非經師耶？外戚非經師，宗室如向、歆父子，又且爲非經師乎？且歆古文之學，既爲借以立異，則初與王莽篡漢不涉，房鳳、王龔又何以逆知其助莽而先黨附之？歆在當時，寵或有之，權則微矣；舉朝怨訕，尹咸之徒又何爲而必附焉？康説逞臆無據，率如此。

僞經考又云：劉歆之僞古文，發源於左氏，成於周官，徧僞諸經爲之左證。又云：歆以其非博之學，欲奪孔子之經，而自立新説以惑天下。知孔子制作之學首在春秋，春秋之傳公、穀，公、穀之法與六經通。於是思所以奪公、穀者，求之古書，得國語，與春秋同時，可以改易竄附，於是毅然削去平王以前事，依春秋以編年，比附經文，分國語以釋經，而為左氏傳。遭逢莽篡，更潤色其文以媚莽。因藉莽力，貴顯天下通其學者以尊其書。證據符合，黨衆繁盛，雖有龔勝、師丹、公孫祿、范升之徒，無能搖撼。

按：左氏、國語明爲二書，歆之引傳解經，亦獲睹中祕左氏春秋，見其實事詳備，可以發明孔子春秋之簡略，勝於公、穀虛言，故乃分年比附，用相證切。必謂其欲奪孔子之統，又謂其徧僞諸經以相證，皆一往過甚之言也。雖當時五經諸儒，亦僅謂左氏不傳春秋，並不謂歆徧僞羣經也。毛詩、逸禮、古文尚書，已與左氏同出，而周官尚在後。豈歆先僞其證佐而後僞其本書者耶？且康氏又謂歆之僞經，首於周禮，以佐莽篡，此又謂源於春秋，以覬聖統，歆果何所爲而爲此千古未有之騙局，康氏未能自定其說，將何以喻人乎？

僞經考又云：劉歆僞撰古經，由於總校書之任，故得托名中書，恣其竄亂。

按：歆竊中祕，其父猶在，古人竹簡繁重，豈有積年作僞而其父不知之理？若謂在其父卒後，則歆之領校五經未逾數月，何得徧僞羣經？若其分繫左氏以解春秋，歆固自其父在時以之與父爭矣，歆不以自匿，向不以爲罪，所見有是非，不在僞不僞之間。

僞經考又云：歆以承父向校經、傳、諸子、詩、賦，故尤得恣其改亂，顚倒五經。

按：此明謂歆之僞撰羣經在向卒後矣。數月之間，欲僞撰左氏傳、毛詩、古文尚書、逸禮諸經，固不可能。

僞經考又云：劉歆挾名父之傳，當新莽之變，前典校書之任，後總國師之權，加漢世書籍皆在竹帛，事體繁重，學者不從大師，無所受讀。不如後世刻本流行，挾巨金而之市，則綑載萬卷，羣書咸備也。若中祕之藏，自非馬遷之為太史，則班嗣之有賜書，揚雄之能借讀，庶或見之。自餘學者，無由竊見。故歆總其事，得以恣其私意，處處竄入。當時諸儒雖不答，師丹、公孫祿雖奏劾，然天下後世則皆為所豐蔀而無由見日矣。

按：歆承父典校書不逾一年，無從徧僞諸經。至爲莽國師時，揚雄校書天祿閣，必謂歆恣私妄竄，雄何得勿知？雄著書多用古文，則雄亦親見中祕古籍矣。且當時與歆同校書者有蘇竟，其人正士，亦通儒，出仕光武朝，歆苟有僞，竟何絶不知？何忌何嫌，而絶不言？且歆之作僞，欲欺當時耶？欲欺後世耶？欲欺當時，一手之僞，豈能掩天下之目？欲欺後世，莽、歆皆未克盡其天年，事業及身而敗。漢之中興，西漢晚世學者及是尚存者不少，仕於朝而顯名後世者亦多矣。歆既不能欺當世，歆卒之後，騙局且暴露無遺，然僞古文諸經轉益見信，又何説耶？康氏既謂學者不從大師，無所受讀，則容有朝廷中祕爲外朝諸儒所未見矣。歆七略有云：「外則有太常博士之藏，內則有延閣廣內祕室之府，百年之間，書積如山」，豈得盡人見之？卽如晚世，尚多有此。淸臣卽身列翰苑，亦不盡覩明永樂大典。諸儒之不對，正緣其不誦。師丹謂「非毁先帝所立」，與公孫祿所謂「顛倒五經」，其意皆指朝廷政制，不謂書乃劉歆所僞。若當時諸儒必謂歆所主古經皆係僞物，則何不一請校驗，事可立決。歆亦自言之，曰：「古文諸經，皆今上所考視」，則明非不可驗矣。恣意妄竄，僞跡易白。何以其後如揚子雲及東漢諸儒，凡校書中祕者，率信古經不疑，疑者轉在外朝之博士，未睹中祕之藏者耶？桓譚新論稱「劉子政、子駿、伯玉父子呻吟左氏，下至婢僕，皆能諷誦」，桓親見二劉，言必可信。向爲五行志，多論及左氏事，漢志所謂「歆數以難向，向不能非間，然猶自持其穀梁義」者，父子之間雖有異同，固非如當時博士之不誦也。

又按：歆移書云：「及魯恭王壞孔子宅，欲以爲宮，而得古文於壞壁之中。逸禮有三十九，書十六篇。天漢之後，孔安國獻之，遭巫蠱倉猝之難，未及施行。及左氏春秋，丘明所修，皆古文舊書，多者二十餘通。藏於祕府，伏而未發。」此謂「古文」，猶云舊書也。歆又云：「其爲古文舊書，皆有徵驗。」歆方欲爭立三書，故言其均爲古文舊書，明與朝廷博士諸書爲類。非謂此皆古文，與朝廷博士今文不同也。其時尚無今文、古文之别，歆所云云，正欲顯其同，非以别其異。史記常云「詩書古文」，其時謂「詩書」皆「古文」也。劉向傳：「上方精於詩書，觀古文」，「詩書」、「古文」同指六藝，皆謂戰國以前舊書，以别於諸子、傳記。劉歆屢云「古文舊書」，「古文」即「舊書」也。漢武立五經博士，罷黜百家，正以五經皆前代王官舊書，而百家則起晚世民間故耳。康、崔輩妄以後世「今文」、「古文」之見說之，故謂劉歆爭立古文經，欲以篡今文聖統，又疑史記凡言古文，皆歆僞羼矣。

又按：龔勝傳：「勝以大司空何武薦，徵爲諫大夫」，其事至遲不後綏和二年十月。爲大夫二歲餘，遷丞相司直，徙光祿大夫，守右扶風，據百官表在建平四年。時師丹已免大司空，亦四年矣。歆傳：「是時名儒光祿大夫龔勝以歆移書，上疏深自罪責，願乞骸骨罷。及儒者師丹爲大司空，亦大怒，奏歆改亂舊章。」師丹爲大司空時，勝應爲諫大夫，非光祿大夫也。且哀帝令歆與五經博士講論其義，歆自移書讓博士，勝爲大夫，雖亦掌論議，本不屬太常，無與此事，卽不直歆所爲，何不直論指斥，乃上疏深自罪責，願乞骸骨，何爲者？又其事不見於勝傳，儒林傳亦言師丹，不及勝，則事信否不可知。疑後人極言歆爲當時衆儒所非，故特舉龔勝名儒爲說，實非有其事。至謂班史向、歆二傳本出歆手，則尤無足辨。

僞經考又云：孔光為孔子十四世孫，而安國兄子之孫，若古文為孔子所作，安國所傳，安有求助不肯之事？

按：光持祿保位，事詳本傳。時朝議旣不右，光豈肯違衆爲助？且此乃瑣節，不足以定古文之眞僞。

又按：華陽國志卷十下引春秋穀梁傳敍云：「成帝時，議立三傳，博士巴郡胥君安，獨駁左傳不祖聖人。」此當時博士反對立左傳之姓名僅存者。然亦僅謂「左氏不祖聖人」，並未謂古無其書，由歆僞撰也。

九月，策免大司空師丹。十月，以朱博爲大司空。

丹傳：有上書言：「古者以龜貝為貨，今以錢易之，民以故貧，宜可改幣。」上問丹，丹言可改。有司皆以為行錢久，難猝變。丹老人，忘其前語，後從公卿議。遂得罪。

按：丹前後昏忘，無特操如此。其奏歆「非毀先帝所立」，亦從五經諸儒意耳，必據其一奏以定古文眞僞，殊無謂也。

又按：此上書者欲以龜貝易錢，謂可以救民貧，蓋亦源自貢禹。泥古不化，較之虛言災異者不爲遠勝。後莽屢易幣，此亦其先聲。

李尋以待詔黃門對策。

尋傳：哀帝初卽位，召尋待詔黃門，使衛尉傅喜問尋。（通鑑考異云：案公卿表，傅喜為衛尉，二月遷右將軍，十一月罷。地震在九月，是時喜已不為衛尉矣。）尋對曰：「……臣聞五星者，五行之精，五帝司命，應王者號令，為之節度。」

按：此卽淮南天文訓「東方木，帝太皞，治春，神爲歲星；南方火，帝炎帝，治夏，神爲熒惑；西方金，帝少昊，治秋，神爲太白；北方水，帝顓頊，治冬，神爲辰星；中央土，帝黃帝，治四方，神爲鎭星」之説。僞經考以淮南天文訓「其帝太皞」五語爲歆僞羼，又何説於此奏五帝司命之説耶？

又按：尋此對尚在師丹爲大司空時，惟語及九月地震，則去師丹免不遠。

歆改名秀，字穎叔。

歆傳：歆以建平元年改名秀，字穎叔云。

後書竇融傳：「融召豪傑、諸太守計議歸漢，其中智者皆曰：『漢承堯運，歷數延長，今皇帝姓號見於圖書，自前世博物道術之士，谷子雲、夏賀良等，建明漢有再受命之符，言之久矣，故劉子駿改易名字，冀應其占。』」應劭曰：「河圖赤伏符云：『劉秀發兵捕不道，四夷雲集龍鬬野，四七之際火爲主』，故改名，幾以趣也。」補注：何焯曰：「載其改名於哀帝之時，以見歆樂禍非望，素不能乃心王室。」

按：哀帝名欣，諱「欣」曰「喜」。歆之改名，殆以諱嫌名耳。宣帝名詢，兼避「洵」、「荀」，改「荀子」曰「孫子」。以此觀之，後世之説，殆不足信。

建平二年，丙辰。（五）

三月，罷三公官，復以朱博爲御史大夫。

博傳：博為琅邪太守，齊郡舒緩養名，博新視事，右曹掾史皆移病臥。博問其故，對言：「惶恐！故事，二千石新到，輒遣吏存問致意，迺敢起就職。」博奮髯抵几曰：「觀齊兒欲以此為俗耶！」……皆斥罷諸病吏。……門下掾贛遂，耆老大儒，教授數百人，拜起舒遲。博出教主簿：「贛老生不習吏禮，主簿且教拜起。」……又勅功曹：「官屬多褎衣大袑，不中節度。自今掾史衣，皆令去地三寸。」博尤不愛諸生，……文學儒吏時有奏記稱說云云，博見謂曰：「如太守漢吏，奉三尺律令從事，亡奈生所言聖人道何！且持此道歸，堯舜君出，為陳說之。」及是為大司空，遂奏罷之，復御史大夫。

按：博之持論，蓋近武、宣，與元、成儒者不同。其折逆儒生，欲令持此道歸待堯舜君出，亦有激之言。後王莽竟決然而爲堯舜君，宜乎頌功德者遍天下矣。

四月，罷州牧，復刺史。

按：此亦朱博主之。

丞相孔光免，御大夫朱博爲丞相。

按：時揚子雲爲黃門侍郎。五行志：「朱博爲丞相，臨延登受策，有大聲鳴殿中，以問黃門侍郎揚雄及李尋。」

王莽以新都侯遣就國。時年四十一。

莽傳：傅太后、丁姬稱尊號。丞相朱博奏：「莽前抑貶尊號，當顯戮，請免為庶人。」上曰：「莽與太皇太后有屬，勿免」，遣就國。莽杜門自守。其中子獲殺奴，莽切責獲，令自殺。在國三歲，吏上書冤訟莽者以百數。

八月，李尋以罪徙燉煌。

哀帝紀：六月，待詔夏賀良等言：「赤精子之讖，漢家歷運中衰，當再受命，宜改元易號。」詔：「大赦天下，以建平二年為太初元將元年。號曰『陳聖劉太平皇帝』。漏刻以百二十為度。」

補注：齊召南曰：「『讖』字始見於此。高祖以斬白蛇，旗幟尚赤，然張蒼謂漢本水德，公孫臣非之，至武帝時，猶謂以土德王，未有言火德者也。赤精子之說，亦起於此。張平子謂讖起哀、平之間，信哉！」蘇輿曰：「據下詔書，施行月餘，仍從舊漏。至莽竊位，復遵行之。」

按：崔氏史記探源謂：「史記所載張蒼、公孫臣、賈誼、司馬遷之言，皆歆僞托，不足信。」則此夏賀良之言，赤精子之讖，亦歆僞撰，或者改元易號，乃本無其事耶？

又按：號曰「陳聖劉」者，如淳曰：「陳，舜後，王莽，陳之後，謬語以明莽當篡立而不知。」今考眭孟已言「漢家堯後，有傳國之運」。今夏賀良等言「漢歷中衰，當再受命」，故改稱「陳聖劉」，意謂堯後之漢既衰，繼起者必當爲舜後，此據五帝德轉移之說推也。自號「陳聖劉」，所以爲厭勝。王莽襲其說自託舜後耳。後漢桓帝時，李雲尚謂：「高祖受命至今，三百六十四歲，君期一週，當有黃精代見，姓陳、項、虞、田、許氏，不可令此人居太尉、太傅典兵之官。」雲竟以獲罪見殺。甚矣，其流風餘韻之不可以驟已也！

尋傳：哀帝初立，司隸校尉解光以明經通災異得幸，白賀良等所挾齊人甘忠可書，事下奉車都尉劉歆，歆以為不合五經，不可施行。而李尋亦好之。光曰：「前歆父向奏忠可下獄，歆安肯通此道？」尋遂白賀良等，皆待詔黃門，數召見，陳説「漢歷中衰，當更受命，宜急改元易號」。於是制詔丞相御史：「以建平二年為太初元將元年，號曰『陳聖劉太平皇帝』。」後月餘，賀良等復欲妄變政事，大臣爭以為不可。賀良等奏言：「大臣皆不知天命，宜退丞相御史，以解光、李尋輔政。」上以其言無驗，遂下賀良等吏，皆伏誅。尋及解光減死一等，徙敦煌郡。

按：賀良等可謂愚而狂者矣。向、歆父子皆以經折之，其信古而有識，自在李尋之上。莽之篡漢，歆、舜之徒以革新政教相翼，而愚人爭言符命，則甘、夏之流也。一時風氣際會，遂成易位之局，此豈歆一人之僞所得而成之哉？

丞相朱博有罪自殺。

按：博傳載諫大夫龔勝等十四人議，以爲「春秋之義，姦以事君，常刑不舍。魯大夫叔孫僑如欲顓公室，譖其族兄季孫行父於晉，晉執囚行父，以亂魯國，春秋重而書之。」事見左傳成十六年。公、穀釋行父之囚皆不及僑如。則勝等此奏明據左氏。翟方進傳補注，蘇輿曰：「龔勝之議，『姦以事君，常刑不舍』云云，亦左氏義也。」考左文十八年傳，季孫行父云：「主藏之名，賴姦之用，爲大凶德，有常無赦」，則勝等此奏，不徒事據左氏，即文句亦采之。時正劉歆爭立左氏博士，龔勝引左氏草奏，豈有憤歆而乞骸骨之事？章炳麟春秋左傳讀敍錄謂勝自罪責，意正與丹相反。其或然歟？

建平四年，戊午。(三)

八月，封董賢爲高安侯。

按：王嘉傳，載哀帝詔曰：「昔楚有子玉得臣，晉文爲之側席而坐。」此亦據左氏。

後漢書桓譚傳：「譚在哀、平間，位不過郎。傅皇后父孔鄉侯晏深善譚。時高安侯董賢寵幸，女弟爲昭儀，皇后日疏。譚説晏謝遠賓客，並戒后勿使巫醫方技，傅氏得全。」

按：譚卒在建武初年，年七十餘，則其生年，蓋與歆、莽略同時，及是當踰四十矣。

揚雄上書諫不許單于朝，雄時年五十一。

匈奴傳：建平四年，單于上書願朝五年。時哀帝被疾，……難之。公卿亦以爲虛費府帑，可且勿許。黃門郎揚雄上書。

元壽元年，己未。（二）

莽以徵還京師，年四十四。

莽傳：莽在國三歲，吏上書訟冤莽者以百數。元壽元年，日食，賢良周護、宋崇等對策，深頌莽功德。上於是徵莽。

按：哀帝紀，日食在正月朔。

杜鄴傳：鄴亦舉方正，上書訟莽冤云：「三桓雖隆，魯爲作三軍。」

按：事見左傳襄公十一年。鄴得外家張氏書，故得見左傳也。

十二月：以董賢爲大司馬。

按：佞幸傳，哀帝以董賢爲大司馬，册曰：「朕承天序，惟稽古建爾於公，以爲漢輔。往悉爾心，統辟元戎，折衝綏遠，匡正庶事，允執厥中。」蕭咸私謂王閎曰：「册文言『允執其中』，此乃堯禪舜之文，非三公故事。」後上置酒麒麟殿從容視賢，笑曰：「吾欲法堯禪舜何如？」此亦漢、新禪讓一前影也。

後書譚傳：賢聞譚名，欲與交。譚先奏書於賢，説以輔國保身之術。賢不能用，遂不與通。揚雄傳：哀帝時，丁、傅、董賢用事，雄方草太玄而作解嘲。曰：「默而作太玄五千文，支葉扶疏，獨説十餘萬言。」客有難玄太深，雄解之，作解難。

元壽二年，庚申。（一）

五月，正三公官分職。

哀帝紀：五月，正三公官分職，大司馬衛將軍董賢為大司馬，丞相孔光為大司徒，御史大夫彭宣為大司空。正司直、隸司，造司寇職。事未定。

按：三公官名，發於何武，廢於朱博，至是又復之。漢廷好古如此，不俟新朝矣。

六月，哀帝崩。莽拜大司馬，迎立平帝。時莽年四十五。

莽傳：哀帝崩，無子，而傅太后、丁太后皆先薨，太皇太后卽日駕之未央宮，收取璽綬，遣使者馳召莽。……莽白：「大司馬董賢……不合衆心，收印綬。」賢卽日自殺。……太后拜莽爲大司馬，與議立嗣。……迎中山王，奉成帝後，是爲孝平皇帝。帝年九歲。太后臨朝稱制，委政於莽。

按：莽專漢自此始。亦會哀帝不壽，無子，丁、傅二后皆先卒，王太后乃得重握朝柄。當其前，雖智者不能逆知莽之必出，何論於篡？此數載中，莽、歆亦尚疎，謂二人先已同謀，預佈僞局以欺後世，乃踞中祕徧僞羣經，夫誰信之？

歆爲右曹太中大夫，遷中壘校尉。

歆傳：莽少與歆俱爲黃門郎，重之。及持政，白太后，太后留歆爲右曹太中大夫，遷中壘校尉。

莽傳：諸哀帝外戚及大臣居位素所不説者，莽皆傅致其罪，……於是前將軍何武、後將軍公孫祿，……丁、傅及董賢親屬皆免。紅陽侯立，……遣就國。……於是附順者拔擢，忤恨者誅滅。王舜、王邑爲腹心，甄豐、甄邯主擊斷，平晏領機事，劉歆典文章，孫建爲爪牙。豐子尋、歆子棻、涿郡崔發、南陽陳崇，皆以材能幸於莽。

按：甄邯，孔光壻。哀帝崩，莽爲大司馬，引邯爲侍中奉車都尉。甄豐以元始元年封侯，稱其宿衞三世。平晏父當以哀帝建平二年爲相，晏以明經歷位大司徒。孫建，按西域烏孫傳及段會宗傳，會宗賜關內侯在元延二年，時孫建爲都護，至是踰十年。烏孫傳又云：「元始中，兩昆彌皆弱，卑爰疐侵陵，都護孫建襲殺之。」補注：徐松曰：「孫建不應元始中尚在西域，或再任也。」證以此文「孫建爲爪牙」之説，則建往西域乃再任，信矣。段會宗傳：「孫建用威重顯」，亦一能臣。游俠傳：「莽居攝，名捕漕中叔，疑强弩將軍孫建藏匿，泛以問建。建曰：『臣名善之，誅臣足以塞責。』莽重建，不竟問。」莽又欲以女平帝后改稱黃皇室主者嫁建之子，其寵任可知。餘見後。

平帝元始元年，辛酉。（紀元）

正月，王莽爲安漢公，時莽年四十六。

莽傳：羣臣盛陳莽功德，謂「周公及身在而託號於周，莽有定國安漢家之大功，宜賜號曰安漢公」。

按：自前年六月哀帝崩，至是僅半歲，漢廷羣臣已頌莽比周公，豈必俟劉歆之僞羣經，先篡孔子之聖統哉？此半年中，歆亦萬不及徧僞羣經。若謂歆先已僞之，則旣歷歷辨如前。若謂歆自後乃僞，當知卽以今文聖統之學，已足資以爲篡，心勞日拙，何苦爲此？

莽上書言：「臣與孔光、王舜、甄豐、甄邯共定策，願獨條光等功賞。」……太后……以光爲太師，……舜爲太保，……豐爲少傅，皆授四輔之職。……封邯爲承陽侯。……以莽爲太傅，幹四輔之事，號曰安漢公。

按：歆、莽關係初與諸人有別，不僅資歷已也，觀此可信。又後書：「朱浮語光武：『王莽爲宰衡時，甄豐旦夕入謀議，時人語曰：「夜半客，甄長伯。」及莽篡位後，豐意不平，卒以誅死。』」（彭寵傳）則豐在當時與莽尤密。

二月，劉歆爲羲和官。

平帝紀：二月，置羲和官，秩二千石；外史、閭師，秩六百石。班教化，禁淫祀，放鄭聲。

應劭曰：周禮：「閭師掌四郊之民，時其徵賦也。」

補注：蘇輿曰：「外史亦周官夏官外史，掌書外令。」

按：置羲和官，魏相已言之。據周禮設官始見此。自歆召爲太中大夫，至此不出半歲，憑空僞撰周官，卽已布用，疑不如此速。謂歆早已爲之，則歆出中祕已久，無藉而爲此。又歆非能先見，必知莽之當漢政，又何緣爲此？

歆傳：太后留歆為右曹太中大夫，遷中壘校尉，羲和，京兆尹，使治明堂、辟雍。

按：興明堂、辟雍，歆父向已主之。僞經考謂莽一朝典禮皆歆學也，細按知其非眞。

六月，封周公後公孫相如爲褒魯侯，孔子後孔均爲褒成侯，奉其祠。追謚孔子曰褒成宣尼公。

按：據華陽國志卷十，此議發於楊宣君緯，時爲講學大夫，與劉歆共校書，居攝中卒。其人曾薦龔勝，亦端士也。

置少府海丞、果丞各一人，大司農部丞十三人，人部一州，勸農桑。

九月，赦天下徒。

按：莽爲政重民生經濟，卽此一年措施觀之可見。

元始二年，壬戌。(二)

夏，郡國大旱蝗，莽等獻田宅者二百三十人。莽時年四十七。

平帝紀：夏，郡國大旱蝗，青州尤甚，民流亡。安漢公、四輔、三公、卿大夫、吏民為百姓困乏，獻其田宅者二百三十人，以口賦貧民。遣使者捕蝗。民捕蝗詣吏，以石斟受錢。天下民貲不滿二萬，及被災之郡不滿十萬，勿租稅。民疾疫者，舍空邸第，為置醫藥。賜死者一家六尸以上葬錢五千，四尸以上三千，二尸以上二千。罷安定呼池苑以為安民縣。起官寺市里，募徙貧民，縣次給食。至徙所，賜田宅什器，假與犂、牛、種、食。又起五里於長安城中，宅二百區，以居貧民。

按：觀此，災情蓋甚重，政府之護視安集，亦甚周矣。莽傳謂：「莽欲以虛名說太后，白：『宜衣繒練，損膳，以視天下。』因上書，願出錢百萬，獻田三十頃，付大司農，助給貧民。於是公卿皆慕效。」殆即此事。史必謂其「欲以虛名說太后」者，莽篡漢祚不終，漢史秉筆，宜爾。當時慕效者，則自有所感，未必盡虛也。

秋，賜公田宅。

補注：蘇輿曰：「莽傳云：『予前在大麓，始令天下公田口井』，即此時事。穀梁宣十五年傳：『古者公田為居』，此蓋放其制，使民即公田為廬舍，故云賜宅。」

今按：「公田」即「井田」也。觀後始建國元年詔可知。然其事在哀帝初即位時已有意創行。莽朝一切新政莫非其時學風羣議所嚮，莽亦順此潮流，故爲一時所推戴耳。

元始三年，癸亥。（三）

春，聘王莽女爲后，詔光祿大夫劉歆等雜定婚禮。莽時年四十八。

莽傳：莽既尊重，欲以女配帝為皇后，以固其權。奏言：「皇帝即位三年，長秋宮未建，掖廷媵未充。乃者，國家之難，本從亡嗣，配取不正。請考論五經，定取禮，正十二女之義，以廣繼嗣。」

僞經考云：是時周禮未成，故「三夫人、九嬪、二十七世婦、八十一御妻」之説未出，故猶從今博士説。然莽之學周公自此始。後此事事效法，遂篡漢祚。歆周官、爾雅事事稱周公以揣合莽意，獎翼篡事也。

按：元年置外史、閭師，官名皆見周官，何以知是時周禮未成？且「三夫人、九嬪、二十七世婦、八十一御妻」，明見小戴昏義。廖平古今學考爲兩戴記分今古，以昏義入今學，蓋「三夫人、九嬪、二十七世婦、八十一御妻」自王制「三公、九卿、二十七大夫、八十一元士」附會而來。僞經考必謂此乃歆之僞竄，謂「否則乃三公、九卿、二十七大夫、八十一元士之命婦」，支離荒謬，一何至此！豈有三公、九卿、二十七大夫、八十一元士之命婦，盡居天子六宮，爲之內官之理？遂使外有曠夫，內有怨婦，乖離陰陽，蕩析家室。今學乃孔子聖統，何復如是？至莽聘杜陵史氏女，備和人三、嬪人九、美人二十七、御人八十一，已在更始元年，是年莽、歆卽皆死，尚何閒情再作僞經？康氏必謂一切皆歆僞說媚莽，繩之史實，終見齟齬。蓋合者百不一，徒以其悍而肆，乃若見其說之或信也。

莽傳又云：「信鄉侯佟上言：「春秋，天子將娶於紀，則褒紀子稱侯，安漢公國未稱古制。」事下有司，皆白：「古者天子封后父百里，尊而不臣。……佟言應禮，可許。請以新野田二萬五千六百頃益封莽，滿百里。」

沈欽韓漢書疏證云：「公羊隱二年，紀見經稱『子』，桓二年稱『紀侯』。何休云：『稱侯者，天子將娶於紀，……故封之百里。』穀梁解云：『時王所進。』按：左氏桓二年是杞侯，又桓六年傳：『紀侯來朝，請王命以求成於齊，公告不能。』杜預云：『紀微弱，不能自通於天子。』然紀並無益封大國之事也。且逆王后在桓八年，而遂於二年褒后父。天子議昏，乃歷七年始取，甯有是理？此魏劉芳所云：『公羊、穀梁近儒小道之書』，（魏書禮志四之三）特便漢人飾奸，事事脗合，宜其誦習四百年也。」

按：如沈說，當時漢廷諸臣引公羊曲說媚莽，傳至何休，尚復依用，而獨與左氏乖違。未知康、崔諸人對此條又如何說？甯得謂公羊亦歆僞羼，而歆又忘之於左氏乎？

夏，莽奏車服制度，吏民養生、送終、嫁娶、奴婢、田宅、器械之品。立官稷，及學官。

張竦爲陳崇草奏，稱莽功德。

游俠傳：「竦博學通達，以廉儉自守。居貧，無賓客，時時好事者從之質疑問事，論道經書而已。陳遵常謂竦曰：『足下諷誦經書，苦身自約，而我放意自恣，浮湛俗間，官爵功名不減於子，顧不優耶？』曰：『人各有性，長短自裁。……雖然，學我者易持，效子者難將。吾，常道也。』」

按：竦之爲人，靖深廉約，近似揚雄。其稱莽功德，文甚豐美，蓋非阿譽希寵者流。子雲劇秦美新，見譏千載，竦奏亦爾。後世徒以莽篡漢身死，遂共輕笑，覩並世學人之言，似有不盡然者。又奏文有「春秋晉悼用魏絳」一節，事見左襄十一年。「成王封魯」一節，見左定四年。又述包胥辭賞，皆本左氏。竦祖敞，外兄杜鄴，皆治左氏，故竦亦能言之也。

又按：費密弘道書：「揚雄世傳有劇秦美新之文，曾鞏、孫復、王安石、簡紹芳、胡直、焦竑皆力辨無其事。或以爲谷子雲之誤。馮時可以美新爲劉棻作。考揚雄，班彪父黨，彪嘗造其門，聞見親切，故班固作傳，稱雄溫厚君子，恬於勢利。雄平生著書，傳皆載焉。又言諸儒罪雄非聖人而稱經，獨無所謂劇秦美新者。王莽時以符命封爵甚衆，而雄不侯。莽自言雄素不與事。史文如此，美新可不辨自彰，後儒未之深考耳。」今按：諸儒辨揚雄不作劇秦美新，皆無堅證，竊謂此事即實，亦不足深病子雲也。

莽誅其子宇。

莽傳：莽……白太后：「前哀帝……貴外家丁、傅，……幾危社稷。今帝以幼年奉大宗，……宜……戒前事。」……帝舅衛氏皆留中山，不得至京師。莽子宇，非莽隔絶衛氏，恐帝長大後見怨，……與師吳章及婦兄呂寬議，……章以為莽不可諫，而好鬼神，可為變怪以驚懼之。……宇即使寬夜持血灑莽第門，吏發覺，莽執宇送獄，飲藥死。……莽因是誅滅衛氏。

班彪生。

元始四年，甲子。（四）

莽年四十九。

正月，郊祀高祖以配天，宗祀孝文以配上帝。

按：此亦見莽尚無蓄志篡漢之心。

郊祀志：平帝元始五年，大司馬王莽奏言：「王者父事天，故爵稱天子。孔子曰：『人之行莫大於孝，孝莫大於嚴父，嚴父莫大於配天。』……是以周公郊祀后稷以配天，宗祀文王於明堂以配上帝。禮記天子祭天地及山川，歲徧。春秋穀梁傳以十二月下辛卜，正月上辛郊。高皇帝受命，因雍四畤，起北畤而備五帝，未共天地之祀。孝文十六年，……初起渭陽五帝廟，祭泰一、地祇，以太祖高皇帝配。……孝武皇帝……元鼎四年，……始立后土祠於汾陰。……五年，……始立泰一祠於甘泉。二歲一郊，與雍更祠，亦以高祖配，不歲事天，皆未應古制。建始元年，徙甘泉泰畤、河東后土於長安南北郊。永始元年，……復甘泉、河東祠。（師古曰：當作「三年」。）綏和二年，……復長安南北郊。建平三年，……復甘泉、汾陰祠。……臣謹與太師孔光、長樂少府平晏、大司農左咸、中壘校尉劉歆、太中大夫朱陽、博士薛順、議郎國由等六十七人議，皆曰宜如建始時丞相衡等議，復長安南北郊如故。」莽又頗改其祭禮，曰：「周官天地之祀，樂有別有合。……以孟春正月上辛若丁，天子親合祀天地於南郊，以高帝、高后配。……以日冬至使有司奉祠南郊，高帝配而望羣陽；日夏至，使有司奉祭北郊，高后配而望羣陰。……渭陽祠勿復修。……」奏可。後莽又奏言：「……臣前奏徙甘泉泰畤、汾陰后土，皆復於南北郊。謹案周官『兆五帝於四郊』，山川各因其方，今五帝兆居在雍五畤，不合於古。……謹與太師光、大司徒宮、羲和歆等八十九人議，皆曰：天子父事天，母事地，今稱天神曰皇天上帝泰一，兆曰泰畤，……宜令地祇稱皇地后祇，兆曰廣畤。……」奏可。

按：長安南北郊之議，起於匡衡，至是三十餘年，凡五徙，亦漢廷一大爭論。莽、歆之見，遠承韋、匡復古之思，非憑空僞撰以欺世也。

又按：郊祀志書此事於元始五年，然考是年四月孔光卒，而議復南北郊至議地祇稱號，光皆預焉。其間凡歷幾時，固不可知；或尚在前年，而志誤以爲五年歟？如立官稷，據平紀在元始三年，而志在五年後。且莽已於元年號安漢公，而志猶稱大司馬，亦不可據。今姑統列「郊祀高祖以配天」之後。

詔婦女非身犯法，及男子年八十以上，七歲以下，家非坐不道，詔所名捕，他皆無得繫。其當驗者卽驗問。定著令。

二月，遣太僕王惲等八人分行天下，覽觀風俗。

按：恩澤侯表：「王惲、閻遷、李翕、郝黨、陳崇、謝殷、逯並、陳鳳」，是八人也。

夏，加安漢公號曰「宰衡」。

莽傳：太保舜等奏言：「春秋列功德之義，太上有立德，其次有立功，其次有立言。惟至德大賢，然後能之。其在人臣，則生有大賞，死為宗臣，殷之伊尹，周之周公是也。」及民上書者八千餘人，咸曰：「伊尹為阿衡，周公為太宰，……宜如陳崇言。」……有司請……采伊尹、周公稱號，加公為「宰衡」，位上公。……三公言事，稱「敢言之」。……封公子男二人為侯。……太后臨前殿，親封拜，安漢公拜前，二子拜後，如周公故事。

莽奏立明堂、辟廱。尊孝宣廟爲中宗，孝元廟爲高宗。

補注：王先謙曰：「莽尊孝元，以悅太后意。」

按：漢帝重儒者，則古昔，皆自孝元始。莽政亦承孝元遺風。其尊爲高宗，不得盡以悅太后爲說。

又按：翟義傳，王莽大誥「尊中宗、高宗之號」，與王舜、劉歆奏勿毀武帝世宗廟書所引殷王三宗太宗、中宗、高宗之次相符，皆用今文說。莽拜宰衡後，上書引穀梁傳「天子之宰，通於四海」，當時用今文說立言施政，不可勝舉，安在必先徧僞羣經，篡聖統，乃得助篡而媚莽乎？

莽傳：莽奏起明堂、辟廱、靈臺，為學者築舍萬區，作市、常滿倉，制度甚盛。立樂經；益博士員，經各五人。

御覽五百三十四黃圖曰：禮小學在公宮之南，太學在城南，就陽位也。去城七里。王莽為宰衡，起靈臺，作長門宮。南去隄三百步，起國學於郭之西南，為博士之官寺。門北出，正於其中央為射宮，門出殿堂南嚮為牆，選士肄射於此。中北之外為博士舍三十區，周環之。北之東為常滿倉，倉之北為會市。但列槐樹數百行為隊，無牆屋。諸生朔望會此市，各持其郡所出貨物及經書傳記、笙磬樂器，相與買賣，雍容揖讓。或論議槐下。其東為太學官寺，門南出，置令、丞、吏，詰姦宄，理詞訟。五經博士領弟子員三百六十，六經三十博士，弟子萬八百人，主事高弟侍講各二十四人。學士同舍，行無遠近皆隨檐，雨不塗足，暑不暴首。

按：莽建設之魄力，制度之盛如此，毋怪漢廷儒生誠心擁戴矣。

漢廷爲莽議九錫。

莽傳：羣臣奏言：「昔周公奉繼體之嗣，據上公之尊，然猶七年制度乃定。夫明堂、辟雍，隳廢千載，莫能興。今安漢公起於第家，輔翼陛下，四年於茲，功德爛然。公以八月載生魄庚子，奉使朝用書，臨賦營築，越若翊辛丑，諸生、庶民大和會，十萬衆並集，亟作二旬，大功畢成。唐虞發舉，成周造業，誠無以加。宰衡位宜在諸侯王上，賜以束帛加璧，大國乘車、安車各一，驪馬二駟。」詔曰：「可！其議九錫之法！」

更定官名及十二州界。

平帝紀：元始四年，置西海郡，徙天下犯禁者處之。……分京師，置前煇光、後丞烈二郡，更公卿、大夫、八十一元士官名位次，及十二州名。分界郡國所屬，罷置改易，天下多事，吏不能紀。

莽傳：莽既致太平，北化匈奴，東致海外，南懷黄支，唯西方未有加。乃遣中郎將平憲等多持金幣，誘塞外羌，使獻地，願内屬。……莽奏曰：「……今謹案已有東海、南海、北海郡，……請受良願等所獻地為西海郡。……漢家地廣二帝、三王，凡十三州，州名及界多不應經。堯典十有二州，後定為九州。漢家廓地遼遠，州牧行部，遠者三萬餘里，不可為九。謹以經義正十二州名分界，以應正始。」奏可。又增法五十條，犯者徙之西海，徙者以千萬數，民始怨矣。

按：莽傳此事在五年，今據平紀。更官名及分州，何武、翟方進已發之。拘泥古迹，徒滋紛擾，爲莽粃政之一。其慕爲太平，勤遠略，啓邊釁，亦致敗之道也。僞經考以堯典十二州爲古文家竄改，辨見前。

又按：莽幷漢朔方入涼州爲十二，揚雄作十二州箴，無朔方，後人以此證雄之爲莽大夫。

元始五年，乙丑。（五）

莽年五十。

四月，太師孔光卒。

五月，莽加九錫。

莽傳：吏民以莽不受新野田而上書前後四十八萬七千五百七十二人，及諸侯、王公、列侯、宗室見者，皆言宜亟加賞安漢公。……詔：「……九錫禮儀亟奏。」於是公卿大夫、博士、議郎、列侯等九百二人皆曰：「聖帝明王招賢勸能，德盛者位高，功大者賞厚，故宗臣有九命上公之尊，則有九錫登等之寵。……謹以六藝通義，經文所見，周官、禮記宜於今者，爲九命之錫。」……奏可。

僞經考：周官之尊爲經典，**朝**廷典禮以爲依據，始於此。

按：平帝元年已據周禮建官，康說非也。

劉歆等封列侯。

平帝紀：詔義和劉歆等四人治明堂、辟廱，太僕王惲等八人使行風俗，……皆封為列侯。

補注：王先謙曰：「四人，劉歆、平晏、孔永、孫遷。」

徵天下通知逸經、古記、天文、曆算、鍾律、小學、史篇、方術、本草及以五經、論語、孝經、爾雅教授者數千人。

莽傳：徵天下通一藝，教授十一人以上，及有逸禮、古書、毛詩、周官、爾雅、天文、圖讖、鍾律、月令、兵法、史篇文字，通知其意者，皆詣公車。網羅天下異能之士，至者前後千數，皆令記說廷中，將令正乖謬，壹異說云。

按：莽自元始擅政以來，所重首在理財厚生，至是又及文獻學術，其一時銳思求治之意，亦未可厚非也。

偽經考：「此云『樂經、逸禮、古書、毛詩、周官、爾雅、史篇文字』，皆歆偽纂。其天文、圖讖、鍾律、月令、兵法，亦歆所偽。」又云：「元始中，徵天下通小學者以百數，各令記字於廷中，時王莽秉國，尊信劉歆，此百數人被徵者，必皆歆之私人，奉歆偽古文奇字之學者也。劉歆工於作僞，故散於私人，假藉莽力，徵召貴顯之，以愚惑天下。如古文經傳授之私人，及王莽奏徵天下通逸禮、古書、毛詩、周官、爾雅、天文、圖讖、鍾律、月令、兵法者詣公車，至者千數，皆其故智也。」又云：「莽、歆搜求佚書，絶無他學，皆歆所力爭於博士者，更增爾雅、史篇文字以徵驗之。」

按：歆在當時，名位尚非甚顯。同時在朝出歆右者多矣，謂莽僔信歆，推行其僞學，若其時惟歆與莽沆瀣一氣，同謀篡業，此非史實。又徵通知逸經者，本與搜求遺書不同。元壽二年歆重召，至是僅五年，謂其徧僞諸學，散之千百人，令分處四方，再得莽命召之，以愚天下，天下縱易欺，何至無一人識其詐者？揚雄、桓譚之流，皆當世魁儒，目睹其事，盡不一悟，彌可怪矣。且其時如京房、翼奉、李尋以及桓譚、張竦之徒，研精天文、鐘律、音聲、陰陽、月令以及古文奇字者，何可勝數？康氏謂漢書成於歆手，則歆既以欺當時，復造爲此數人之說以欺後世者耶？張衡曰：「圖讖虛妄，非聖人之法，劉向父子領校祕書，閱定九流，亦無讖錄；成、哀之後，乃始聞之。」衡東漢大儒，所言如此。康氏謂圖讖亦歆僞，眞不知其說何據！又按：郊祀志建始二年，以丞相匡衡等言，「候神方士使者副佐、本草待詔七十餘人皆歸家」。游俠傳：「樓護誦醫經、本草、方術數十萬言」，其事皆遠在成帝時。可徵當時實有本草書，故莽徵及之，他亦可推。且此明云「徵天下通一藝，教授十一人以上」，先及博士今文章句之徒，乃云「及有逸禮、古書」云云，烏得謂被徵者皆歆私人？論衡効力篇曰：「王莽之時，省五經章句皆爲二十萬。博士弟子郭路，夜定舊說，死於燭下。精思不任，脈絕氣滅也。」此明爲今文章句，與古文何涉？省定章句，後漢以下，繼續爲之。莽之務此，豈爲簒孔統，抑以羼僞說乎？莽能羼僞說於今文，又何事別僞古文？今、古文亦何致成水火哉？

揚雄作訓纂，時年五十七。

藝文志：元始中，徵天下通小學者以百數，各令記字於庭中。揚雄取其有用者以作訓纂，順續蒼頡。

許氏說文敘云：孝平時，徵沛人爰禮等百餘人，令說文字未央廷中，以禮爲小學元士。黃門侍郎揚雄以作訓纂篇。

按：藝文志又云：「漢興，閭里書師合蒼頡、爰歷、博學三篇爲蒼頡篇。武帝時，司馬相如作凡將篇。元帝時，黃門令史游作急就篇。成帝時，將作大匠李長作元尚篇。皆倉頡中正字。凡將則頗有出。」此皆在揚雄訓纂前。

又按：雄傳：「劉歆子劉棻嘗從雄學作奇字。」僞經考謂所徵通小學者皆歆僞遣，又謂雄從歆學，則奇字亦出歆手，棻何忘其家丘而轉學從雄？豈歆既僞造奇字欺子雲，又僞令其子棻往從子雲以欺天下後世者耶？歆之作僞，曲折深心如此，然雄亦何愚？棻亦何順？而康氏隻眼，獨發神奸奇祕於千載之下，亦何明智乃爾哉？

又按：揚雄又有方言，或亦當時作。卷三引「篳路」二語，明標左氏。雄傳謂雄以「箴莫善於虞箴」，此雄見左氏之證。又宗正卿箴引「有仍二女」，太常箴引「夔子不祀」，博士箴引「原伯魯」，均出左氏。豈雄之左氏亦從歆學耶？

又按：方言前有劉歆與雄索取方言書，又有揚雄答書，云「爲郎成帝時，至今二十七歲」，若自元延二年計之，當下迄天鳳間，時雄、歆皆老，劉棻已投四裔，雄投閣幸不死，何歆忽雅興索取此書？而雄云「列于漢籍，誠雄心所想」，豈不大謬？雄、歆往返二書，殆贋物也。

劉歆作鍾曆書。

律曆志：漢興，北平侯張蒼首律曆事，孝武帝時樂官考正。至元始中，王莽秉政，……徵天下通知鐘律者百餘人，使羲和劉歆等典領條奏，言之最詳。

按：晉書律曆志：「王莽之際，考論音律，劉歆條奏，……班固因而志之。」又云：「元始中，王莽輔政，博徵通知鍾律者考其音義，使羲和劉歆典領條奏，……其序論雖博，……所得與司馬遷正同，班固採以爲志。」補注：齊召南曰：「晉志引此志直云劉歆序論，風俗通義引劉歆鍾律書，當亦指此。若隋書牛弘傳引劉歆鍾律書云云，今志所無，是則班氏所刪去也。」錢塘律呂古誼云：「志載律法，雖本於歆，實爲前古定法。歆篤古，制作必依古法，觀其不用京房六十律可知。」

又著三統曆譜。

歆傳：歆治明堂、辟廱，封紅休侯，典儒林史卜之官，考定律曆，著三統曆譜。……及王莽篡位，歆為國師。

律曆志：孝成世，劉向總六曆，列是非，作五紀論。向子歆究其微眇，作三統曆及譜，以說春秋，推法密要。

姚振宗漢書藝文志拾補：按杜征南長曆說云：「自古論春秋者，或造家術，或用黃帝諸曆。此卽家術之類也。或以為王莽用三統曆，非是。」

今按：三統曆本以說春秋，取名「三統」，則采公羊，王莽有王光上戊曆，見下天鳳六年。

又按：歆著三統曆未詳何年。歆本傳載於封侯後，王莽篡位前，則與定鍾律同時也。當時小學則爰禮、揚雄，鍾律則劉歆，慮其他亦各有典主，計署精密，固非漫然。成績亦有可觀，即上引可知其略。

又按：經典釋文敍錄，劉歆有爾雅注三卷，古逸叢書玉燭寶典引其說，殆亦成於此時。

泉陵侯劉慶上書，請安漢公行天子事。

莽傳：泉陵侯劉慶上書，言：「周成王幼少，稱孺子，周公居攝。今帝富於春秋，宜令安漢公行天子事，如周公。」羣臣皆曰：「宜如慶言。」

按：至是莽篡漢之形遂兆。其先謂之專擅則有之，謂其早志於篡，則未有以見其必然也。

冬，平帝疾。

莽傳：莽作策，請命於泰畤，戴璧秉珪，願以身代。藏策金縢，置於前殿，敕諸公勿敢言。

十二月，平帝崩。

顏師古曰：漢注云：「帝春秋益壯，以母衛太后故怨不悅。莽自知益疎，篡殺之謀由是生。因到臘日上椒酒，置藥酒中。故翟義移書云：『莽鴆殺孝平皇帝。』」

按：平紀僅言帝崩，絕不言弒。莽傳：「冬，平帝疾，十二月崩。」翟義傳亦僅言：「平帝崩，王莽居攝，義心惡之。」均不言莽弒。元后傳亦然，言帝常年被疾，不言弒。獨於翟義移書見鴆殺平帝之說，錢大昭曰：「孝平爲莽所鴆，不書弒者，春秋諱內大惡之意。」然帝誠見弒，此大事，班氏何嫌何諱，乃效春秋而隱之？且縱諱於帝紀，莽傳、義傳儘可載，何亦諱匿之深耶？恐此自翟義討莽之辭耳。後東方兵起，及隗囂檄文，皆言莽鴆孝平，蓋民間自有此說。班氏存疑，故不著。

又按：後書公孫述傳引讖記謂：「孔子作春秋，爲赤制而斷十二公，明漢至平帝十二代，歷數盡也。一姓不得再受命。」此亦時人以漢盡平帝不數孺子嬰之證。又見莽之篡漢，借助於今文公羊家言三統受命之說者實大，此豈亦國師公所僞撰？

莽傳：莽徵明禮者宗伯鳳等，與定天下吏六百石以上，皆服喪三年。

補注：何焯曰：「雖曰欺僞，然臣爲君服喪三年，唯元始後議行之。」

按：莽之不顧輿情，信古敢爲率如此。其得人尊信在此。其召亂致敗亦在此。

太皇太后詔徵宣帝玄孫，又詔安漢公莽居攝踐祚。

莽傳：時元帝世絕，而宣帝曾孫有見王五人，列侯……四十八人。莽惡其長大，……迺選玄孫中最幼……子嬰，年二歲，託以爲卜相最吉。是月，前煇光謝囂奏，武功……浚井得白石，……有丹書著石，文曰：「告安漢公莽為皇帝。」符命之起自此始。莽使羣公白太后。……太保舜謂太后：「事已如此，無可奈何，……又莽非敢有它，但欲稱攝以重其權，填服天下耳。」太后聽許，……詔……「令安漢公居攝踐祚，如周公故事。……具禮儀奏。」於是羣臣奏言：「……臣聞周成王幼少，……周公權而居攝。……書曰：『我嗣事子孫，大不克共上下，遏失前人光，在家不知命不易。天應棐諶，乃亡隊命。』說曰：周公服天子之冕，南面而朝羣臣，發號施令，常稱王命。召公賢人，不知聖人之意，故不說也。禮明堂記曰：『周公朝諸侯於明堂，天子負斧依南面而立。』謂『周公踐天子位六年，朝諸侯，制禮作樂，而天下大服』也。召公不說。時武王崩，縗麤未除。由是言之，周公始攝則居天子之位，非乃六年而踐阼也。書逸嘉禾篇曰：『周公奉鬯立於阼階，延登，贊曰：「假王蒞政，勤和天下」』，此周公攝政，贊者所稱。成王加元服，周公則致政，書曰：『朕復子明辟。』周公常稱王命，專行不報，故言我復子明君也。臣請安漢公居攝踐祚，……南面朝羣臣，……皆如天子之制。……」詔曰：「可。」明年，改元曰居攝。

偽經考：按尚書大傳：「周公攝政，一年救亂，二年克殷，三年踐奄，四年建侯衛，五年營成周，六年制禮作樂，七年致政成王。」攝其政耳，無踐天子位事也。歆偽作明堂位，誣先聖以佐篡逆，而後人猶惑之，何哉？

按：周公踐天子位，最先見於荀子之儒效。藝文類聚卷六引尸子、韓子難二、禮記文王世子、淮南氾論訓、韓詩外傳卷三、卷七、說苑君道、尊賢均言之，豈盡歆之所僞？且其時言符命，頌功德，助篡逆者多矣，何獨蔽罪於歆？辨明堂位爲莽時僞書者，始姚際恆。其言曰：「諸儒以明堂位尊美周公，誇飾魯事，或云魯人爲之，或云三桓之徒爲之，皆非也。其春秋時去周公已遠，猶爲此尊大之辭，恐無謂。此篇爲馬融所取入記，使爲周末人作，不應直待融始收之。故予以爲必新莽時人爲之，蓋借周公以諂莽。融無識而收之耳。」此謂「新莽時人」，猶未謂必歆。然姚氏謂「春秋去周公已遠，不應猶爲此尊大之辭」，則新莽去春秋更遠，何獨借周公以行僞？姚氏信此篇爲馬融所取入記，則當時羣臣之奏，明言「禮明堂記」矣。且此篇後半盛誇魯制，若新莽時人爲之，其無謂不尤甚於春秋時人之尊大周公者耶？稍後方望溪，陰襲姚說而言益肆，曰：「明堂位列戴記，先儒以爲誣，舊矣；而予尤疑是篇不知何爲而作也。……及讀前漢書，然後知此莽之意，而爲之者劉歆之徒耳。莽之篡，無事不託周公。其居攝也，羣臣上奏稱明堂位以定其儀，故記所稱莫不與莽事相應。其稱周公踐天子位以治天下，朝諸侯於明堂，以莽踐阼背斧依南面朝羣臣也。

賊臣受九錫，以爲篡徵，自莽始。備舉魯所受服器官，以爲猶行古之道耳。其稱魯君臣未嘗相弑，又以示傳聞不可盡信，若將爲平帝之弑設疑也。其篇首曰：『昔者周公朝諸侯於明堂之位，天子負斧依南向而立』，易『周公』以『天子』，與當日羣臣所奏周公始攝則居天子之位，非乃六年然後踐阼，隱相證也。或疑周公踐阼，負依以召諸侯，別見史記魯燕世家，而荀卿儒效篇亦曰：『以枝代主』，疑明堂記或有所授。不知古用簡册，祕府而外，藏書甚稀。太史公書宣、成間始少出，自向校遺書，歆卒父業，以序七略，東漢宗之，後世子史之傳皆歆所校錄也。歆既僞作明堂記，獨不能增竄太史公、荀子之文哉！」此乃確指僞於劉歆之手。蓋使他人僞之，則無說以解於羣書之互證。歆校祕書，必歸獄焉，乃可謂其徧僞羣書也。然就如方說，太史公書宣、成間已少出，歆僞在後，未嘗效秦之收書，歆、莽未終其業而死，漢祚中興，天下之大，何無一人出而讎校，以明僞跡？劉向校書，遠在河平時，荀子亦向所校。漢儒傳經，大率推本荀子，荀子於漢世，顯學也。豈無他本流傳人間，而歆得恣其僞竄？光武中興去此不廿年，遂無一人識其僞耶？方氏謂記所稱莫不與莽事相應，莽本據此自文飾，安得不相應？今轉據以定記之僞，不尤可笑之甚耶？夫明堂記不必爲信史，亦不必出於莽、歆之僞造，姚、方混并爲說，宜無當也。

僞經考又云：尚書正義一載古文十六篇目，……無嘉禾篇，唯史記、書序有之。蓋歆僞為古文書時，尚無附莽篡位意，後則偽為經記以獎莽篡，故復增造此篇。移書太常云「十六篇」，而敍儒林傳及竄入史記儒林傳則但云「得十餘篇，蓋尚書滋多於是矣」，以後有增加，故虛宕其辭。歆之肺肝如見矣。堯典「假於上下」，西伯戡黎「唯先假王」，詩「假哉天命」，皆訓至也，正也，無訓真假之義者。「假王」之偁，出於韓信。歆欲獎成莽篡，故緣此義以易古訓。歆倡訓詁之學以變大義如此。

按：藝文類聚卷六引尸子：「昔者武王崩，成王少，周公旦假爲天子七年」，韓非子難二：「周公旦假爲天子七年，成王壯，授之以正」，此均出先秦。韓信請爲「假王」前，項羽已爲「假上將軍」，此皆自有來歷，豈歆所僞？名之曰「逸」，篇文不必全，古文十六篇無之，何足怪？方氏之辨曰：「書既逸矣，云云者誰實爲之？」然史公伯夷列傳云「睹軼詩」，豈漢臣不能引逸書耶？方氏精研太史公書，何乃疑此？全謝山謂其但愛觀史、漢文章，於考據則弗及，豈不信哉！

又按：鹽鐵論未通第十五：「周公抱成王聽天下，恩塞海內，澤被四表」，此亦莽、歆前人語。

居攝元年，丙寅。（六）

莽年五十一。

正月，莽祀上帝於南郊，迎春於東郊，行大射禮於明堂，養三老五更，成禮而去，置柱下五史。

三月，立宣帝玄孫嬰爲皇太子，號曰孺子。以王舜爲太傅左輔，甄豐爲太阿右拂，甄邯爲太保後承，又置四少，秩皆二千石。

按：通鑑胡注：「四少、少師、少傅、少阿、少保。」下文劉歆爲少阿。

又按：許氏說文敍：「及亡新居攝，使大司空甄豐等校文書之部，自以爲應制作，頗改定古文。」桓譚典治河之議，亦言之甄豐。是爲莽典文學之任者不止歆，縱有所僞，豈得盡蔽獄於一人哉？

四月，安衆侯劉崇與相張紹謀誅莽，敗死。

莽傳：紹，張竦之從兄。竦與崇族父劉嘉詣闕自歸，莽赦弗罪。因爲嘉作奏，……莽大說，……封嘉爲師禮侯，……後又封竦爲淑德侯。長安謂之語曰：「欲求封，過張伯松。力戰闕，不如巧為奏。」

按：後書卓茂傳：「劉宣，字子高，安衆侯崇之從弟。知王莽當篡，乃變姓名，抱經書，隱避林藪。建武初乃出，光武以宣襲封安衆侯。」顧炎武日知錄卷二十二據前書王子侯表，謂「宣」或「寵」之誤。其人既抱經書避莽，中興復出，絕不聞言莽、歆羼僞事，何也？

五月，太皇太后詔莽朝見，稱「假皇帝」。

十二月，封王匡等爲侯，益甄邯、孫建邑。

莽傳：莽白太后下詔曰：「故太師光雖前薨，功效已列。太保舜、大司空豐、輕車將軍邯、步兵將軍建，皆為誘進單于籌策，又典靈臺、明堂、辟雍、四郊，定制度，……功德茂著。封舜子匡為同心侯，林為說德侯，光孫壽為合意侯，豐孫匡為并力侯。益邯、建各三千戶。」

按：莽、歆關係雖密，尚在此諸人後。歆子棻雖以才智見幸，不在同心、說德、合意、并力之伍。必謂莽之篡局，惟歆佐助之，是未考情實之言也。

居攝二年，丁卯。（七）

五月，更造貨：錯刀，一直五千；契刀，一直五百；大錢，一直五十，與五銖錢並行。

食貨志：王莽居攝，變漢制，以周錢有子母相權，於是更造大錢，……重十二銖，文曰「大錢五十」。又造契刀、錯刀。……「契刀五百」，錯刀以黃金錯，……「一刀直五千」。與五銖錢凡四品，並行。

莽傳：民多盜鑄者。禁列侯以下不得挾黃金，輸御府受直，然卒不與直。

按：莽易幣制，亦粃政之一。然初意在利民，迂闊則有之，奸詐則非也。禁列侯以下不得挾黃金，自晁錯以來，貢禹之徒盡有此意。莽信古敢爲，遂見諸實行。後人讀晁、貢議奏，則慷慨想望；語及王莽，則顰頞病之。積毀銷骨，自古歎之矣。

九月，東郡太守翟義起兵討莽，不克，死之。

莽傳：翟義……移檄郡國，言莽「毒殺平帝，……欲絶漢室」，……衆十餘萬，莽惶懼不能食。晝夜抱孺子禱告郊廟，放大誥作策，遣諫大夫桓譚等班於天下，諭以攝位當反政孺子之意。

補注：王先謙曰：「莽作大誥，皆用今文尚書說。」

封桓譚爲明告里附城。

翟義傳：大夫桓譚等班行諭告，當反位孺子之意；還，封譚爲明告里附城。

補注：周壽昌曰：「據後書桓譚傳，譚為掌樂大夫。」

按：莽傳，譚時爲諫大夫。後書云，「莽時爲掌樂大夫」，乃新莽建國後矣。周說誤。

後書桓譚傳：譚，字君山。父成帝時爲太樂令，譚以父任爲郎，好音律，善鼓琴。博學多通，徧習五經，皆詁訓大義，不爲章句。能文章，尤好古學。數從劉歆、揚雄辯析疑異。性嗜倡樂，憙非毀俗儒，由是多見排抵。

僞經考：桓譚從劉歆、揚雄辯析疑異，其受古學之淵源也。桓譚與杜林皆成學於西漢，受劉歆、張竦、揚雄之學，以通博為主。崔駰、班固、張衡、馬融、劉珍、蔡邕皆此一派。以其博洽，故不守章句，實則章句皆今學，為古學者攻之，故不守也。從古學多博洽，人皆信之，此古學所以盛也。

按：康氏謂「章句皆今學，從古學者多博洽，人皆信之，此古學所以盛」，是矣。然古學儻出劉歆僞造，何以博洽通儒多受其欺，惟章句之徒孤陋自守者乃始不信？豈有易欺博洽，難愚孤陋者乎？光武信讖緯，桓譚力排其非，幾以見禍。若古經盡出劉歆，資莽篡漢，與讖緯何異？譚親在莽朝，身與歆往還，豈不能洞燭其奸？光武中興，更何忌諱，奈何篤守，絕不詆斥耶？

僞經考又云：譚爲歆、莽之黨，故主張僞古文學。凡新論云云，皆歆羽翼，不足據。

按：譚仕新莽，初未貴盛。既黨於歆、莽，必知其詐。後仕光武，何不揭其隱以自白？又爲新論，助身死業敗之莽、歆以欺後世，何爲者？且杜林亦成學西漢，非莽、歆黨矣，何亦主張古文？譚之新論，正足爲古文非僞之證。

又按：後書譚傳：「當王莽居攝篡弒之際，天下之士莫不競褒稱德美，作符命以求容媚，譚獨自守，默然無言。」日知錄據翟義傳，謂：「譚曾受莽封爵，史爲諱之。」譚之爲人，蓋揚雄、張竦之流，雖仕莽而不顯，史自言其不爲符命耳。一時通儒碩學，立新朝者多矣，史何爲諱之哉？

初始元年，戊辰。（八）

莽年五十三。

賞破翟義功，大封諸將帥凡數百人。

莽傳：莽上奏曰：……「禮記王制千七百餘國。……秦爲亡道，殘滅諸侯。……高皇帝受命……建國數百。……今制禮作樂，實考周爵五等，地四等，有明文；殷爵三等，有其說，無其文。孔子曰：『周監於二代，郁郁乎文哉！吾從周。』臣請諸將帥當受爵邑者，爵五等，地四等。」奏可。於是封者高為侯伯，次為子男，當賜爵關內侯者更名曰附城，凡數百人。

按：莽事事復古，至欲追封建，可謂迂闊不識時變矣。然封建之制，豈得謂亦出劉歆杜撰？近儒謂王制今學，周禮古學，二者冰炭不相容。今莽奏二書同引，又何說耶？

僞經考：周爵五等，地四等，劉歆周官說也。孔子之禮，則公、侯百里，伯七十里，子、男五十里，分土唯三。孟子、王制俱同。春秋公羊說則伯、子、男同等，爵三等而已。

按：公羊、王制已自不同，孰爲眞孔子之說？周官復異，何以見公羊、王制皆孔子說，而周官必僞？封地四等，封爵五等，何助於莽篡，而歆必僞之？即據王制，或依公羊，何礙篡事？顧必先僞周禮，然後發政施令，逆人心，駭耳目，而後爲快耶？莽、歆自好古，發見周禮，中心欣悅，謂遠勝王制、公羊之習見熟聞，因不惜事事依仿，迂闊則有之，奸詐則未也。

九月，莽母卒。

莽傳：莽旣滅翟義，自謂威德日盛，獲天人助，遂謀卽真之事矣。九月，莽母功顯君死……太后詔議其服。少阿、羲和劉歆與博士諸儒七十八人皆曰：「居攝之義，所以統立天功。

……昔……成湯既沒，……伊尹……居攝，以興殷道。……武王既沒，……周公……居攝，以成周道。……今太皇太后，則天明命，詔安漢公居攝踐祚，將以成聖漢之業，與唐虞三代比隆。攝皇帝遂開祕府，會羣儒，制禮作樂，卒定庶官，茂成天功。……發得周禮，以明因監，則天稽古，而損益焉。……此其所以保佑聖漢，安靖元元之效也。今功顯君薨，禮：『庶子為後，為其母緦。』……攝皇帝……居攝踐祚，奉漢大宗之後，……不得顧其私親。……周禮曰：『王為諸侯緦縗』，……攝皇帝當為功顯君緦縗，……如天子弔諸侯服，以應聖制。」莽遂行焉。

偽經考：凡莽措施，皆出於歆之偽周禮，莽蓋為歆所欺者。「發得周禮，以明因監」，為周禮大行之始，故特著焉。

按：謂歆僞造古文以佐莽篡，而以周禮爲主，此康氏之說也。然莽所欲借辭者，在周公居攝踐阼一事，此諸子、今文均有之，不俟歆徧僞羣經也。至於周禮，莽雖依以發政，於篡業非所借口，康氏亦知之，乃又謂莽亦爲歆所欺，流遁强說，則歆之僞周禮，將特以欺莽者耶？

又按：荀悅漢紀云：「歆以周官六篇爲周禮。王莽時，歆奏以爲禮經，置博士。」

僞經考：周官六篇，自西漢前未之見，其説與公、穀、孟子、王制今文博士皆相反。莽傳所謂「發得周禮，以明因監」，故與莽所更法立制略同。蓋劉歆所僞撰也。歆欲附成莽業而爲此書，其僞羣經乃以證周官。故歆之僞學，此書爲首。

按：康氏既謂歆欲附成莽業而爲此書，何又謂莽受歆欺？且歆移書太常，爭立左氏春秋、毛詩、古文尚書、逸禮，尚未及周官；謂歆徧僞羣經乃以證周官，不合一矣。歆爭立四博士時，莽已去職，豈逆知其後之篡而預爲之？謂歆欲附成莽業而僞此書，又僞羣經以證之，不合二矣。僞經考又云：「歆之精神全在周官，其僞作古文尚書、毛詩、逸禮、爾雅，咸以輔翼之。」是必周官之成，遠在古文尚書、毛詩、逸禮諸僞書前。諸書已不得一日徧僞；周官尤詳密，非可急就。以年推之，必向尚未死，莽尚未貴，歆學尚未成，已先徧僞羣經，則一切不合矣。

僞經考又云：王莽以僞行篡漢國，劉歆以僞經篡孔學。然歆之僞左氏，在成、哀之世。僞逸禮、僞毛詩，次第爲之，時莽未有篡之隙也。則歆之畜志篡孔學久矣。遭逢莽篡，因點竄其僞經以迎媚之。歆既奬成莽之篡漢，莽推行歆學，又徵召爲歆學者千餘人詣公車，立諸僞經於學官，莽又奬成歆之篡孔矣。

按：康氏亦知劉歆爭立古文諸經時，王莽尚未有篡漢之兆，則謂歆造僞經，預爲莽者非矣。乃轉辭自遁，謂歆畜志篡孔學，又點竄僞經以媚莽，是歆一僞再僞也。然周禮不似媚書，因又謂莽受歆欺，則進退失據矣。且歆又能預布爲其學者千餘人以待莽徵，白日行詐，天下絕無知，寧不可怪？康說前後橫決，無一而可。彼固徒肆臆測，全無實證。然即就其臆測者論之，亦未能條貫，更不需再責實證也。

莽兄子光自殺。

莽傳：司威陳崇奏，衍功侯光私報執金吾竇況，令殺人。……莽大怒，切責光。光母曰：「女自眡孰與長孫（莽子宇）、中孫（莽子獲）？」遂母子自殺。

十一月，莽奏以居攝三年爲初始元年，奏可。

莽傳：是歲廣饒侯劉京等奏符命，……莽皆迎受。十一月甲子，莽上奏太后曰：「……宗室廣饒侯劉京上書，言：『七月中，齊郡……有新井。』十一月壬子……冬至，巴郡石牛；戊午，雍石文，皆到於未央宮之前殿。……騎都尉崔發等眡說。及前孝哀皇帝建平二年六月甲子，下詔書更爲太初元將元年，案其本事，甘忠可、夏賀良讖書臧蘭臺。臣莽以爲元將元年者，大將居攝改元之文也；於今信矣。康誥：『王若曰：「孟侯，朕其弟，小子封」』，此周公居攝稱王之文也。春秋，隱公不言卽位，攝也。此二經，周公、孔子所定，蓋為後法。……臣莽敢不承用！臣請共事神祇宗廟，奏言太皇太后、孝平皇后，皆稱假皇帝。其號令天下，天下奏言事，毋言『攝』。以居攝三年為初始元年，漏刻以百二十為度，用應天命。……孺子加元服，復子明辟，如周公故事。」奏可。

補注：蘇輿曰：「引康誥『王若曰』云云，雖莽假借其文，蓋今文說實如此，故其仿大誥文直作『攝皇帝若曰』。王肅僞孔以大誥之『王』為『成王』。不知書凡言周公述王命者，上皆言周公以別之，如多方、多士篇是也。大誥、康誥不然，知『王』是周公。莽故特假引二篇文也。莽稱引多今文說，皆可徵驗。」

僞經考：莽之居攝名義亦由於歆。卽此（「春秋，隱公不言卽位，攝也。」）一言，歆之僞作左氏春秋書法以證成莽篡，彰彰明矣。左氏之為僞經，復有何疑？

按：禮記文王世子：「周公攝政踐阼而治」，說苑尊賢：「周公攝天子位七年。」居攝之名，何必始於歆？歆請立左氏，尚在哀帝建平元年，豈預知十年後莽有居攝之局而先僞經文以爲之地？否則歆之僞羣經，可以隨僞隨易，惟意所之，而天下終受其欺耶？甘忠可、夏賀良皆言漢運中衰，當再受命，故莽樂引以爲說。然劉歆先曾以非經義折之，烏得謂凡莽稱說盡出歆？且莽之卽眞，亦逐步推移而至，莽在當時，亦非所逆料也。

十二月，哀章作銅匱獻莽，莽自稱新皇帝。

莽傳：梓潼人哀章……見莽居攝，卽作銅匱，……書言王莽爲眞天子。……圖書皆書莽大臣八人，又取令名王興、王盛，章因自竄姓名，凡爲十一人，皆署官爵，爲輔佐。聞齊井、石牛事下，卽日昏時，衣黃衣，持匱至高廟，以付僕射。……戊辰，莽至高廟，拜受金匱神嬗。……下書曰：「予以不德，託於皇初祖考黃帝之後，皇始祖考虞帝之苗裔，而太皇太后之末屬。皇天上帝隆顯大佑，成命統序，符契圖文，金匱策書，神明詔告，屬予以天下兆民。赤帝漢氏高皇帝之靈，承天命傳國，金策之書，予甚祗畏，敢不欽受！以戊辰直定，……卽眞天子位，定有天下之號曰新。其改正朔，易服色，變犧牲，殊徽幟，異器制，以十二月朔癸酉爲建國元年正月之朔。」

王莽始建國元年，己巳。（九）

莽年五十四。

正月，封孺子嬰爲定安公。

莽傳：莽策命孺子：「為定安公，戶萬，地方百里。……立漢祖宗之廟於其國，與周後並，行其正朔、服色。」

按：此卽公羊存三統之義。

又按金匱，封拜輔臣。

莽傳：以太傅、左輔王舜為太師，封安新公。大司徒平晏為太傅，就新公。少阿、義和劉歆為國師，嘉新公。廣漢梓潼哀章為國將，美新公。是為四輔，位上公。太保、後承甄邯為大司馬，承新公。丕進侯王尋為大司徒，章新公。步兵將軍王邑為大司空，隆新公。是為三公。大阿、右拂、大司空甄豐為更始將軍，廣新公。京兆王興為衞將軍，奉新公。輕車將軍孫建為立國將軍，成新公。京兆王盛為前將軍，崇新公。是為四將，凡十一公。王興者，故城門令史。王盛者，賣餅。莽按符命求得此姓名十餘人，兩人容貌應卜相，徑從布衣登用，以視神馬。

全祖望經史答問：全藻問曰：「方侍郎望溪云：『古人言三公者多矣，未有言四輔者。言師、保者多矣，未有言疑、承者。王莽置四輔以配三公，又為其子置師、疑、傅、承、阿、輔、保、拂之官，而劉歆竄入文王世子，以見其為二帝、三王之舊制，胡他書更無及此者？』然否？」（按：方說見禮記析疑。）答曰：「以三代之前並無四輔之官，其說是也。若以為劉歆所竄入，則未然。……四輔之名，見於尚書之洛誥，而益稷篇之『四鄰』，史記作『四輔』。尚書大傳：『古者天子必有四鄰，前曰疑，後曰承，左曰輔，右曰弼。』……賈太傅新書引明堂位曰：『……道，……弼……輔，……承，……』，稍與大傳不符，而大略則同。漢書谷永公車之對曰：『四輔既備……』，杜鄴傳謂王音曰：『周、召……並為弼、疑……』，孔叢子曰：『疑、承、輔、弼，謂之四近』，是豈皆劉歆之所竄？故不可以王莽所常用者而竟以之罪歆也。然秦、漢以上，則固無此官。……為此說者，蓋在周、秦之間，文獻謠失，好事者所造作。故伏勝、賈誼皆記之。再考甘石星經有云：『天極星旁三星為三公，後句四星為四輔』，斯則出於伏、賈之前者，其為七國時人說，固無疑。」

按：王莽事事復古，尊信周官、禮記諸書，不知此多出戰國晚世，非眞古也。姚立方、方望溪諸人因疑盡歆、莽之徒所僞，全氏辨之，亦所謂博而篤者矣。

策令羣司。

莽傳：莽策羣司：「歲星司肅，東嶽太師，典致時雨，青煒登平，考景以晷。熒惑司悊，南嶽太傅，典致時奧，赤煒頌平，考聲以律。……」各策命以其職，如典誥之文。

按：莽事事慕古，迂闊無當，即此策文可見。然亦淵源西漢今文家言，特見諸實行，乃以召亂耳。

置九卿，二十七大夫，八十一元士。更諸官名。

定諸侯王號皆稱公。四夷僭號稱王者皆更爲侯。

封黃帝、少昊、顓頊、帝嚳、堯、舜、夏、商、周及臯陶、伊尹之後皆爲公侯，使各奉其祭祀。

僞經考：易繫辭、大戴五帝德、帝繫姓、史記五帝本紀皆無少昊。惟逸周書嘗麥解有少昊，則爲司馬者。歆變亂五帝名號，故竄之於左傳、國語、月令。此用歆說也。

按：古有異說，何必全出歆造？五帝之辨已見前，不復詳。

立九廟。

莽傳：莽曰：「予前在攝時，建郊宮，定祧廟，立社稷，神祇報況，或光自上復於下，流爲烏，或黃氣熏蒸，昭燿章明，以著黃、虞之烈焉。……予伏念皇初祖考黃帝，皇始祖考虞帝，已宗祀於明堂，宜序於祖宗之親廟。其立祖廟五，親廟四。……郊祀黃帝以配天，黃后以配地。……姚、嬀、陳、田、王氏，凡五姓，皆黃、虞苗裔，……其皆以爲宗室，世世復，無有所與。」

僞經考：詩、書、禮、春秋言廟禮無「祧廟」說，惟祭法：「有二祧，享嘗乃止」，左傳昭元年：「其敢愛豐氏之祧」，周官春官：「守祧奄八人」，又：「辨廟祧之昭穆。」是卽「祧廟」之說。又周官春官：「兆五帝於四郊，四望、四類亦如之，兆山川、邱陵、墳衍，各因其方」，是卽「郊宮」之說。凡祭法、左傳、周官皆歆所僞。莽用其說，故云「建郊宮，定祧廟」也。

按：「定祧廟」指元始四年尊孝宣廟爲中宗，孝元廟爲高宗，合孝武爲世宗，上符殷王三宗，又郊祀高祖以配天，宗祀孝文以配上帝，爲莽定祖廟五之先聲，與祭法「廟祧壇墠」之說並不同，烏得卽謂祭法乃歆所僞？「建郊宮」卽指復南北郊而言，二者自貢禹、韋玄成、匡衡以來爭之久矣，非歆始創。周官、左氏非歆僞，已辨詳前。

以漢高廟爲文祖廟。

莽傳：莽曰：「予之皇始祖考虞帝受嬗於唐。漢氏初祖唐帝，世有傳國之象，予復親受金策於漢高皇帝之靈。惟思褒厚前代，何有忘時？」

按：莽之好爲附會如此。然「漢家堯後，有傳國之運」，董仲舒、眭孟早言之，劉向亦言之，寧得謂尚書堯典亦劉歆僞撰以佐莽篡耶？

罷錯刀、契刀，及五銖錢，更作小錢。禁民挾銅炭。

莽傳：莽曰：「予前在大麓，至於攝假，深惟漢氏三七之阨，赤德氣盡，思索廣求所以輔劉延期之術，靡所不用。故作金刀之利，幾以濟之。……終不可强濟。……皇天革漢而立新，廢劉而興王。夫『劉』之為字，『卯、金、刀』也。正月剛卯，金刀之利，皆不得行。……其去剛卯，莫以為佩！除刀錢，勿以為利！……」乃更作小錢，……直一，與前「大錢五十」者為二品，並行。欲防民盜鑄，乃禁不得挾銅炭。

按：莽之拘忌可笑又如此。觀其多拘忌，知非偏僞羣經以行篡之人矣。

四月，禁買賣田宅奴婢。

莽傳：莽曰：「古者……一夫……田百畝，什一而稅，則國給民富而頌聲作。……秦……壞聖制，廢井田，是以兼并起，貪鄙生。强者規田以千數，弱者曾無立錐之居。又置奴婢之市，與牛馬同闌。……繆於『天地之性人為貴』之義。漢氏減輕田租，三十而稅一，常有更賦，罷癃咸出。而豪民侵陵，分田刼假。厥名三十稅一，實什稅五也。……故富者……驕而為邪，貧者……窮而為姦。俱陷于辜，刑用不錯。予前在大麓，始令天子公田口井，……遭反虜逆賊且止。今更名天下田曰『王田』，奴婢曰『私屬』，皆不得買賣。其男口不盈八而田過一井者，分餘田予九族鄰里鄉黨。故無田，今當受田者，如制度。敢有非井田聖制……者，投諸四裔，以禁魑魅，如皇始祖考虞帝故事。」坐賣買田宅奴婢，鑄錢，自諸侯卿大夫至於庶民，抵罪者不可勝數。

按：誦莽此詔，可謂靄然仁者之言。今世所唱土地國有、均產、廢奴諸說，莽已及之，後世以成敗論人，故不之重耳。

又按：漢書食貨志載董仲舒言限民名田，亦主去奴婢。仲舒今文大師，莽政遠師其意也。

秋，遣五威將帥班符命，更印綬。

莽傳：「符命言井石、金匱之屬。……其文爾雅依託，……大歸言莽當代漢有天下云。」

又曰：「新室之興也，德祥發於漢三七九世之後。」

按：「三七九世」，即谷永所謂「承八世之功業，當陽數之標季，涉三七之節紀」也。永言與甘忠可、夏賀良同爲新朝藉口，此漢儒言災異之效也。

始建國二年，庚午。（一〇）

莽年五十五。

初設六筦之令。

莽傳：初設六筦之令，命縣官酤酒，賣鹽鐵器，鑄錢。諸采取名山大澤衆物者稅之。又令市官收賤賣貴，賒貸予民，收息百月三。犧和置酒士，郡一人，乘傳督酒利。禁民不得挾弩鎧，徙西海。

按：六筦者，一、鹽，二、酒，三、鐵，四、名山大澤，五、錢布銅冶，六、五均賒貸，謂此皆應歸國家管治；事詳食貨志。謂：「國師公劉歆言周有泉府之官，收不讎，與欲得，卽易所謂『理財正辭，禁民爲非』者也。莽乃下詔曰：『夫周禮有賒貸，樂語有五均，傳記各有斡焉。今開賒貸，張五均，設諸斡者，所以齊衆庶，抑幷兼也。』」師古曰：「周禮泉府之職。鄧展曰：『樂語，樂元語，河間獻王所傳，道五均事。』」補注：沈欽韓曰：「樂語，白虎通引之。案周書大聚解：『市有五均，早暮如一，送行逆來，振乏救窮。』樂語又本於周書也。」今按：六筦之政，大體武帝時已先行。惟武帝意在增國庫，王莽確爲抑兼幷，後世以成敗論事，故若莽政一無足取耳。又莽政必一一推本古訓，此乃援據周禮與樂語，較之漢武時，益爲振振有辭矣。若謂周禮乃劉歆本莽政僞造，是倒置也。且僞一周禮已足，何爲又別僞一樂語乎？

食貨志又謂：莽於長安及五都（洛陽、邯鄲、臨淄、宛、成都）立五均官。……皆為五均司市師。工商能采金銀銅連錫登龜取貝者，皆自占司市錢府。……又以周官稅民，凡田不耕為不殖，出三夫之稅。城郭中宅不樹藝者，為不毛，出三夫之布。民浮游無事，出夫布一匹。不能出布者，宂作縣官衣食之。諸取衆物鳥獸魚鼈百蟲於山林水澤及畜牧者，嬪婦桑蠶織紝紡績補縫，工匠醫巫卜祝，及它方技商販賈人坐肆列里區謁舍，皆各自占所為於其在所之縣官，除其本，計其利，十一分之而以其一為貢。敢不自占，自占不以實者，盡沒入所采取，而作縣官一歲。

按：「自占」猶今云「呈報」。其制略似武帝時之「算緡」，而性質頗不同。蓋五均所徵乃一切地稅。凡采礦、畜牧、坐肆列里區謁舍，工商之就地生利者，五均皆得征其貢。其自耕稼以外之據地爲利者，胥五均主之。田不耕，宅不樹藝，民浮游無事，此雖不生利，亦不能無占地。征其稅，乃寓禁於征之意。舊注，臣瓚曰：「天子取諸侯之土以立五均，則市無二價，四民常均」，故知五均有稅地義。古人惟以農爲正業，他則目爲姦利。又以爲凡生利者必有賴於地，故於田租正稅外，又以五均徵一切地稅也。莽復師周書大聚解「市有五均，早暮如一，送行逆來，振乏救窮」之意，使「五穀布帛絲綿之物，周及民用而不讎者，均官……考檢厥實，用其本賈取之，毋令折錢。萬物昂貴過平一錢，則以平賈賣與民。其賈低賤減平者，聽民自相與市，以防貴庾者。民欲祭祀喪紀而無用者，錢府以所入工商之貢但賒之，……民或乏絕，欲貸以治產業者，均授之，除其費，計所得受息，毋過歲什一。」此又似武帝時之均輸，而性質亦不同。蓋五均所司，在即徵工商之貢稅，而為工商謀便益，如定物價，收滯貨，平買賣皆是。其有賒貸，意在振乏救窮，與征田不耕，宅不樹藝，民浮游無事者，其立法用意，正相反而相成。重利盤剝，亦兼幷一大事，今賒貸由官營治，則子錢家無所牟利，而官家母金，即以徵工商之所得稅充之。此五均一制之大概也。

義和魯匡言：「名山大澤，鹽、鐵、錢、布帛，五均賒貸，斡在縣官。惟酒酤獨未斡。……請法古令官作酒。以二千五百石為一均，率開一盧以賣。讎五十釀為準。……計其利而什分之，以其七入官，其三及醩胾（酢漿）灰炭，給工器薪樵之費。」

按：此猶今之菸酒公賣也。漢武時亦已施行。新朝政制，自有來歷，不待劉歆之徧僞羣經。其注意本重民生，而流弊亦不免。

義和置命士，督五均六斡，郡有數人，皆用富賈，……乘傳求利，交錯天下，因與郡縣通姦，多張空簿，府藏不實，百姓俞病。

按：此亦政制改革，一時所宜有。要其意則未可厚譏也。又莽此諸政，均起於漢武，而新朝君臣，多推本周官。方望溪周官辨僞則謂周官多有莽、歆竄入。其言曰：「莽誦六藝以文姦言，而浚民之政皆託於周官。其未篡也，既以公田口井布令，故既篡下書，不能遽變十一之說，而謂漢法名三十稅一，實十稅五，則其意居可知矣。故歆承其意而增竄閭師之文，以示周官之田賦本不止於什一也。莽立山澤六筦，榷酒鑄器稅衆物以窮工商，故歆增竄廛人之文，以示周官征布之目卽如是其多也。莽好厭勝，妖妄愚誣，爲天下訕笑，故歆增竄方相、壺涿、硩蔟、庭氏之文，以示聖人之法固如是其多怪變也。」方氏於莽詔所謂「厥名三十稅一，實什稅五」者，全不解其意旨，而謂「其意居可知」，眞可怪笑。六筦之制，皆有深意，非方所知。至方相、壺涿、硩蔟、庭氏之文，皆不合於方氏之所謂「聖人」者，而盡以爲歆之所竄，此尤迂癡不足辨。其後康氏遠承方氏之緒，而所見較深，要其立論淵源，實自方啓之。細讀方氏周官辨僞，可知其說之無根。

僞經考：荀子王制篇：「山林、澤梁以時禁發而不稅」，孟子言：「澤梁無禁」，王制：「關譏而不征，林麓、川澤以時入而不禁」，此孔子所述文王之仁政也。歆以周官託於周公，而閭師云：「任衡以山事，貢其物；任虞以澤事，貢其物」，莽制，「諸採取名山、大澤衆物者稅之」，用歆周官說也。然左傳昭公二十年：「晏子曰：『山林之木，衡鹿守之；澤之萑蒲，舟鮫守之；藪之薪蒸，虞候守之；海之鹽蜃，祈望守之』」，以為齊政之衰。晏子尚以為政衰，則周公不為可知。莽蓋從歆以興天下，亦以歆而亡天下者也。又周官司市云：「凡治市之貨賄、六畜、珍異，亡者使有，利者使阜，害者使亡，靡者使微。」又廛人：「凡珍貨之滯於民用者，以其賈買之，物揭而書之，以待不時而買者」，即所謂「令市官收賤賣貴」也。泉府又云：「凡賒者祭祀無過旬日，喪紀無過三月。凡民之貸者與其有司辨而授之，以國服為之息。凡國事之財用取具焉。」即所謂「賒貸與予民收息百月三」也。此皆莽用周官制，民怨畔之。唐第五琦、皇甫鎛行酒酤、鹽鐵、鑄錢而民又怨之，王安石行青苗法而民又怨之。歆此法也，亡三國矣。

按：康氏舉列莽政本周官，不足即證周官由歆僞造。周官非周公書，而莽、歆誤信爲利民之道在是。且莽此諸政，漢武時均已有之。漢武雖意在增國庫，而抑兼幷，裁末業，則賈、晁、董生皆言之。爲漢武聚斂諸臣，亦隱借董生諸儒之論爲自便。新莽之政，亦主抑兼井，裁末業，淵源晁、董。特以羞法漢武，遂專據周官。今謂劉歆憑空僞造周官以欺莽，而莽亦憑空信周官以召亡，此皆不明史實之言也。

又按：辨周官爲劉歆僞造以媚新莽者，其說起於宋，惡王荆公依周官行新法而云然。不謂清儒自姚、方以迄康氏，遂大肆其談也。

匈奴寇邊郡。

莽傳：匈奴單于求故璽，莽不與，遂寇邊郡。

十二月，遣立國將軍孫建等凡十二將，十道並出，伐匈奴。

莽傳：募天下囚徒丁男，甲卒三十萬人，轉衆郡委輸五大夫衣裘、兵器、糧食，長吏送，自負海江淮至北邊，使者馳傳督趣，以軍興法從事，天下騷動。

按：莽拘牽虛文，輕啓邊禍，亦致敗之一端。

造寶貨五品。

莽傳：莽以錢幣訖不行，復下書曰：「寶貨皆重，則小用不給；皆輕，則僦載煩費。輕重大小，各有差品，則用便而民樂。」於是造寶貨五品。……百姓不從，但行小、大錢二品而已。盜鑄錢者不可禁，乃重其法。一家鑄錢，五家坐之，沒入爲奴婢。

食貨志：莽更作金、銀、龜、貝、錢、布之品，名曰「寶貨」。……錢貨六品，……銀貨二品，……龜寶四品，……貝貨五品，……布貨十品。凡寶貨五物，六名，二十八品。……百姓憒亂，其貨不行。民私以五銖錢市買。莽患之，下詔：「敢非井田挾五銖錢者，……投諸四裔。……」於是農商失業，食貨俱廢，民涕泣於市道。……莽知民愁，乃但行小錢直一，與大錢五十，二品並行，龜、貝、布屬且寢。

按：莽徒慕古制，不通政理。其行龜、貝、布貨，惟以擾民。然自貢禹以來，存此想者非一人，莽特强志敢爲耳。

收捕甄豐子尋、劉歆子棻、棻弟泳、王邑弟奇，及歆門人丁隆等。豐自殺，死者數百人。

莽傳：初，甄豐、劉歆、王舜為莽腹心，倡導在位，褒揚功德。「安漢」、「宰衡」之號，……皆豐等所共謀。而豐、舜、歆亦受其賜，並富貴矣，非復欲令莽居攝也。居攝之萌，出於泉陵侯劉慶、前煇光謝囂、長安令田終術。莽羽翼已成，意欲稱攝，豐等承順其意，莽輒復封舜、歆兩子及豐孫。豐等爵位已盛，心意既滿，又實畏漢宗室、天下豪傑。而疏遠欲進者並作符命，莽遂據以即真。舜、歆內懼而已。豐素剛強，莽覺其不悅，故徙……豐，託符命文，為更始將軍，與賣餅兒王盛同列。豐父子默默。時子尋……即作符命，言新室當分陝，立二伯，以豐為右伯，太傅平晏為左伯，如周、召故事。莽即從之，拜豐為右伯。……尋復作符命，言故漢氏平帝后黃皇室主為尋之妻。莽以詐立，心疑大臣怨謗，欲震威以懼下。因是發怒，……收捕尋。尋亡，豐自殺。尋……歲餘捕得，辭連國師公歆子……棻、棻弟……泳、大司空邑弟……奇，及歆門人……丁隆等，牽引公卿黨親列侯以下，死者數百人。

按：此乃新朝君臣始終實錄。莽、歆關係如此，康氏諸人閉眼若無覩，豈以漢書眞乃歆物，則莽傳亦歆爲之以自逃後世之責，而掩其僞者耶？

揚雄校書天祿閣，畏罪自投閣下，幾死，詔勿問。雄時年六十四。

雄傳：王莽時，劉歆、甄豐皆為上公。莽既以符命自立，卽位之後欲絶其原。……而豐子尋、歆子棻復獻之，莽誅豐父子，投棻四裔。……時雄校書天祿閣上，……恐不能自免，從閣上自投下，幾死。莽……曰：「雄素不與事，何故在此？」……問其故，乃劉棻嘗從雄學作奇字，雄不知情。有詔勿問。雄以病免，復召為大夫。

按：揚雄校書天祿閣，未知已幾年。自此上推至綏和二年，劉歆典五經，亦校書天祿閣，前後僅十六年。歆果偏僞諸經，增竄羣籍，子雲不宜無知。今子雲諸書多言古文，康氏謂乃受學於歆，爲歆所欺，皆强爲之說也。

又按：後書蘇竟傳：竟，字伯況。平帝世，以明易爲博士講書祭酒。善圖緯，能通百家之言。王莽時，與劉歆等共典校書。光武時，竟與歆兄子龔書，勸其降漢，謂：「昔以摩研編削之才，與國師公從事出入，校定祕書」云云，其人正士，年七十，卒於家，作記誨篇及文章傳世。時光武已中興，可無忌諱，然竟絕無一言及歆僞造羣經事。其修書勸龔，極論天文十二次諸說，亦無一語斥爲歆僞托也。

始建國三年，辛未。（一一）

莽年五十六。

王舜卒。

莽爲太子置師友各四人，秩以大夫。

莽傳：以故大司徒馬宮為師疑，故少府宗伯鳳為傅丞，博士袁聖為阿輔，京兆尹王嘉為保拂；是為四師。故尚書令唐林為胥附，博士李充為犇走，諫大夫趙襄為先後，中郎將廉丹為禦侮；是為四友。

又置師友祭酒及侍中、諫議、六經祭酒各一人，凡九祭酒，秩上卿。

莽傳：琅邪左咸為講春秋、潁川滿昌為講詩、長安國由為講易、平陽唐昌為講書、沛郡陳咸為講禮、崔發為講樂祭酒。

補注：錢大昕曰：「公卿表：『建平元年左咸為大司農，三年為左馮翊，元壽三年復由復土將軍為大鴻臚，元始五年又為大鴻臚』，蓋四至九卿。」

按：王嘉傳：「嘉薦儒者公孫光、滿昌及能吏蕭咸、薛修等，皆故二千石有名稱，天子納而用之。」時建平三年嘉代平當為丞相後。馬援傳注引東觀漢記：「受齊詩，師事潁川滿昌」，即此人。儒林傳：「滿昌受詩學於匡衡。」又後書陳寵傳：「陳咸，成、哀間以律令為尚書。平帝時，王莽輔政，多改漢制，咸心非之。及莽因呂寬事誅不附己者何武、鮑宣等，咸乞骸骨去職。莽篡位，召咸以為掌寇大夫，謝病不肯應。時三子參、豐、欽皆在位，乃悉令解官，父子歸鄉里。後莽復徵咸，遂稱病篤。」此所謂「沛郡陳咸」即此人，不肯應徵，豈即指講禮祭酒言耶？又崔駰傳：「崔發以佞巧幸於莽，位至大司空。母師氏，通經學、百家之言，莽寵以殊禮，賜號義成夫人。發弟篆，王莽時為郡文學，以明經徵詣公車。太保甄豐舉為步兵校尉，篆辭焉。後以為建新大尹（莽改千乘郡曰建新，守曰大尹）。不得已單車到官，遂稱疾焉。」建武初，著周易林六十四篇，即今所傳焦氏易林也。（近人余嘉錫四庫提要辨證論此頗詳。）亦引用左氏語。

又孔僖傳：「自安國以下，世傳古文尚書、毛詩。曾祖父子建，少遊長安，與崔篆友善。篆仕王莽爲建新大尹，勸子建仕。對曰：『吾有布衣之心，子有袞冕之志，各從所好，不亦善乎？』」此治古文學而不願仕莽者。

又藝文志記王莽講學大夫與此頗異，茲爲列表如左：

（一）易

京房——梁丘賀——梁丘臨（賀子）——五鹿充宗——張仲方

梁丘臨——王駿

五鹿充宗——鄧彭祖

五鹿充宗——衡咸（王莽講學大夫）

莽傳講易大夫爲長安國由，又有講易祭酒戴參爲宣始將軍，見天鳳元年。

（二）書

歐陽高——歐陽地餘（高孫）——歐陽政（地餘少子）（王莽講學大夫）

莽傳講書爲平陽唐昌，又有尚書大夫趙並，使勞北邊，言屯田事，見始建國三年。

（三）詩

- 夏侯始昌——后蒼
  - 翼奉
  - 蕭望之
  - 匡衡
    - 師丹
    - 伏理
    - 滿昌
      - 張邯
      - 皮容

莽傳講詩為琅邪滿昌。

（四）詩（毛詩）

毛公（河間獻王博士）——貫長卿——解延年——徐敖——陳俠（王莽講學大夫）

（五）春秋（公羊）

- 胡母生
  - 褚大
  - 嬴公
    - 孟卿
    - 眭孟
      - 嚴彭祖
      - 顏安樂（孟姊子）——泠豐
        - 馬宮
        - 左咸
  - 段仲
  - 呂步舒

莽傳講春秋爲琅邪左咸。

（六）春秋（穀梁）

江博士（瑕丘江公）——胡常——蕭秉（王莽講學大夫）

（七）春秋（左氏）

賈誼——貫公（河間獻王博士）——貫長卿（貫公子）——張禹（非成帝師張禹）

——尹更始——尹咸

　　　　　——翟方進

　　　　　——胡常——賈護——陳欽（以左氏授王莽）

（八）禮

莽傳有講禮大夫孔秉，見始建國四年。

按：上表，新朝經師多今文傳法。劉歆爭立古文諸經，爲廣道術，非篡聖統，彰灼可見矣。

莽迎龔勝爲太子師友祭酒，勝不食而死，年七十九。

河決魏郡，泛清河以東數郡。

溝洫志：王莽時，徵能治河者以百數，其大略異者：長水校尉平陵關竝，（顏師古曰：桓譚新論云：「竝字子陽，材智通達。」）……大司馬史長安張戎，（顏師古曰：新論云：「字仲功，習溉灌事。」）……御史臨淮韓牧，（顏師古曰：新論云：「字子台，善水事。」）……大司空掾王橫，（顏師古曰：橫字平中，琅邪人；見儒林傳。）（按：儒林傳作「王璜」，能傳費易，又傳古文尚書。）……沛郡桓譚爲司空掾，典其議，爲甄豐言：「凡此數者，必有一是。宜詳考驗，皆可豫見。計定然後擧事，費不過數億萬，亦可以事諸浮食無產業民。……上繼禹功，下治民疾。」王莽時，但崇空語，無施行者。

按：荀悅漢紀繫此事於今年，與莽傳合，今依之。前曾徵通知小學者，爰禮主之，通鐘律者，劉歆主之，此復踵其事。天鳳六年又博募有奇技術可以攻匈奴者，事亦相類。

始建國四年，壬申。（一二）

莽年五十七。

大司馬甄邯卒。孔永爲大司馬。

以洛陽爲東都，常安爲西都。

莽傳：莽至明堂，授諸侯茅土。下書曰：「予以不德，襲於聖祖，為萬國主。思安黎元，在於建侯，分州正域，以美風俗。追監前代，……惟在堯典，十有二州，衛有五服。詩國十五，抪徧九州。……禹貢……九州無并、幽，周禮司馬無徐、梁。帝王相改，各有云為。……昔周二后受命，故有東都、西都之居。予之受命，蓋亦如之。其以洛陽為……東都，常安為……西都。州從禹貢為九，爵從周氏有五。諸侯之員千有八百，附城之數亦如之，以俟有功。……今已受茅土者，公侯以下凡七百九十六人，附城千五百五十一人。」（此據通鑑易文。）以圖簿未定，未授國邑，且令受奉都內，月錢數千。諸侯皆困乏，至有傭作者。

按：莽拘古紛更，最爲致敗之端。前本堯典定十二州，此又本禹貢定九州，所謂「九年於茲，乃今定矣」。其拘泥可笑如此。若謂莽、歆僞造一切古典以肆改作，則豈先造堯典，又後造禹貢耶？

令民得買賣田及奴婢。

莽傳：中郎區博諫莽曰：「井田雖聖王法，其廢久矣。……秦順民之心，……滅廬井而置阡陌。……訖今海內未厭其敝。今欲違民心，追復千載絕跡，……無百年之漸，弗能行也。天下初定，萬民新附，誠未可施行。」莽知民怨，乃下書曰：「諸名食王田，皆得賣之，勿拘以法。犯私買賣庶人者，且一切勿治。」

下書言巡狩。

莽傳：貉人犯邊，東北與西南夷皆亂。莽志方盛，以爲四夷不足吞滅，專念稽古之事。復下書……以此年二月……東巡狩，具禮儀調度。嗣以文母太后體不安，止。

始建國五年，癸酉。（一三）

莽年五十八。

大司馬孔永乞骸骨，以逯並爲大司馬。

按：元始四年遣王惲等八人行天下，觀風俗，並亦在內。翟義反，並以將作大匠蒙鄉侯爲橫野將軍，屯武關。（見翟義傳）始建國三年，遣著武將軍逯並等塡名都。（見莽傳）爲左隊大夫。（莽以潁川爲左隊郡）素好士。（見後書郅惲傳）今年爲大司馬。天鳳元年三月策免。

焉耆畔，殺都護但欽。

莽傳：西域諸國以莽積失恩信，焉耆先畔，殺都護但欽。

除挾銅炭法。

莽傳：以犯者多。

天鳳元年，甲戌。（一四）

莽年五十九。

三月，策免大司馬逯並，以利苗男苗訢爲大司馬。

七月，置卒正、連率、大尹，又置州牧、郡監。（「郡」，本作「部」，依王念孫說，據漢紀改。）

莽傳：莽以周官、王制之文，置卒正、連率、大尹，職如太守。

通鑑胡注：王制：「三十國為卒，卒有正。十國為連，連有率。」

又：置州牧、郡監二十五人，……皆世其官。……分長安城旁六鄉，置帥各一人。分三輔為六尉郡；河東、河內、弘農、河南、潁川、南陽為六隊郡。……更名河南大尹曰保忠信卿。益河南屬縣滿三十。置六郊州長各一人。人主五縣。

補注：周壽昌曰：「此莽仿周官之制略為沿革。六隊，卽六遂也。」又何焯曰：「州長準周官，與前州牧準虞書者不同。」

又：他官名悉改。大郡至分為五。……合百二十有五郡，……縣二千二百有三。……惟城，……惟寧，……惟翰，……惟屏，……惟垣，……惟藩，各以其方為稱，總為萬國焉。其後，歲復變更，一郡至五易名，而還復其故。吏民不能紀，每下詔書，輒繫其故名。……其號令變易，皆此類。

按：此亦莽拘古紛更之一端。王制、周禮，廖平以來，謂此二書，一爲「今文」，一爲「古文」，絕不相通。然莽朝改制，並依二書，知晚近今文家言，多張皇過甚之辭也。

復行金、銀、龜、貝之貨，罷大、小錢，改作貨布。

食貨志：天鳳元年，復申下金、銀、龜、貝之貨，頗增減其賈直，而罷大、小錢。改作貨布，……其文右曰「貨」，左曰「布」，重二十五銖，直貨泉二十五。貨泉……重五銖，文右曰「貨」，左曰「泉」，枚直一，與貨布二品並行。又以大錢行久，罷之，恐民挾不止，乃令民且獨行大錢，與新貨泉俱枚直一並行。盡六年，毋得復挾大錢矣。每一易錢，民用破業，而大陷刑。

按：莽傳「罷大小錢更行貨布」在地皇元年，即自此「盡六年毋得復挾大錢」時也。通鑑載此事亦在今年。又：莽作三萬六千歲曆，以六歲一改元，故以天鳳六年後改地皇元年。此亦以六年爲限，由莽自以當土德也。

天鳳二年，乙亥。（一五）

莽年六十。

大司馬苗訢左遷，以陳茂爲大司馬。

陳欽自殺。

按：莽傳：「始建國二年十二月，更名匈奴單于曰『降奴服于』。遣孫建等十道並出。時陳欽爲厭難將軍，出雲中。四年二月，莽以欽言，（今傳誤作「歆」，匈奴傳作「欽」。）斬孝單于咸子登。天鳳元年，欽免。至是咸立爲單于，來和親，求其子登屍。莽乃收欽，以他罪繫獄，遂自殺。」後書陳元傳：「元父欽，習左氏春秋，事黎陽賈護，與劉歆同時而別自名家。王莽從欽受左氏學，以欽爲厭難將軍。元少傳父業，爲之訓詁；以父任爲郎。建武初，元與桓譚、杜林、鄭興俱爲學者所宗。」曾與范升爭立左氏。升曾爲莽大司空王邑議曹史。欽與劉歆同時，而其左氏別自名家，此又左氏非出歆僞一證。（許慎五經異義有奉德侯陳欽春秋說。）

又按：儒林傳：「張禹（非成帝師張禹。）以左氏授尹更始，更始傳子咸及翟方進、胡常，常授黎陽賈護季君。哀帝時，待詔爲郎，授蒼梧陳欽子佚，以左氏授王莽，至將軍。而劉歆從尹咸及翟方進受。由是言左氏者本之賈護、劉歆。」又後書鄭興傳：「與少學公羊春秋，晚善左氏傳，遂積精深思，通達其旨，同學者皆師之。天鳳中，將門人從劉歆講正大義。歆美興才，使撰條例、章句、傳詁，及校三統歷。」又云：「興好古學，尤明左氏、周官，長於歷數。自杜林、桓譚、衞宏之屬，莫不斟酌焉。世言左氏者多祖興，而賈逵自傳其父業，故有鄭、賈之學。」今考鄭興雖從歆受左氏，然先已通達，非本出於歆。東觀記曰：「興從博士金子嚴爲左氏春秋」，未審金子嚴所本爲歆抑賈護、陳欽也。

又後書賈逵傳：「逵父徽，從劉歆受左氏春秋，兼習國語、周官。又受古文尚書於塗惲，學毛詩於謝曼卿。作左氏條例二十一篇。逵悉傳父業。弱冠，能誦左氏傳及五經本文，以大夏侯尚書敎授。雖爲古學，兼通五家穀梁之說。」賈徽親受業於歆，又徧習古文諸經，爲古學一大師；其子以夏侯尚書敎，又兼通穀梁，足徵當時古文家欲廣道術，非與今文分門戶，盜聖統矣。

又後書孔奮傳：「奮少從劉歆受春秋左氏傳。歆稱之，謂門人曰：『吾已從君魚（奮字）受道矣。』遭王莽亂，與母、弟避兵河西。弟奇博通經典，作春秋左氏刪。奮晚有子嘉，作左氏說。」僞經考：「孔奮爲光孫，歆欲立左氏，光不肯助，安有其孫反從而受之之事？歆每欲自附於孔氏，而不計其可否，安國、僖、奮皆其類也。」康氏此辨，全無理據。豈東漢書亦歆所預僞，孔奇之春秋左氏刪、孔嘉左氏說，盡歆居中祕先爲僞撰者耶？劉向信穀梁，歆信左氏，安見孔光之孫必不從歆受左氏乎？又賈公彥序周禮廢興引馬融傳：「歆末年乃知周官周公致太平之迹，迹具在斯。奈遭天下倉卒，兵革並起，疾疫喪荒，弟子死喪，徒有里人河南緱氏杜子春尚在。永平之初，年且九十，家於南山，能通其讀，頗識其說。鄭衆、賈逵往受業焉。」據此，子春生年當元、成之間，光武中興，子春年五十餘也。鄭興既從歆受周官，其子衆又受之子春，則子春亦歆門高第矣。

王咸、伏黯使匈奴。

莽傳：莽選儒生能顓對者，濟南王咸為大使，五威將琅邪伏黯等為帥，使送登屍。……咸到單于廷，陳莽威德，……應敵縱橫，單于不能詘。……入塞，咸病死。封……伏黯等皆為子。

按：鮑宣傳：「哀帝時，宣下獄，博士弟子濟南王咸舉幡太學下，曰：『欲救鮑司隸者會此下。』諸生會者數千人。朝日，遮丞相孔光自言，丞相車不得行。又守闕上書，上遂抵宣罪減死一等，髡鉗。」即此王咸也。

又後書伏恭傳：「伏湛弟黯以明齊詩，改定章句，作解說九篇。」

盜賊起五原、代郡，歲餘乃定。

莽傳：莽意以為制定則天下自平，故銳思於地理，制禮，作樂，講合六經之說。公卿旦入暮出，議論連年不決。不暇省獄訟。……縣宰缺者數年，守兼。……中郎將、繡衣執法在郡國，……傳相舉奏。又十一公士，分布勸農桑，班時令，……交錯道路。……莽自見前顓權以得漢政，故務自攬衆事。有司受成苟免。……又好變改制度，政令煩多。……前後相乘，憒眊不渫。莽常御燈火至明，猶不能勝。尚書因是為姦，寢事。上書待報者，連年不得去。拘繫郡縣者，逢赦而後出。衛卒不交代三歲。邊兵二十餘萬人仰衣食。……五原、代郡尤被其毒，起為盜賊，數千人為輩，轉入旁郡。……歲餘乃定。

天鳳三年，丙子。（一六）

莽年六十一。

五月，始賦吏祿。

莽傳：莽下吏祿制度，曰：「予遭陽九之阸，……國用不足，民人騷動，自公卿以下，一月之祿，十緵布二匹，或帛一匹。予每念之。……今阸會已度，府帑雖未能充，略頗稍給。其以六月……始賦吏祿皆如制度。」四輔公卿大夫士，下至輿僚，凡十五等。僚祿一歲六十六斛，……上至四輔……為萬斛。」莽又曰：「歲豐穰則充其禮，有災害則有所損，與百姓同憂喜也。其用上計時通計天下，……則有災害，以什率多少損膳。……十一公、六司、六卿以下，各分州、郡、國、邑保其災害，亦以十率多少損祿。」其制度煩碎如此。課計不可理，吏終不得祿，各因官職為姦，受取賕賂，以自共給。

七月，大司馬陳茂以日食免，嚴尤爲大司馬。

十月，翟義黨王孫慶捕得，解剖以驗生理。

莽傳：翟義黨王孫慶捕得，莽使太醫、尚方與巧屠共刳剝之，量度五藏，以竹筳導其脈，知所終始，云可以治病。

按：此近世醫術解剖之濫觴也。莽之精思敢爲，不顧非議，率如此。

天鳳四年，丁丑。（一七）

莽年六十二。

封師友祭酒唐林爲建德侯；故諫議祭酒紀逡爲封德侯；位皆特進，見禮如三公。

儒林傳：許商受大夏侯尚書，善爲算，著五行論曆。號其門人唐林子高爲德行，平陵吳章偉君爲言語，重泉王吉少音爲政事，齊炔欽幼卿爲文學。王莽時，林、吉爲九卿，自表上師冢，大夫、博士、郎吏爲許氏學者，各從門人會，車數百兩，儒者榮之。欽、章皆爲博士，徒衆尤盛。章爲王莽所誅。

又鮑宣傳：「自成帝至王莽時，清名之士，琅邪又有紀逡王思，齊則薛方子容。太原則郇越臣仲、郇相稚賓。沛郡則唐林子高、唐尊伯高，皆以明經飭行顯名於世。紀逡、兩唐皆仕王莽，封侯貴重，歷公卿位。唐林數上疏諫正，有忠直節。」論衡超奇篇亦謂：「谷永之陳說，唐林之宣言，劉向之切議。」

又儒林傳：張無故受小夏侯尚書，授沛唐尊，王莽太傅。

按：新朝儒臣亦多賢者，不僅揚子雲等數人。又兩唐皆治今文尚書，均見尊禮，莽、歆固非以古文易今文。

六月，更授諸侯茅土於明堂。

莽傳：莽好空言，慕古法，多封爵人。性實遴嗇，託以地理未定，故且先賦茅土，用慰喜封者。

復明六筦之令。

食貨志，莽知民苦之，復下詔曰：「夫鹽，食肴之將。酒，百藥之長，嘉會之好。鐵，田農之本。名山大澤，饒衍之藏。五均賒貸，百姓所取平，仰以給澹。錢布銅冶，通行有無，備民用也。此六者，非編戶齊民所能家作，必仰於市，雖貴數倍，不得不買。豪民富賈，即要貧弱。先聖知其然也。故斡之。」

按：此詔申述設六筦之意甚顯。食貨志並敍在前，以爲始建國二年事，細覈當屬此年，今依通鑑。

莽傳：每一筦下，爲設科條防禁，犯者罪至死。吏民抵罪者寖衆。……納言馮常以六筦諫，莽大怒，免常官。

調有奴者。

莽傳：又一切調上公以下諸有奴婢者，率一口出錢三千六百。

天鳳五年，戊寅。（一八）

綠林盜起。

莽年六十三。

收諸軍吏及邊吏大夫以上姦利致富者家產。

莽傳：天下吏以不得奉祿，並爲姦利。郡尹縣宰，家累千金。莽下詔：「詳考始建國二年胡虜猾夏以來，諸軍吏及緣邊吏大夫以上爲姦利增產致富者，收其家所有財產五分之四，以助邊急。」公府士馳傳天下，考覆貪饕，開吏告其將，奴婢告其主，冀以禁姦，而姦愈甚。

揚雄卒，年七十一。

雄傳：年七十一，天鳳五年卒。

又：鉅鹿侯芭常從雄居，受其太玄、法言。劉歆亦嘗觀之。……雄卒，侯芭爲起墳，喪之三年。時大司空王邑、納言嚴尤聞雄死，謂桓譚曰：「子嘗稱揚雄書，豈能傳於後世乎？」譚曰：「必傳。」

按：王邑、嚴尤皆新朝賢臣，亦儒雅士，故論及雄書傳否。

又按：雄作太玄準易，作法言準論語，此猶王莽之學大誥、金縢，皆一時學風然也。

天鳳六年，己卯。（一九）

莽年六十四。

作三萬六千歲曆。

按：此莽令太史所推，六歲一改元，明年稱地皇元年；曆又稱王光上戊曆。

大司馬嚴尤免，以董忠爲大司馬。

大司空議曹史范升奏記王邑。（通鑑）

按：後書范升傳：「升九歲通論語、孝經。及長，習梁丘易、老子，敎授後生。王莽大司空王邑辟爲議曹史。又建武四年，尙書令韓歆上疏欲爲費氏易、左氏春秋立博士。詔下其議。升奏曰：『臣聞主不稽古，無以承天；臣不述舊，無以奉君……。近有司請置京氏易博士，……京氏既立，費氏怨望，左氏春秋復以比類，亦希置立。京、費已行，次復高氏。春秋之家，又有騶、夾。如令左氏、費氏得置博士，高氏、騶、夾，五經奇異，並復求立。……將恐陛下必有厭倦之聽。……費、左二學，無有本師，而多反異，先帝前世，有疑於此。……今陛下草創天下，紀綱未定，雖設學官，無有子弟。詩書不講，禮樂不修，奏立左、費，非政急務。』時難者以太史公多引左氏，升又上太史公違戾五經，謬孔子言，及左氏春秋不可錄三十一事。」今按：升仕新朝，親與劉歆同世。歆果徧僞羣經，豈能一手掩天下目？升何無知？觀其疏爭左、費二家不可立，絕無一辭半語及於歆僞，又並不分今古派別，惟謂其學無本師，先帝所未立，恐後多援例爭立者，非急務而已。安有如晚近諸儒言今古文之張皇者耶？論史者不徵當世之實跡，而顧信千載後之臆測，何哉？僞經考云：「此等說出，劉歆之徒乃得以黨同妒眞藉口，而人主亦漸疑之。蓋不得歆作僞之根原，故並遷怒史記，亦其短也。」是康氏亦知之，蔽於成見，遂悍而不返耳。

地皇元年，庚辰。（二〇）

莽年六十五。

九月，起九廟於長安。

莽傳：望氣爲數者多言有土功象。莽又見四方盜賊多，欲視爲自安。遂起九廟於長安城南。司徒王尋、大司空王邑，及侍中常侍執法杜林等數十人將作。崔發、張邯說莽：「宜崇其制度，宣視海內。」莽乃博徵天下工匠諸圖畫，以望法度算。窮極百工之巧，功費數百鉅萬。

按：後書杜林傳：「林，鄴子，初爲郡吏。王莽敗，盜賊起，林與弟成及同郡范逡、孟冀等俱客河西。」今按莽傳，則林爲新朝侍中矣。當時名儒達才仕莽者甚衆，今擧後書可考者，如：

李憲：王莽時爲廬江屬令。（職如都尉。）莽末，爲偏將軍，廬江連率。莽敗，憲自立爲天子，敗死。

彭寵：少爲郡吏，地皇中，爲大司空士。後仕光武，叛誅。

隗囂：少仕州郡，王莽國師劉歆引爲士。歆死，囂歸鄉里。莽傳謂：「遣七公幹士隗囂等七十二人，分下赦令曉諭；囂等既出，因逃亡」，事在王邑敗昆陽，劉歆自殺前，與後書異。

公孫述：哀帝時，以父任爲郎。後補清水長；太守以其能，使兼攝五縣。天鳳中，爲導江卒正。（莽改蜀郡曰導江，太守曰卒正。）

李守：李通父，初事劉歆，好星曆讖記，爲王莽宗卿師。（平帝五年，莽攝政，郡國置宗師以主宗室，蓋特尊之，故曰宗卿師也。）通亦爲五威將軍從事，出補巫丞。後與光武兄弟起事。

馮異：好讀書，通左氏春秋、孫子兵法。漢兵起，異以郡掾監五縣與父城長苗萌共城守，爲王莽拒漢。間出行屬縣，爲漢兵所執，遂降漢。又按：寇恂亦學左氏春秋。

岑彭：王莽時，守本縣（南陽）長。又爲前隊大夫甄阜戰鬬甚力。阜死，彭亡歸宛，與前隊貳嚴說共城守。數月，城中糧盡，人相食，乃降。

耿況：耿弇父。以明經爲郎。與王莽從弟伋共學老子於安丘先生，後爲朔調連率。（莽改上谷郡曰朔調，守曰連率。）

李忠：元始中，以父任爲郎，以好禮修整稱。王莽時，爲新博屬長。（莽改信都國曰新博，都尉曰屬長。）光武時爲豫章太守，稱儒吏。

邳彤：初爲王莽和成卒正。（王莽分鉅鹿爲和成郡。）

耿艾：耿純父，王莽濟平尹。（莽改定陶曰濟平。）純學於長安，除爲納言士。（莽法古置納言之官，卽尚書也。）

景丹：少學長安。王莽時舉四科，（德行、言語、政事、文學。）丹以言語爲固德侯相。遷朔調連率副貳。（副貳，屬令也。）

竇融：王莽居攝中，爲强弩將軍（王俊）司馬。東擊翟義，以功封建武男。

馬況、馬余、馬員：馬援兄，並有才能，王莽時皆爲二千石。（況，河南太守。余，中壘校尉。員，增山連率。）

馬援、原涉：王莽末，莽從弟衛將軍林辟援及同郡原涉爲掾，薦於莽。莽以涉爲鎭戎大尹。（莽改天水爲鎮戎。）援爲新成大尹。（漢中爲新成。）

卓茂：元帝時，學於長安，事博士江生。習詩、禮及曆算，究極師法，稱爲通儒。辟丞相府史，事孔光。後以儒術舉爲侍郎，給事黃門，遷密令。王莽秉政，置大司農六部丞勸課農桑，遷茂爲京都尉。及莽居攝，以病免歸郡，與同縣孔休、陳留蔡勳、安衆劉宣、楚國龔勝、上黨鮑宣六人同志不仕，名重當時。

伏湛：九世祖勝，所謂濟南伏生也。父理，當世名儒，以詩授成帝，爲高密太傅，别自名學。（前書儒林傳：「伏理字斿君，受詩匡衡；由是齊詩有匡、伏之學也。」）湛少傳父業，教授數百人。成帝時以父任爲博士弟子，五遷，至王莽時爲繡衣執法。（王莽改御史曰執法。）遷後隊屬正。（王莽改河內爲後隊。）光武時官至大司徒，封侯。

侯霸：成帝時爲太子舍人。師事九江太守房元，治穀梁春秋，爲元都講。王莽初，五威司命陳崇舉霸德行，遷隨宰。（王莽改縣令、長曰宰。）再遷爲執法刺姦。（莽傳：「置執法左右刺姦，選能吏侯霸等分督六尉、六隊，如漢刺史」，其事在天鳳元年。）後爲淮平大尹。（莽改臨淮郡爲淮平。）建武時，代伏湛爲大司徒，封侯。

宋弘：哀、平間作侍中，王莽時爲共工。（莽改少府曰共工。）建武時爲大司空，封侯；薦桓譚於朝。

張湛：矜嚴好禮，三輔以爲儀表。成、哀間爲二千石，王莽時歷太守都尉。建武時爲大司徒。

馮衍：莽遣更始將軍廉丹討山東，辟衍爲掾。

蘇竟：見前。

郭伋：哀、平間辟大司空府，三遷爲漁陽都尉，王莽時爲上谷大尹。（莽改太守爲大尹。）遷幷州牧。建武時官至太中大夫。

張純：哀、平間爲侍中，王莽時至列卿。建武時，代杜林爲大司空。二十六年論禘、祫，引元始五年春祫祭爲說。又案七經讖、明堂圖、河間古辟雍記、孝武太山明堂制度，及平帝時議，欲具奏之，與博士桓榮議同。

范升：見前。

陳欽：見前。

丁綝：鴻父。王莽末，守潁陽尉。建武時拜河南太守，封侯。

張宗：王莽時爲縣陽泉鄉佐。（鄉佐主佐鄉收稅賦。）後漢官至琅邪相。

劉平：王莽時爲郡吏，守菑丘長，政教大行。後漢官至宗正。

趙孝：父普，王莽時爲田禾將軍。（屯田北邊。）任孝爲郎。後漢官至長樂衞尉。

徐宣：防祖父，爲講學大夫，以易教授王莽。

歐陽歙：歐陽生傳伏生尙書，至歙八世，皆爲博士。歙王莽時爲長社宰。

衞颯：家貧好學，隨師無糧，傭以自給。王莽時仕郡，歷州宰。

王隆：王莽時以父任爲郎，能文章，所著詩、賦、銘、書凡二十六篇。

史岑：王莽末，沛國史岑子孝亦以文章顯，莽以爲謁者，著頌、誄、復神、說疾凡四篇。

史通正史篇：「史記所書，年止漢武，太初以後，闕而不錄。其後劉向，向子歆，及諸好事者，若馮商、衞衡、揚雄、史岑、梁審、肆仁、晉馮、段肅、金丹、馮衍、韋融、蕭奮、劉恂等相次撰續，迄於哀、平間，猶名史記。」今按：此十五人並在班史前。班史，彪、固、大家父子兄妹三人相續，又得馬融、馬續諸人，遂成今書。僞經考謂班史出歆手，豈不妄甚！

又按：馮商所續太史公七篇，在藝文志。師古曰：「七略云：商治易，事五鹿充宗，後事劉向，後與孟柳俱待詔，頗序列傳，未卒，病死。」又藝文志有待詔馮商賦九篇。晉馮、段肅見後書班固傳奏記說東平王蒼，蓋與其父叔皮同輩行者。衞衡，桓譚新論、王充論衡超奇、對作篇、應劭風俗通氏姓篇皆作「陽城衡」，字子張，蜀人，爲王莽講樂祭酒。觀此，新朝網羅賢才，固非不力，而儒生學士，亦並無萬世一姓之見，後人於劉歆、揚雄獨過爲貶抑，非持平之論也。

更鑄錢法。

食貨志：莽以私鑄錢死，及非沮寶貨投四裔，犯法者多，不可勝行，乃更輕其法。私鑄作泉布者，與妻子沒入為官奴婢，吏及比伍知而不舉告，與同罪。非沮寶貨，民罰作一歲，吏免官。犯者愈衆，及五人相坐，皆沒入，郡國檻車鐵鎖，傳送長安，愁苦死者什六七。

按：莽傳及通鑑皆載在此年，今依之。

太傅平晏死，以唐尊爲太傅。

莽傳：尊曰：「國虛民貧，咎在奢泰。」乃身短衣小袖，乘牝馬柴車，藉稾，瓦器，又以歷遺公卿。出見男女不異路者，尊自下車，以象刑赭幡汙染其衣。莽聞而說之，下詔申敕公卿，思與厥齊。

按：此新朝君臣拘迂之化。

下江兵起。

收鄧惲繫獄。

後書鄧惲傳：惲理韓詩、嚴氏春秋，明天文曆數。王莽時，寇賊羣發，惲仰占玄象，歎……曰：「方今鎮、歲、熒惑並在漢分翼、軫之域，去而復來，必再受命。」……時左隊大夫逯並，素好士。說之。……署為吏，不謁，……西至長安，上書王莽曰：「……上天垂戒，欲悟陛下，令就臣位，……陛下……取之以天，還之以天，可謂知命矣。……」莽大怒，卽收繫詔獄。……以惲據經讖，難卽害之，使黃門近臣脅惲，令自告狂病。……惲瞋目詈曰：「所陳皆天文聖意，非狂人所能造。」遂繫須冬，會赦得出。

按：通鑑載此事在今年，今依之。漢書儒林傳，嚴彭祖受公羊於眭孟，孟固以泰山大石僵柳之異，言漢有傳國運伏誅；而蓋寬饒引韓氏易傳言五帝傳賢，下吏自剄者也。韓詩與易同出一師，鄧惲治韓詩、公羊，故遂遠承眭、蓋往議，直陳運數禪讓之論焉。其曰「漢歷久長，孔爲赤制」，則公羊「孔子春秋爲漢制法」之說也。莽借經讖自文以得天下，難以罪惲，竟得免死，視眭、蓋遠幸矣。凡此之類，豈亦歆之僞造？又惲言及分野，知分野非歆僞。

地皇二年，辛巳。（二一）

莽年六十六。

正月，莽妻死，子臨自殺。

莽傳：莽妻以莽數殺其子，涕泣失明。莽令太子臨居中養焉。……後貶爲統義陽王，出在外第，憂恐。會莽妻病困，臨予書曰：「上於子孫至嚴，前長孫、中孫年俱三十而死，今臣臨復適三十，……不知死命所在。」莽……見其書，大怒，……賜臨藥，臨……自刺死。

按：莽性嚴而執，三子皆見殺，其不近人情可知。凡其爲政，亦多以嚴性執意、不近人情致敗。

秋，關東大饑蝗。

莽傳：民犯鑄錢，伍人相坐，沒入爲官奴婢。其男子檻車，兒女子步，以鐵鎖琅當其頸，傳詣鍾官，以十萬數。到者易其夫婦，愁苦死者什六七。

方苞周官辨僞二：媒氏仲春之月，令會男女，奔者不禁。……管子合獨之政，乃取鰥寡而官配之。若會焉而聽其自奔，則雖亂國汚吏，能布此爲憲令乎？蓋莽之法，私鑄者伍坐，沒入為官奴婢，傳詣鍾官者以十萬數，至則易其夫婦，民人駭痛，故歆增竄媒氏之文，以示周官之法，官會男女而聽其相奔，則以罪沒而易其夫婦猶未為甚也。

按：周官之書，有繩以後世之事而絕不可通者，如此所引媒氏會男女，及方相、硩蔟、庭氏諸職，轉見是古人眞相，明其書實有據，非盡憑空杜撰，又決非出漢後也。方氏繩以後世之見，怪其不可通，因疑爲歆之僞竄。凡莽粃政類行，歆必一一羼其似於周官焉。然則又非以周官佐莽篡，竟以周官飾莽非矣。諸家辨歆僞者，率前後橫決，不成條理，特以言多邀人信，豈得爲定讞哉？且歆既僞爲周官，布行天下，據以發政改制，又豈得隨時妄竄？史所謂「易其夫婦」者，未必當時法令夫婦必相易，特詣獄者多，不能各獲其耦，而史家甚言之，豈有勒爲政令之理？拘儒自抱萬世一姓之見，視莽、歆爲非人，極惡大罪，將烏從得其政制之眞哉？

又按：方氏周官集注論此事云：「世人多以此病周官，然聖人曲成萬物而使不納於邪，義卽在此。單丁女戶，無主婚者，或因怨曠以致淫逸，或相爭奪以成獄訟，豈若天子之吏以王命會之而聽其奔，爲正大而無弊乎？」據年譜，周官集注成於五十三歲，文目編年，周官辨僞入未詳文目，僅云多在五十以後。惟辨僞開首卽云：「近或爲之說曰：是乃聖人之所以止佚淫而消鬪也。每見甿庶之家，嫠者改適，猜釁叢生，變詐百出，由是而成獄訟者十四三焉，豈若天子之吏以時會之而聽其相從於有司之前，可以稱年材，使各得其分願哉？」此卽集注之說。蓋方氏自引而自駁之也。其他如地官載師、廛人，夏秋二官方相、壺涿、硩蔟、庭氏，皆有以爲之說。尤於硩蔟氏深歎之，曰：「然則聖人設官以驅夭鳥，豈可謂不急之務哉？」嘗考方氏三十五歲丙子作讀周官文，時方深信周官乃三王致治之迹，其規模可見者獨有是書；世變雖殊，其經綸天下之大體卒不可易。是時所見蓋與莽、歆同類；其爲集注，卽本此意。逮後爲辨僞，乃致疑於歆之僞竄。鄭堂讀書記謂其「與明金德瀶（璐）周禮述注、本朝萬充宗（斯大）周官辨非，皆若親得周公舊本，一一互校而知者」。厥後又作周官析疑暢發厥旨，何其與十餘年前著周官集注之心大相刺謬？至方氏疑戴禮，持論頗似姚立方。方氏晚年或有聞於姚氏之說而發此疑。「新學僞經」之論，則又自方氏啓之也。

左遷魯匡爲五原卒正。

莽傳：是歲，南郡秦豐衆且萬人。平原女子遲昭平……亦數千人。……莽召問羣臣禽賊方略，……故左將軍公孫祿徵來與議。祿曰：「太史令宗宣，典星曆，候氣變，以凶爲吉，亂天文，誤朝廷。太傅平化侯（唐尊）飾虛僞以媮名位，『賊夫人之子』。國師嘉新公（劉歆）顛倒五經，令學士疑惑。明學男張邯、地理侯孫陽造井田，使民棄土業。犧和魯匡設六筦，以窮工商。說符侯崔發阿諛取容，令下情不上通。宜誅此數子，以慰天下。……」莽……頗采其言，左遷魯匡爲五原卒正，以百姓怨非故。六筦非匡所獨造，莽厭衆意而出之。

按：儒林傳：「匡衡齊詩授琅邪師丹、伏理斿君、潁川滿昌。滿昌授九江張邯、琅邪皮容，皆至大官，徒衆尤盛。」伏理爲伏湛父，滿昌、伏湛、張邯、皮容皆仕新朝，是齊詩固盛行也。莽，歆議禮，亦多沿匡衡。歆雖爭立毛詩博士，並不抑齊詩可知。魯匡見後書魯恭傳，稱其「有權數，號曰智囊」。前書食貨志，酒筦之議創自匡，其餘諸筦則殆劉歆諸儒共成之。唐尊、崔發已見前。宗宣無考。

地皇三年，壬午。（二二）

莽年六十七。

二月，霸橋災。

莽傳：莽下書曰：「夫三皇象春，五帝象夏，三王象秋，五伯象冬。……」

偽經考：按今學無「三皇」名，惟春秋繁露三代改制質文篇云：「……三王……五帝……九皇。……」呂刑有「皇帝」，……左傳僖二十五年：「今之王，古之帝也。」史記五帝本紀以黃帝、顓頊、帝嚳、唐堯、虞舜為五帝，實依大戴禮五帝德、帝繫姓及世本，蓋孔門相傳之說。……歆緣易繫辭有伏羲、神農事，偽周官偽造「外史掌三皇、五帝之書」。左傳文十八年、昭十七年、二十九年、定四年竄入少皞，漢書律曆志載歆世經，以太昊帝、炎帝、黃帝、少昊帝、顓頊帝、帝嚳、唐帝、虞帝為次，暗寓三皇、五帝之敍，而月令孟春「……帝太皞」，孟夏「……帝炎帝」，中央「……帝黃帝」，孟秋「……帝少皞」，孟冬「……帝顓頊」，與世經相應。左傳、月令、律曆志大行，於是三皇之說興，少昊之事出，五帝之號變。……夫史遷多採左氏，如左氏實有問官郯子之事，太史公何得若罔聞知，首創本紀，便已遺脫一朝哉？其為歆之偽竄，證佐確鑿矣。五帝本紀於舜紀引左傳「少皞氏有不才子」，亦歆所竄入者歟？歆務黜今文之說，又竄附國語晉語，以炎帝、黃帝為少典之子，……以列子湯問有女媧氏、……共工，……因於祭法、國語、魯語緣飾共工，……明堂位加女媧氏，……以崇佐驗。於是述其學者緣飾緯書，鑿空增附，……誕妄不可窮詰，蓋亦皆承歆之附會為之。

按：三皇、五帝固非信史，然謂五帝有少皞，及五帝前有三皇，皆歆僞竄，則大不然。少皞之辨已詳於前。三皇之說，呂氏孝行覽用衆貴公、莊子外篇天運已屢言之，揚子雲甘泉賦：「同符三皇，錄功五帝」，又羽獵賦：「歷五帝之寥廓，涉三皇之登閎。」時子雲初來京都，周禮未出，豈已從學於歆耶？將甘泉、羽獵復有歆所僞竄耶？今文家言亦非盡信，異於今文，非盡歆僞。康氏一往之論，胥可以是折之。

弛山澤禁。

莽傳：莽多遣大夫謁者分教民煮草木爲酪，酪不可食，重爲煩費。莽下書曰：「惟民困乏，雖溥開諸倉以賑贍之，猶恐未足。其且開天下山澤之防，諸能采取山澤之物而順月令者，其恣聽之，勿令出稅。……如令豪吏猾民辜而攉之，小民弗蒙，非予意也。」

按：莽爲政初意，未嘗不欲利民，而固執拘泥，不達民情，轉以爲害。及其悔之，亦時有更張。莽傳又云：「莽知天下潰畔，乃議遣風俗大夫司國憲等分行天下，除井田奴婢山澤六筦之禁，即位以來詔令不便於民者皆收還之。待見未發，會光武兄弟起兵。」則莽亦頗悟其非矣。

王匡、廉丹討赤眉，廉丹戰死。

莽傳：赤眉別校董憲等衆數萬人在梁郡，王匡……引兵獨進，丹隨之，合戰成昌。兵敗，匡走，丹使吏持其印韍符節付匡，曰「小兒可走，吾不可。」遂止，戰死。校尉汝雲、王隆等二十餘人，別鬭，聞之，皆曰：「廉公已死，吾誰為生？」馳犇賊，皆戰死。

按：新朝之覆，爲之殉者頗不乏人，而廉丹爲最先。丹孫范，名行著東漢，師事博士薛漢，坐楚事誅，故人門生莫敢哭視，范獨往收之。顯宗大怒召問，范對：「大父丹爲王莽大司馬。」上乃曰：「怪范能若此！」因釋之。是丹猶見敬於後漢諸帝矣。

劉縯及弟秀起兵舂陵。

地皇四年，癸未。（二三）

莽年六十八。

二月，新市、平林諸將共立更始將軍劉玄爲皇帝。

莽傳：莽聞之，愈恐，欲外視自安，乃染其須髮，進所徵天下淑女杜陵史氏女為皇后，……備和、嬪、美、御。和人三，位視公；嬪人九，視卿；美人二十七，視大夫；御人八十一，視元士，凡百二十人。

按：僞經考謂此皆歆僞說媚莽，已辨在前。

王尋、王邑兵敗於昆陽，尋見殺。

七月，劉歆自殺。

莽傳：衛將軍王涉（王根子）素養道士西門君惠，……好天文讖記，爲涉言：「星孛掃宮室，劉氏當復興，國師公姓名是也。」涉信其言，以語大司馬董忠，數俱至國師殿中廬，道語星宿，國師不應。後涉特往，對歆涕泣，言：「誠欲與公共安宗族，奈何不信？」……歆怨莽殺其三子，又畏大禍至，遂與涉、忠謀，欲發，歆曰：「當待太白星出，乃可。」後事洩，忠被殺，劉歆、王涉皆自殺。

以王邑爲大司馬，張邯爲大司徒，崔發爲大司空，司中壽容苗訢爲國師，唐林爲衞將軍。

南鄉兵攻武關，西拔湖。

莽傳：莽憂不知所出，崔發言：「周禮及春秋左氏，國有大災，則哭以厭之。……宜告天以求救。」莽自知敗，乃率羣臣至南郊，陳其符命本末，仰天……大哭，氣盡，伏而叩頭。……諸生小民會旦夕哭，爲設飧粥。甚悲哀……者除爲郎，至五千餘人。

師古曰：周禮春官之屬，女巫氏之職曰：「凡邦之大災，歌哭而請。」哭者所以告哀也。

春秋左氏傳宣十二年：「楚子圍鄭，鄭人大臨，守陴者皆哭。」故發引之以為言。

按：此固迂愚可笑，豈劉歆之徒僞造周禮、左氏以欺天下而媚莽，至是又轉以自欺耶！

隗囂起隴西。

後書囂傳：囂檄告郡國曰：「故新都侯王莽，……鴆殺孝平皇帝，簒奪其位。（按：此亦時人不數孺子嬰一證。）矯託天命，僞作符書。……詭亂天術，援引史傳。昔秦始皇毀壞謚法，……欲至萬世，而莽下三萬六千歲之歷。……是其逆天之大罪也。（按：此仍不主萬世一統之見。）分裂郡國，斷截地絡。田為王田，賣買不得，規錮山澤，奪民本業。造起九廟，窮極土作。……此其逆地之大罪也。尊任賤賊，信用姦佞，誅戮忠正，……妄族衆庶。……政令日變，官名月易，貨幣歲改，吏民昏亂，不知所從。……設為六筦，……刻剝百姓。……民坐挾銅炭，沒入鍾官，徒隸殷積，數十萬人。……北攻強胡，南擾勁越，西侵羌戎，東摘濊貊，使四境之外，並入為害。……此其逆人之大罪也。……」

按：囂檄列舉莽罪，至詳盡。囂素有名，好經書，親事國師劉歆，若歆偏僞羣經，囂亦宜知，豈於歆別懷厚德，不忍暴著其隱耶？否則僞作符書，明已言之，而僅云「援引史傳」，不斥其僞，何耶？

十月，戊申朔，外兵入長安。

莽傳：兵從宣平城門入，……張邯行城門，見殺。……莽避火宣室前殿。……紺袀服，帶璽韍，持虞帝匕首。天文郎按栻於前，日時加某，莽旋席隨斗柄而坐，曰：「天生德於予，漢兵其如予何！」

三日庚戌，莽見殺。

莽傳：三日……晨，……莽就車，之漸臺。……王邑晝夜戰，罷極；士死傷略盡。馳入宮，間關至漸臺。見其子侍中睦解衣冠欲逃，邑叱之令還，父子共守莽。……衆兵圍數百重。……王莽父子、亹惲、王巡戰死。莽入室，……王揖、趙博、苗訢、唐尊、王盛……等皆死臺上。商人杜吳殺莽。……軍人分裂莽身，……爭相殺者數十人。

按：羣書治要引桓譚新論言及莽敗有云：「王翁之過絕世人，有三焉。其智足以飾非奪是，辨能窮詰說士，威則震懼羣下。又數陰中不快己者，故羣臣莫能抗答其論，莫敢干犯匡諫，卒以致亡敗，其不知大體之禍也。……王翁始秉國政，自以通明賢聖，而謂羣下才智莫能出其上，是故舉措興事，輒欲自信任，不肯與諸明習者通共，……是以稀獲其功效。……王翁嘉慕前聖之治，而簡薄漢家法令，故多所變更，欲事事效古，美先聖制度，而不知己之不能行其事。釋近趨遠，所尚非務，故以高義退致廢亂。……王翁前欲北伐匈奴，及後東擊青、徐衆郡赤眉之徒，皆不擇良將，而但以世姓，及信謹文吏，或遣親屬子孫，素所愛好，咸無權智將帥之用，猥使據軍持衆；是以軍合則損，士衆散走。咎在不擇將，將與主俱不知大體者也。」譚親仕莽朝，其論可據，故備錄之。

莽將李聖、孔仁、杜普、沈意、賈萌皆死。

莽傳：莽揚州牧李聖、司命孔仁，兵敗山東；聖格死。仁將其衆降，已而歎曰：「吾聞食人食者死其事。」拔劍自刺死。及曹部監杜普、陳定大尹沈意、九江連率賈萌，皆守郡不降，為漢兵所誅。

張竦卒。

游俠傳：及王莽敗，二人（張竦、陳遵），俱客於池陽。竦為賊兵所殺。更始至長安，大臣薦遵為大司馬護軍，與歸德侯劉颯俱使匈奴。

按：莽傳，莽死在十月，更始到長安在明年二月，竦死在更始至長安前；則在十月後，二月前也。李奇曰：「竦知有賊，當去，會反支日，不去，因爲賊所殺。」桓譚以爲「通人之蔽」。王制正義云：「俗禁，若前漢張竦行避反支。」竦之避反支，與劉歆待太白星出同一迂愚。此等人，泥古信有之，僞古欺世則不類。

兩漢博士家法考

兩漢博士家法考

晚清言兩漢經學，每好分別今古家法，張皇過甚，流衍多失。余著近三百年學術史及劉向歆年譜，多所駁正。而推本窮源，猶有未遑。海寧王氏觀堂集林卷七諸篇，分析今文古文甚精密矣，然於漢代師說家法之淵源流變，尚未有透宗之見。其爲漢魏博士考，捃摭綦詳，而發明殊尠。往者於北平諸大學講秦漢史，於此粗有論撰，迄未刊布。茲先綴輯，聊成單篇，備治斯學者之研討焉。

一　博士淵源

史記循吏傳：「公儀休，魯博士，以高第爲魯相」，「博士」之稱始見此。漢書賈山傳：「山祖父祛，故魏王時博士弟子也。」沈欽韓疑「弟子」二字爲衍文，然亦無證。要之，戰國魯、魏皆有博士，公儀休當魯繆公時，賈祛應在後。魯繆尊養曾申、子思之徒，魏文侯則師事子夏而友田子方、段干木。儒術之盛自魯、魏，是則博士建官本於儒術也。說苑尊賢篇稱「博士淳于髡」，五經異義謂「戰國時，齊置博士之官」是也。然他書皆稱「稷下先生」，不稱「博士」，二者蓋異名同實。故漢祖拜叔孫通爲博士，而號「稷嗣君」，此謂其嗣風於稷下。鄭康成書贊，亦謂「我先師棘下生孔安國」，「棘下」即「稷下」也。安國爲漢廷博士，而鄭君稱之爲「稷下生」（「生」即「先生」），故知「博士」與「稷下先生」異名同實，晚漢猶未墮此義。史稱稷下先生多至七十人，而秦、漢博士額亦七十。孔子弟子七十人，當時諸侯尊慕孔子，故養賢設官亦以七十爲準。然則博士設官原於儒術，更益信矣。惟魯、魏之制不能詳說；齊之稷下，固已不限於儒業。史記田齊世家謂「稷下先生不治而議論」，漢書百官表謂「博士，秦官，掌通古今」，夫「掌通古今」，即「不治而議論」也。則秦之博士即本戰國，亦居可知。又褚先生補龜策傳，宋有博士衞平，在宋元君時，故沈約宋書百官志謂「六國時往往有博士」，洵不虛矣。（按：本節所論，詳見拙著先秦諸子繫年第四十八、第七十五、第一百十八諸篇。）

二　秦博士議政與焚書

漢書百官公卿表："博士，秦官，掌通古今。"續志："博士，掌教弟子，國有疑事，掌承問對。""通古今"、"承問對"，此即"不治而議論"也。"教弟子"，此亦稷下已有之。如荀卿年十五，游學於齊，即爲稷下弟子也。稷下有弟子，故其師稱"先生"。是則賈祛爲魏王"博士弟子"，亦未必不信。秦博士掌承問對，如羣臣上尊號，稱"謹與博士議"。(二十六年)始皇渡湘江，逢大風，問博士，曰"湘君何神？"(二十八年)夢與海神戰，如人狀，問占夢博士。(三十七年)及陳勝起，二世召博士諸儒生問之。皆是也。博士既承問對，則易涉於議政。秦博士議政最著者，莫如其議封建。始皇三十四年，置酒咸陽宮，博士七十人前爲壽，僕射周青臣進頌曰："陛下神靈，平定海內，以諸侯爲郡縣，自上古不及。"始皇悦，博士淳于越進曰："臣聞殷、周之王千餘歲，封子弟功臣自爲枝輔。今陛下有海內，而子弟爲匹夫，卒有田常、六卿之臣，何以相救？事不師古而能長久者，非所聞也。今青臣又面諛，非忠臣。"始皇下其議，而焚書大波軒然起。丞相李斯奏曰："五帝不相復，三代不相襲，各以治。非其相反，時變異也。今陛下創大業，建萬世之功，固非愚儒所知。且越言三代事，何足法？古者天下散亂，莫之能一，是以諸侯並作，語皆道古以害今，飾虛言以亂實，人善其所私學，以非上之所建立。今皇帝並有天下，別黑白而定一尊。私學而相與非法教，人聞令下則各以其學議之。入則心非，出則巷議。夸主以爲名，異取以爲高，率羣下以造謗。如此弗禁，則主勢降乎上，黨與成乎下。禁之便。」

此爲當時李斯建議焚書之理論。至焚書辦法，李斯亦有擬定，曰：臣請：

一、史官非秦記皆燒之。

二、非博士官所職，天下敢有藏詩書、百家語者，悉詣守、尉雜燒之。

據是知當時書籍實分三類：

一曰史官書，除秦記外全燒。

二曰詩書、百家語，非博士官所職全燒。

三曰秦史及秦廷博士官書，猶存。

今據此以推論先秦學官與典籍之情況，則有可得而言者。大抵先秦學官有二：一曰史官，一曰博士官。史官自商、周以來已有之，此乃貴族封建宗法時代王官之舊傳，博士官則自戰國始有，蓋相應於平民社會自由學術之興起。諸子百家既盛，乃始有博士官之創建。博士官與史官分立，卽古者「王官學」與後世「百家言」對峙一象徵也。漢書藝文志以六藝與諸子分類，六藝卽古學，其先掌於史官，（此義章學誠文史、校讎兩通義已言之。）諸子則今學，所謂「家人言」是也。戰國博士立官源本儒術，然漢志儒家固儼然爲九流百家之冠冕，列諸子不列六藝，則明屬家言（卽新興之平民學），非官學（卽傳統之王官學）矣。詩書爲六藝統宗，雖於古屬之王官，然自王官之學流而爲百家，詩書亦已傳播於民間，故儒、墨皆道詩書，於是詩書遂不爲王官所專有，然百家之言亦不以詩書爲限。此卽在儒術而已然矣。此古者官學與典籍之大體，必明於此，而後可以明瞭秦廷焚書之眞相也。

李斯除請焚書外，尚擬辨法數項：

一、敢偶語詩書棄市。

二、以古非今者族，吏見知不擧者與同罪。

三、令下三十日不燒，黥為城旦。

四、所不去者醫藥、卜筮、種樹之書。
五、若欲有學法令，以吏為師。

此則秦廷禁令，並不以焚書爲首要。令下三十日不燒，僅得黥罪。而最要者爲以古非今，其罪至於滅族。次則偶語詩書，罪亦棄市。良以此案由於諸儒之師古而議上，偶語詩書，雖未及議政，然彼既情篤古籍，卽不免有以古非今之嫌。故偶語詩書，明令棄市，而談論涉及百家，則並不列禁令焉。故秦廷此次焚書，其首要者爲六國之史記，（以及三代舊史爲史官傳統職掌者。）以其多譏刺及秦，且多涉及政治也。其次爲詩書，卽古代官書（此本亦史官所掌，故章學誠謂「六經皆史」也。）之流傳民間者，以其每爲師古議政者所憑藉也。再次乃及百家語，似是牽連及之，並不重視。而禁令中焚書一事，亦僅居第三最次之列。第一禁議論當代政治，第二禁硏究古代文籍，第三始禁家藏書本。其所謂「詣守、尉雜燒」，是未嚴切搜檢也。民間之私藏，以情事推之，不僅難免，實宜多有。自此以下，至陳涉起兵，不過五年，故謂秦廷焚書，而民間書籍絕少留存，決非事實。惟詩書古文，流傳本狹，而秦廷禁令，特所注重，則其遏絕，當較晚出百家語爲甚。故自西漢以來，均謂秦焚書不及諸子，（王充論衡書解、佚文、正說諸篇，趙岐孟子題辭，王肅家語後序，續漢天文志，劉勰文心雕龍諸子篇，逄行珪注鬻子敍等。）又謂秦焚書而詩書古文遂絕，（史記六國表序、太史公自序，揚雄劇秦美新，及論衡上舉諸篇。）蓋非無據而言也。

三　坑儒

坑儒事起焚書後一年，緣有侯、盧兩生，爲始皇求僊藥，謂始皇貪於權勢，未可爲求，亡去。始皇大怒，曰：「吾前收天下書，不中用者盡去之，悉召文學方術士甚衆，欲以興太平；方士欲以煉求奇藥。今聞韓衆去不報，徐市等費以巨萬計，終不得藥，徒姦利相告日聞。盧生等吾尊賜之甚厚，今乃誹謗我。諸生在咸陽者，吾使人廉問，或爲訞言，以亂黔首。」於是使御史悉案問諸生。諸生傳相告引。乃自除犯禁者四百六十餘人，皆坑之咸陽，使天下知之以懲。後益發謫徙邊。據此則諸生見坑，厥爲兩罪：

一曰誹謗上。

一曰訞言以亂黔首。

所謂「自除犯禁者」，卽「誹謗上」及「訞言亂黔首」之禁，決非謂「興太平」及「煉求奇藥」爲犯禁也。訞言誹上之禁，卽去年李斯奏請焚書所謂「以古非今」、「偶語詩書」之類矣。（說苑卷二十載盧生批評始皇語可參讀。）故曰「使天下知之以懲」，正使皆懲於誹上與訞言，決不懲其望星氣、煉奇藥、爲方術，及以文學興太平也。後世謂秦廷所坑盡術士，殊非其眞。

且秦廷焚書，其重實不在焚書，而別有在。其坑儒，重亦不在坑儒，而別有在。何以言之？夫一時所坑，僅咸陽諸生四百六十餘人耳。然其意在使天下懲之不敢爲訞言誹上。而一時未能盡懲，後乃並發謫徙邊。所謫亦皆訞言誹上之諸生也。坑者四百六十餘人，謫者不知凡幾。以秦之貪於刑罰，決不止四、五百人可知。且亦不限於咸陽，政令所及，當遍全國。長子扶蘇諫曰：「諸子皆誦法孔子，今上皆重法繩之，恐天下不安。」可見所謫非盡屬方士，所謂「誦法孔子」者，大率還以「偶語詩書」、「以古非今」兩途爲多也。

四　論秦博士與詩書六藝之關係

秦廷焚書之眞相既白，而後後世對於此事之種種誤解曲說，乃可一一摧破。其尤要者，厥爲博士與六藝之關係。古代學術分野，莫大於王官與家言之別。鮑白令之有言：「五帝官天下，三王家天下」，「官」言其公，「家」言其私。百家言者，不屬於王官而屬於私家，易辭言之，即春秋以下平民社會新興之自由學術也。王官學掌於「史」，百家言主於諸子，諸子百家之勢盛而上浮，乃與王官之史割席而分尊焉，於是有所謂「博士」。故博士者，乃以家言上抗官學而漸自躋於官學之尊之一職也。詩書六藝初掌於王官，而家學之興實本焉。百家莫先儒、墨，儒、墨著書皆原本詩書，故詩書者，乃王官故籍下流民間而漸自泯於家言之間者。故詩、書既與官史有別，（如孔子春秋不同於魯春秋；儒門詩書既經孔子修訂，亦必與官史舊本有出入也。）亦復與新興百家言不同。（詩書乃舊典，百家言乃新著，且百家亦不盡據詩書。）詩書之下流，正可與博士之上浮，交錯相映，而說明春秋、戰國間王官之學與百家私言之盛衰交替過接之姿態焉。後世不明於此，乃謂博士官專掌六藝，此無證臆說也。魯、魏博士，以及齊之稷下，皆不聞專掌六藝，秦博士掌通古今，若專掌六藝，是知古不知今，近于陸沈矣。博士即家學之上映，若專掌六藝，又何以自別於王官之史哉？惟其博士不專掌六藝，故秦廷有占夢博士，有爲仙眞人詩之博士。至漢初文帝時，亦尚有諸子傳記博士。今謂博士專掌六藝，是誤以武帝後事說秦、漢初年也。然博士不專掌六藝，亦非不掌六藝，此如百家非專據詩書，亦非全不據詩書也。秦博士自有掌六藝者，如伏生以治尚書而爲博士是也。秦廷焚書，其原起於博士之議政，其所禁在於私學之是古而非今，則博士之掌古典籍者必爲秦之所禁。故秦時焚書，伏生逃歸藏其尚書於壁中。然則又何得謂秦焚書後仍有博士，故六藝不殘缺乎？夫博士額七十人，初不一職，正猶百家初不一途。伏生治尚書爲秦博士，此當在始皇三十四年前，及焚書議起，偶語詩書有禁，豈伏生尚得以尚書學而爲秦博士哉？然則秦廷焚書以前，必多通五經六藝之博士，如淳于越、伏生皆是也。秦廷焚書以後，博士官雖未廢，而通六藝詩書之博士，則必盡在罷斥之列矣。

五　自秦焚書後至漢文景時代之博士

博士之制，自秦焚書後未嘗廢。史稱始皇三十五年侯生、盧生相與謀，謂「博士雖七十人，特備員」，是其時博士員額未減也。（二世問陳勝事，召博士諸生三十餘人，蓋未全至。）漢書藝文志，儒家羊子四篇，班注：「百章，（「百」疑「名」字之譌。）故秦博士。」又名家黃公四篇，班注：「名疵，爲秦博士，作歌詩，在秦時歌詩中。」又始皇三十六年，使博士爲仙眞詩人。京房稱秦時趙高用事，有正先非刺高而死。孟康曰：「姓正，名先，秦博士也。」（漢書京房傳）此皆秦博士姓名可考者；其人似多在焚書後。（說苑至公篇：「始皇召羣臣而議，博士七十人未對，鮑白令之對」云云，說苑述其事再言「令之」，知「鮑白」乃複姓，蓋係「鮑丘」字譌。新語資質篇言「鮑丘子之德行非不高於李斯、趙高」是也。「鮑丘」又作「包丘」，鹽鐵論毁學篇言「李斯與包丘子俱事荀卿」是也。然則此「包丘」、「鮑丘」，蓋即漢初傳詩之浮丘伯矣。此吾友蒙文通說。浮丘伯當與淳于越、伏生之徒同主以古非今而失職者。其爲博士則應在焚書前。）及漢興而叔孫通爲博士，然其時學術未盛，博士之詳不可考。孔子世家：「鮒弟子襄嘗爲孝惠皇帝博士，遷爲長沙太守」，此惠帝時博士之僅見者。歷高后至孝文，而學者益出；其時書亦漸多。劉歆移太常博士云：「漢興，至孝文皇帝，天下衆書，往往頗出，皆諸子傳說，猶廣立學官，爲置博士」是也。前書楚元王傳：「文帝時，聞申公爲詩精，以爲博士。」儒林傳：「韓嬰，文帝時爲博士。」又云：「伏生教濟南張生，張生爲博士。」不知在文帝抑景帝時。趙岐孟子題辭云：「孝文欲廣游學之路，論語、孝經、孟子、爾雅皆置博士」，同劉歆說。孝景時博士可考者：轅固，齊人，以治詩爲博士。胡母生，齊人；董仲舒，廣川人，均以治公羊春秋爲博士。然此所載皆出儒林傳，特本其後博士限於五經而推溯言之。非謂文、景兩朝博士，限於儒生經師也。其他尚可考見者，如魯人公孫臣，以言「五德終始」召拜博士，在文帝時。賈誼年二十餘，以頗通諸子百家之書，亦召爲博士。晁錯學申商刑名於軹張恢生所，文帝時亦爲博士。轅固生與黃生爭論於景帝前，黃生無所考見，疑亦博士也。漢舊儀：「文帝時，博士七十餘人，朝服玄端章甫冠，爲待詔博士。」是其時博士員數，仍倣秦舊，亦七十餘人。文、景兩朝共踰四十年，先後爲博士者應踰百數。當時儒術未盛，經師猶乏，博士決不限於五經傳記，斷可想矣。司馬遷謂：「文帝本好刑名之言，及至孝景不任儒者，而竇太后又好黃老之術，故諸博士具官待問，未有進者。」今按：張叔孝文時以治刑名，得侍太子。鼂錯上書言皇太子應深知術數，文帝善之，拜太子家令。「術數」即「刑名」也。史遷謂「文帝本好刑名」，良爲不誣。然其時博士既不限於儒生，則諸博士之具官待問未有進，不得全以文、景之不好儒說之。蓋其時漢廷自蕭、曹以下，皆以兵革汗馬功封侯爲相。漢約非有功不得侯，又非侯不爲相。故宰相一職，遂爲功臣階級所獨擅。彼輩皆質多文少。即張良以下，陸賈、婁敬諸文人，尚不得大用，何論新起之士？故賈誼卒抑鬱以死，鼂錯進言，遽自見殺。此皆寧得以文、景不好儒說之？

六　漢武一朝之崇儒更化

漢代儒術之盛，與夫博士之限於儒生經師，其事始武帝，而其議則創自董仲舒。史稱仲舒學賢良對策，請「諸不在六藝之科，孔子之術者，皆絕其道，勿使並進」。又曰：「推明孔氏，抑黜百家，其議皆自仲舒發之。」此謂尊儒崇孔議始仲舒也。而考建元元年，丞相衛綰奏：「所學賢良，或治申、韓、蘇、張之言，亂國政，請皆罷。」奏可。此爲武帝即位闢頭第一聲。其一朝措施，即已於此露其朕兆，定其準的矣。時武帝年十七也。衛綰爲人醇謹無他長，以敦厚見賞於文、景兩帝。何以少主初政，突發此驚人之議？且其事不著於綰之本傳，惟於武紀見之。又其年六月，綰即以不任職罷免。（據百官公卿表）可知此議發動，實不在綰。蓋是年舉賢良，仲舒預焉。罷申、韓云云，其議實發自仲舒。即所謂「諸不在六藝之科，孔子之術者，皆絕其道，勿使並進」也。惟仲舒對策之年，昔人尚多異議。漢書武紀載於元光元年，與公孫弘並列。通鑑則據史記「武帝即位，爲江都相」之文，載於建元元年。蓋通鑑所定實是。本傳：「仲舒對策，推明孔氏，抑黜百家。立學校之官，州郡舉茂才孝廉，皆自仲舒發之。」今案：舉孝廉在元光元年十一月，若對策在下五月，不得云「自仲舒發」，一也。（通鑑考異說）又武紀建元六年，遼東高廟災，高園便殿火。五行志「仲舒對曰」云云，本傳在廢爲中大夫時，居家推說其意。是賢良對策不得反在元光元年，二也。（沈欽韓說）史公學於董生，記事必確。史傳云：「今上即位，爲江都相。」是爲相在建元元年，對策即於其時審矣。遼東高廟災，仲舒且爲下獄。若其事在對策前，則名尚未顯，主父偃何自嫉之？史、漢並云仲舒自是「不敢復言災異」，而對策推災異甚切。武帝册中又有「敬聞高誼」語。若曾受拘繫，不合爲此言。劉向傳又言：「仲舒坐私爲災異書，下吏，復爲太中大夫，膠西相。」不云下吏後對策爲江都相。又其較然無疑者，三也。(蘇輿說) 又仲舒對策詳論春秋謂一爲元之說，益知其在建元元年，四也。(王楙野客叢書說，蘇引。) 又按：公孫弘傳：「武帝初卽位，弘年六十，以賢良徵，爲博士。」考弘卒元狩二年，年八十，上推二十年，正值建元之歲，公孫與董並舉，武紀並不誤，特誤謂在元光耳，五也。(此及門錢生樹棠說) 惟策中有「今臨政而願治七十餘歲矣」一語。自漢初至建元三年始七十歲，則建元元年不得云「七十餘歲」，(齊召南說) 此若可疑，然此處實有衍文。原文當云：「古人有言：『臨淵羨魚，不如退而結網，臨政願治，不如退而更化。』」淺人妄加數字耳。(蘇輿說) 策中又云：「夜郎、康居，殊方萬里，說德歸誼。」通夜郎在建元六年王恢擊東粵後。而張騫道康居，遠在其後十餘年，無從先有「歸誼」事。然則仲舒對策，不僅「臨政願治」一語，非當時之眞矣。

抑猶有進者，推隆儒術，復古更化，此不僅仲舒策中言之，卽武帝詔册，辭旨昭彰，固已有隆儒更化之意矣。仲舒所對，特與朝旨訢合，非果由仲舒始開是意也。時朝廷大臣，如丞相衞綰之徒，皆椎樸非學士。武帝以十七齡少主，初卽位，制詔賢良，已卓然有復古更化之意，此必有其所由來。考史記儒林傳：「蘭陵王臧，受詩申公，事孝景帝爲太子少傅，免去。今上卽位，臧乃上書宿衞上，累遷，一歲中爲郎中令。」郎中令掌宿衞宮殿門戶，職屬親近。文帝初入未央宮，拜張武爲郎中令是也。是王臧嘗傅武帝，特見親信。帝之好儒術，淵源當在此。制詔文字，亦當出王臧之徒。是年又用趙綰爲御史大夫，綰與臧同學，其拔用殆亦出臧意。史記儒林傳言：「武帝卽位，趙綰、王臧之屬明儒學，而上亦鄉之，於是招方正賢良文學之士。」則武帝一朝崇儒之端，其事實起於王、趙也。王、趙既用事，卽議立明堂，安車蒲輪，徵其師魯申公。時丞相爲竇嬰，乃竇太后諸姪。帝既有意更張，疑若變易先帝之所立，事蓋爲太后所不喜。帝之用竇嬰，則引以綏太后意。明年，冬十月，趙綰請無奏事東宮，竇太后大怒，綰及王臧皆下獄自殺，竇嬰亦免。武帝遂罷明堂事，申公亦病免歸，是爲武帝用儒一頓挫。然其後三年，（建元五年）武帝終置五經博士，而儒術終獨盛。

七　武帝時代之五經博士

漢書儒林傳贊：「武帝立五經博士，書惟有歐陽，禮后，易楊，春秋公羊而已。」王應麟困學紀聞：「後漢翟酺曰：『文帝始置一經博士。』考之漢史，文帝時，申公、韓嬰皆以詩爲博士。（所謂「魯詩」、「韓詩」。）五經列於學官者，惟詩而已。景帝以轅固生爲博士，（所謂「齊詩」。）而餘經未立。武帝建元五年春，初置五經博士。儒林傳贊稱舉其四，蓋詩已立於文帝時。」今按：胡母生、董仲舒皆治公羊春秋，於景帝時爲博士。則武帝所增祇三經，非四經也。而稱置五經博士者，據百官表：「博士，秦官，掌通古今。員多至數十人。武帝初置五經博士。」蓋申公之儔其前爲博士，乃以「通古今」，非以其「專經」。其時則諸子百家皆得爲博士。至武帝專隆儒術，乃特稱「五經博士」。而其他不以五經爲博士者，遂見罷黜；後世因名之曰「諸子傳記博士」。其先皆以通古今，則不別五經與諸子傳記也。故以專經爲博士自武帝始。儒林傳贊獨舉四經者，後此四經皆有增設，至宣帝時，增員至十二人。獨詩惟三家，一猶文、景之舊，博士不增，故亦不及。（王莽立毛詩博士，漢人不以爲典要。）非謂武帝時增此四經也。故自武帝建元五年，而後博士之性質與前迥異。翟酺謂「文帝始置一經博士」者，當文帝時博士專經僅於一詩，此轉可證文帝時博士不限於經術，固不得謂武帝乃繼文帝之一經而增成五經也。其後十二年（元朔五年），又爲博士置弟子員，其議始於公孫弘。其先博士自有弟子，如叔孫通拜博士，爲漢定朝儀，與其弟子百餘人爲緜蕞野外習之是也。然此特弟子自從其師，與朝制無關。公孫弘之議，爲博士官置弟子五十人，復其身。由太常擇補。（此選士。）郡國有好文學，亦得舉詣太常，受業如弟子。（此選吏。）一歲輒課；能通一藝以上，補文學掌故缺。（秩在百石下。兒寬以文學掌故補文學卒史，秩百石，可證。）高弟可以爲郎中。蓋自是而博士弟子始獲國家之優復，又列爲仕途正式之出身，此亦與前不同，故史稱「自是而學者益衆」。此亦朝廷奬與儒術之一端也。

八 武帝時代經學轉盛之原因

今考秦人焚書，王官史記以外，特嚴於詩書。迄茲未百年，經術轉盛，詩書六藝獨設博士。其間亦有故。漢之初興，未脫創痍。與民休息，則黃老之說爲勝。及於文、景，社會富庶，生氣轉蘇。久痿者不忘起，何況壯士？與言休息，誰復樂之？而一時法度未立，綱紀未張。社會既蠢蠢欲動，不得不一切裁之以法。文帝以庶子外王，入主中朝，時外戚呂氏雖敗，而內則先帝之功臣，外則同宗之諸王，皆不欲爲就範。文帝外取黃老陰柔，內主申韓刑名。其因應措施，皆有深思。及於景帝，既平七國之變，而高廟以來功臣亦盡。中朝威權一統，執申韓刑名之術，可以驅策天下，惟我所向。然申韓刑名，正爲朝廷綱紀未立而設。若政治已上軌道，全國共遵法度，則中韓之學，亦復無所施。其時物力既盈，綱紀亦立，漸達太平盛世之境。而黃老申韓，其學皆起戰國晚世。其議卑近，主於應衰亂。惟經術儒生高談唐虞三代，禮樂教化，獨爲盛世所憧憬。自衰世言之，則見爲迂闊遠於事情。衰象既去，元氣漸復，則如人之病起，捨藥劑而嗜膏粱，亦固其宜也。後人謂惟儒術利於專制，故爲漢武所推尊，豈得當時之眞相哉！

且稱詩書，道堯舜，法先王，此戰國初期學派儒、墨皆然。不專於儒也。文帝時有孟子博士。（河間獻王傳，載「河間得書，皆古文先秦舊書。周官、尙書、禮、禮記、孟子、老子之屬」。特學孟子、老子者，孟子文帝時立博士，老子尤爲時重。藝文志有老子鄰氏經傳四篇，傅氏經說三十七篇，徐氏經說六篇。當時殆亦立博士，故有傳、說，如後六藝諸經盡有傳、說也。然則班氏河間一傳，正見其據當時傳聞。若由劉歆以下僞造，何緣於周官、尙書下忽及孟子、老子哉？）至武帝時亦廢。若謂尊儒，何以復廢孟子？其後劉向父子編造七略，六藝與儒家分流。儒爲諸子之一，不得上儕於六藝。然則漢武立五經博士，若就當時語說之，謂其尊六藝則然，謂其尊儒則未盡然也。卽仲舒對策，亦謂：「百家殊方，指意不同。臣愚以謂諸不在六藝之科，孔子之術者，皆絕其道。」則仲舒之尊孔子，亦爲其傳六藝，不爲其開儒術。故漢志於六藝一略，末附論語、孝經、小學三目，此亦以孔子附六藝，不以孔子冠儒家也。此在當時，判劃秩然，特六藝多傳於儒生，故後人遂混而勿辨耳。

故漢人之尊六藝，並不以其爲儒家而尊。其尊六藝尙有故。儒林傳：「竇太后好老子書。召問博士轅固生。固曰：『此家人言耳。』太后大怒曰：『安所得司空城旦書乎！』乃使固入圈擊彘。景帝知固直言無罪，而爲太后怒，乃假固利兵。彘應手而倒，固得無死。」今考「家人」者，如田太公世家：「齊侯廢爲家人」，「家人」卽「庶人」也。家人言，卽謂平民私家之言。秦博士鮑白令之對始皇曰：「五帝官天下，三王家天下」，「官」、「家」對文，官言其公，家言其私。家人言卽對王官之學而說，猶云民間私家言耳。揚子雲博士箴亦云：「詩書是泯，家言是守。」以「詩書」、「家言」對文，正猶七略、藝文志以王官六藝之學與九流十家對列也。司馬遷有云：「厥協六經異傳，整齊百家雜語。」班彪因之，曰：「採經摭傳，分散百家之事。」而劉知幾史通則謂：「鳩集國史，採訪家人。」（六家篇）又曰：「殷周已往，採彼家人。」（採撰篇）則家人言卽百家言，更無疑義。史通又曰：「譙周以遷書周、秦以上，或采家人諸子，不專據正經。」（外篇古今正史）此尤家人言卽諸子書，與六藝正經對列之明證。崔浩引袁生語：「老子所謂家人筐篋中物，不可揚於王庭」，鍾繇以左氏爲「太官」而公羊爲「賣餅家」，此皆尊官學，蔑家言，與轅固意相似。轅固自以治詩書，乃古者王官之學，而輕鄙老子，謂其乃晚出家言，竇太后怒之，曰：「安所得司空城旦書」，秦法，令下三十日不燒黥爲城旦，漢以司空主罪人，賈誼云「輸諸司空」是也。詩書爲秦法所禁，故云何從得此犯禁書矣。然則揚子雲所謂「詩書是泯，家言是守」，王仲任所謂「秦人焚書不及諸子」，豈不信而有證乎？故秦人焚古代官書而仍立晚世家言爲博士，所以尊新王一朝之統，此荀卿所謂「法後王」，不得遽目之爲排抑儒生也。漢武罷斥百家，表章六藝，夫而後博士所掌，重爲古者王官之舊，所以隆稽古考文之美，此荀卿所謂「法先王」；然孟子博士遂見廢黜，亦不得遽謂之郎是尊崇儒術也。蓋當時之尊六藝，乃以其爲古之王官書而尊，非以其爲晚出之儒書而尊，故班氏儒林傳謂：「六學者，王教之典籍，先聖所以明天道，正人倫，致至治之成法。」漢儒尊孔子爲素王，亦以自附於六藝，而獨出於百家。此必明於古代學術分野，漢志六藝與諸子分列之意，而後可以語此。昧此而輕言秦皇、漢武間博士一官職掌轉變之所以然，必無從而得眞矣。

九　史記中之古文

漢志六藝與諸子分部，官學與家言對列，此乃古代學術大分野，其義已如上述；繼此而史記之所謂「古文」者，其際限亦可得而定。蓋史記之所謂「古文」，正指六藝，凡所以示異於後起之家言也。五帝本紀贊：「百家言黃帝，其文不雅馴，薦紳先生難言之。」又曰：「總之不離古文者近是。」此史公開宗明義，標明其書取裁別擇，一本六藝官書，經、傳、記、說，則一也。目之曰古文者，以別於後起之百家言。故曰：「學者載籍極博，猶考信於六藝。」（伯夷列傳）又曰：「余讀春秋古文，乃知中國之虞與荆蠻句吳兄弟也。」（吳太伯世家）此以冠諸世家、列傳之首，爲一書眉目，史公大書特書，凡所以尊六藝而信古文，古文卽六藝也。其曰「春秋古文」，自指左傳，此緣史公亦認左傳爲六藝，經之與傳一也。史公特稱之曰「春秋古文」，乃以別於後起百家言之非古文者而特異之。在史公時，五經博士家法未起，後世所謂今文、古文之藩籬未築，史公並不指左傳爲古文以示異於公羊之爲今文，如後世經生之見，決矣。後人不深曉，乃誤以史記言古文，亦一如後世之所謂「今文、古文」者，是又何異於根據漢武有五經博士而謂秦博士專掌經籍耶？然當史公時，百家披猖，經術未盛，故史公特重言之，曰：「年十歲，則誦古文」，在史公之意，凡詩書六藝，皆古文也。豈亦如東京以下，獨指古文尚書、毛詩、周官、左氏數籍者而謂之古文哉？夫不誦古文，則又焉知荆蠻之句吳之與中國之虞之爲兄弟？不覩六籍，烏知上古？故不治古文，則不得謂「成學」。史公又言之，曰：「爲成學治古文者要删。」（十二諸侯年表序）則史公之所謂古文，其義豈不居可見乎？史公製三代世表又曰：「余讀諜記，黃帝以來皆有年數，稽歷譜諜，終始五德之傳，古文咸不同，乖異，夫子之弗論次其年月，豈虛哉！於是以五帝繫諜、尚書，集世紀黃帝以來訖共和爲世表。」此史公謂凡譜諜終始五德之傳言黃帝以來年數，皆與古文不同，又自見乖異，故寧法孔子，亦不論次其年月也。此正猶謂「百家言黃帝，其文不雅馴，薦紳先生難言之」，所謂「諜譜終始之傳」者，皆後起百家言，非古文，不得與尚書及孔子所傳帝德、帝繫相提而並論也。此史公之意昭彰甚顯。其爲七十二弟子列傳，又曰：「弟子籍出孔氏古文，近是。」夫六籍傳於孔子，故凡其書出孔氏者，史公皆尊之曰「古文」而謂其「近是」，如五帝本紀贊所謂「孔子所傳宰予問五帝德、帝繫姓」及此處弟子籍之類皆是也。故詩書六藝旣古文，而凡書之出孔氏之傳者，史公亦謂之古文而近是，此史公之特尊孔子，故曰「聖人作而萬物覩，伯夷、叔齊得夫子而名益彰」者也。然則以後世經生之見專謂古文尚書、毛詩、周官、左氏爲古文者固失之，卽謂凡先秦舊籍在秦火以前者皆得稱古文，如班氏河間獻王傳之例，亦殊非史公意也。史記常以詩書古文連言，皆當如此說。古文卽詩書，卽六藝也。（史記儒林傳：「孔氏有古文尚書，而安國以今文讀之，因以起其家」，惟此處「古文」乃指古文字言。漢書特爲增一字，曰「孔氏有古文尚書，而安國以今文字讀之，因以起其家」是也。然尚未指如後世之所謂「古文學」。至後書乃曰：「孔安國傳古文尚書，授都尉朝，朝授膠東庸譚，爲尚書古文學，未得立」，至是乃有「古文學」之稱；然亦僅謂尚書古文學，非可擺脫尚書範圍，而謂諸經共自有一古文學也。辨詳後。）

一〇　宣元以下博士之增設與家法興起

漢自宣、元以後，儒術日盛，朝廷博士，遂多增設。儒林傳贊云：

自武帝立五經博士，……初書惟有歐陽，禮后，易楊，（沈欽韓云，「易楊」爲「易田」之訛。）春秋公羊而已。至孝宣世，復立大、小夏侯尚書，大、小戴禮，施、孟、梁丘易，穀梁春秋。至元帝世，復立京氏易。平帝時，又立左氏春秋、毛詩、逸禮、古文尚書，所以網羅遺佚，兼而存之，是在其中矣。

考孝宣增立博士，在甘露三年。宣紀甘露三年：

詔諸儒講五經同異，太子太傅蕭望之等平奏其議，上親稱制臨決焉，乃立梁邱易、大、小夏侯尚書、穀梁春秋博士。

此所謂「石渠議奏」也。時與議者，據儒林傳有：

易家博士沛施讎（從田王孫受業），黃門郎東萊梁丘臨（賀子。受業於施讎）。書家博士千乘歐陽地餘（高孫），博士濟南林尊（歐陽高弟子），譯官令齊周堪（事夏侯勝），博士扶風張山拊（事夏侯建），謁者陳留假倉（張山拊弟子）。詩家淮陽中尉魯韋玄成（父賢，受詩於瑕丘江公及許生），博士山陽張長安（事博士王式），沛薛廣德（亦事王式）。禮家梁戴聖（后蒼弟子），太子舍人沛聞人通漢（亦后蒼弟子）。公羊家博士嚴彭祖（事眭孟），侍郎申輓，伊推，宋顯，許廣。穀梁家議郎汝南尹更始（事蔡千秋），待詔劉向，梁周慶，丁姓，中郎王亥（後漢賈逵傳注作「王彥」）。

可考者凡二十二人。其議奏之見於藝文志者，有書四十二篇，禮三十八篇，春秋三十九篇，論語十八篇，五經雜議十八篇。凡一百五十五篇。（易、詩二經無議奏，疑因易家與議者惟施氏，詩家惟魯詩，並事王式，故無異同之對。殆散入雜議中。又石渠議今並無傳，惟杜佑通典稍存其一二。）今考漢武立五經博士，一經初似不限於一人。如歐陽地餘為歐陽高孫，林尊師事歐陽高，同為博士議石渠，則歐陽尚書同時有兩博士也。又如博士張山拊，事小夏侯建。其與議石渠時，先已為博士。然漢廷增立大、小夏侯博士在石渠議後，則山拊為博士時，猶未稱小夏侯尚書博士，慮亦不當稱歐陽尚書博士。所以稱歐陽尚書者，乃以示異於大、小夏侯。今既無大、小夏侯，說尚書者僅於一家，則特爲尚書博士耳。卽歐陽地餘、林尊亦然。又如張長安、薛廣德皆事王式，皆爲博士議石渠，王式治魯詩，是張、薛二人同時以魯詩爲博士也。又王式徵爲博士時，有江公亦爲博士，世爲魯詩宗，心嫉式，則江公、王式亦同時以魯詩爲博士。史記儒林傳：「申公弟子爲博士十餘人，孔安國至臨淮太守，周霸膠西內史，夏寬城陽內史，碭魯賜東海太守，蘭陵繆生長沙內史，徐偃膠西中尉，鄒人闕門慶忌膠東內史。」所舉凡七人，其他則缺。此七人必有同時爲博士者。史又言「其言詩雖殊，多本於申公」，則諸人治詩雖同本申公而亦自有殊也。又儒林傳石渠議後，穀梁學大盛，周慶、丁姓皆爲博士，似亦同時爲博士者。則一經博士不限一人，似在石渠議後猶然也。後書范升傳：「建武二年，遷博士，上疏讓曰：『臣與博士梁恭，山陽太守呂羌，俱修梁邱易。二臣年並耆艾，經學深明，臣不以時退，與恭並立，深知羌學，又不能達；願推博士以避恭、羌。』帝不許。」是一經博士不限一人，雖至東京猶然也。

五經博士，初不限於一家一人，既如上述。而其爲博士者，初亦不限於專治一經。如韋賢並通禮、尚書，以詩敎授，徵爲博士。（本傳）又韋賢治詩，事博士大江公及許生；（儒林傳）而瑕丘江公受穀梁春秋及詩於魯申公。韓嬰爲博士，傳詩，然亦以易授人。后蒼事夏侯始昌，始昌通五經，蒼亦通詩、禮，爲博士。董仲舒以治春秋，孝景時爲博士，然仲舒見稱通五經。又梁相褚大通五經，爲博士時，兒寬爲弟子。（見兒寬傳）此皆博士初不專治一經之證也。

夫既不以一家一博士爲限，而博士又不限於專治一經，則知所謂「某經博士」之稱，必屬後起。其先博士掌通古今，員多至數十人（七十人），經學、諸子百家、詩歌、藝術、雜伎皆有之，固未嘗以某經博士爲號。及武帝置五經博士，特罷黜以百家傳記爲博士者，而博士之選，專以通五經爲主。初亦未有某經博士之號也。如后蒼通詩、禮爲博士，而於詩、禮皆有著述。藝文志：

> 詩齊后氏故二十卷，齊后氏傳三十九卷，禮曲臺后蒼九篇（又孝經后氏說一篇）。

又其詩、禮皆有傳人。蕭望之傳：「望之治齊詩，事同縣（疑當作「同郡」）后蒼且十年，以令詣太常受業；復事同學博士白奇。」又翼奉傳：「奉治齊詩，與蕭望之、匡衡同師。」此后蒼齊詩之傳也。其禮學授之沛聞人通漢子方，梁戴德、勝，沛慶普；此后蒼曲臺禮之傳也。然則謂后蒼通詩、禮爲博士者，其在當時，當稱「齊詩博士」歟？抑「禮博士」歟？固難說矣。

又考儒林傳：

漢興，魯高堂生傳士禮十七篇，而魯徐生善為頌（同「容」）。孝文時，徐生以頌為禮官大夫。（沈欽韓云：「博士、大夫，皆禮官也。」連徐生故稱禮官大夫，非真有此官。）傳子至孫延、襄。襄，其資性善為頌，不能通經。延頗能，未善也。襄亦以頌為大夫，至廣陵內史。延及徐氏弟子公戶滿意、桓生、（卽劉歆所謂「魯國桓公」。）單次，皆為禮官大夫。而瑕丘蕭奮以禮至淮陽太守。諸言禮為頌者由徐氏。孟卿，東海人也，事蕭奮，以授后蒼、魯閭丘卿，倉説禮數萬言，號曰后氏曲臺記。

則后蒼以前，治禮者多善爲容而不通經，其人率爲大夫，不爲博士。大夫與博士同爲禮官，同屬太常，而自有別。又晁錯、匡衡皆爲太常掌故，索隱引漢舊儀云：

> 太常博士弟子，試射策中甲科補郎中，乙科補掌故。

儒林傳又謂：

> 治禮掌故，以文學禮義為官，遷留滯。

治禮亦禮官之類，是博士以外，尚有大夫、掌故諸目。而漢廷自后蒼以前，治禮者僅有大夫，無博士。即以后蒼言，其爲博士已在孝宣時。（百官公卿表：「孝宣本始二年博士后蒼爲少府。」距武帝卒已十五年，距始立五經博士，則六十四年也。）而儒林傳詳后蒼事於齊詩之系。是謂后蒼通禮，而以齊詩爲博士，猶如江公雖通穀梁而以魯詩爲博士也。則自后蒼以前，無以禮經爲博士者。孝武時雖云立五經博士，而禮經顧闕。故知其時所謂五經博士，乃一總名，以別於前之博士。前博士掌通古今不限五經，此則限以五經爲博士也。而博士員數，不限於五。有一經數博士者，如魯詩，申公弟子爲博士者十餘人；有雖列五經而並無博士者，如禮；有一博士而兼通數經者，如上舉申公、董仲舒、瑕丘江公、韓嬰、褚大皆是也。又如：

史記儒林傳：丞相御史言，謹與博士平等議。（武帝元朔五年。）

史記三王世家：博士臣將行等。（元狩六年。）

漢書武帝紀：元鼎三年夏大水，秋九月，詔遣博士中等巡行。

史記酷吏傳：匈奴求和親，羣臣議上前，博士狄山曰：「和親便。」（山爲博士在張湯爲御史大夫時；湯以元狩三年爲御史大夫，元鼎二年自殺。）

漢書霍光傳：臣敞等謹與博士臣霸（孔霸），臣雋舍，臣德，臣虞舍，臣射，臣蒼（后蒼）

議。（昭帝元平元年。）

以上所學，皆不詳其業之授受，不知爲何經博士。殆自漢武以來，博士員數尙頗盛，雖無往者七十之數，然並不分經各立，限五經立五博士，或總五經諸家各立一博士也。

又武帝元朔五年，公孫弘請爲博士官，置弟子五十人，謂：

一歲皆輒課，能通一藝以上，補文學掌故缺。

然則博士弟子亦不限通一藝矣。故知漢初以來，雖承秦人焚書之後，能通一經之士已不多遘，然初未有專經之限。惟自博士官既置弟子，則博士教授亦自漸趨分經專門之途，此則斷可知爾。

今考漢博士經學，分經分家而言「師法」，其事實起於昭、宣之後。據儒林傳：

由是易有施、孟、梁丘之學。

其事在田王孫後，田王孫爲漢武時博士，其先易未分也。劉歆移書太常：「往者博士，易則施、孟，孝宣廣立梁邱易」，似施、孟分家已在石渠議前。惟漢書儒林傳贊：「初易惟有楊（係「田」

字謚），孝宣世復立施、孟、梁邱」，以諸易分家盡歸孝宣後，最爲得之。石渠議奏易家出席者獨施讎，其時諸易家法尚未分，則施易即田易也。僅有田易，則僅當稱「易博士」，決不稱「田易博士」矣。

由是施家有張（禹）、彭（宣）之學，孟家有翟（牧）、白（光）之學，梁丘有士孫（張）、鄧（彭祖）、衡（咸）之學。

是易三家各有分派，其事更在後。

由是易有京氏之學。

京房師焦延壽，延壽嘗從孟喜問易。房以延壽易即孟氏學，而翟牧、白生不肯認。而京氏易立博士，尚在京房後。

由是易有高氏學。

高、費皆未嘗立學官。費直傳王璜，高相傳毌將永，費、高二人同時，皆當在成帝後。是易學分家盡屬後起之證也。

由是尚書世有歐陽氏學。

歐陽氏世傳尚書，其成家應在歐陽地餘後，即宣帝以後矣。經典釋文敍錄謂：「歐陽氏世傳業，至曾孫高作尚書章句，爲歐陽氏學。」今案：漢書藝文志：「尚書歐陽經三十卷，歐陽章句三十一卷，歐陽說義二篇」，僅著「歐陽章句」，未確指其作者。釋文敍錄殆本後書儒林傳：「兒寬授歐陽生之子，世世相傳，至曾孫歐陽高，爲尚書歐陽氏學」而言。夫謂有歐陽氏學，即謂有章句也。然按諸前書，僅曰「世世相傳，至曾孫高子陽爲博士」，未言其名學也。分家名學，事屬後起，殆不於歐陽高時已有之。則後書實誤，而釋文敍錄爲失據矣。王觀堂引許氏說文引歐陽喬說，謂古「喬」、「高」通用，證歐陽章句成於高手，此亦非是。縱謂喬卽是高，安見高說不載於說義，而必謂章句出高手乎？丁寬作易說三萬言，訓故舉大誼而已，而後世謂之小章句。然則縱謂歐陽高有章句，疑亦訓詁舉大誼，而後人自被以章句之名。非卽漢志三十一卷之章句。章句成學，其起固當較此稍晚也。又云：「歐陽、大、小夏侯氏學，皆出於兒寬」，是兒寬以前，尚書不分派之證也。

由是歐陽有平（當）、陳（翁生）之學。

平、陳皆林尊弟子，林尊與地餘同時。

由是尚書有大、小夏侯之學。

大夏侯勝受尚書於夏侯始昌，又事簡卿，簡卿乃兒寬門人，勝傳從兄子建，則尚書大、小夏侯分家，亦在兒寬後。

由是大夏侯有孔（霸）、許（商）之學。小夏侯有鄭（寬中）、張（無故）、秦（恭）、假（倉）、李（尋）氏之學。

此尤在後也。是尚書分家屬後起之證也。

由是魯詩有韋氏學。

韋賢治詩，事瑕丘江公及許生，傳子玄成。玄成及兄子賞，以詩授哀帝，乃稱韋氏學，此詩韋氏學晚起也。

由是魯詩有張（長安）、唐（長賓）、褚（少孫）氏之學。

三人皆王式弟子。王式爲博士在宣帝時，三人皆爲博士，遂分派別。

由是張家有許（晏）氏學。

其起更在後。此魯詩分派盡晚起之證也。

由是齊詩有翼（奉）、匡（衡）、師（丹）、伏（理）之學。

翼、匡皆后蒼弟子。師、伏則又匡之弟子矣。此齊詩分派更晚起之證也。

由是韓詩有王（吉）、食（子公）、長孫（順）之學。

王吉、食子公爲博士，在宣帝時。長孫順受詩於王吉，皆晚起。此韓詩分派亦晚起之證也。

曰：

竊疑詩分齊、魯、韓三家，其說亦後起，故司馬遷爲史記，尚無齊詩、魯詩、韓詩之名。惟自是之後，齊言詩，皆本轅固生，諸齊人以詩顯貴，皆固之弟子。

又曰：

韓生……其言頗與齊、魯間殊，然其歸一也。而燕、趙間言詩者由韓生。

至班氏漢書則確謂之魯詩、齊詩、韓詩焉。是三家詩之派分，亦屬後起。申公、轅固生、韓生皆曾爲博士，皆以詩敎授，申公、轅生皆在文帝時。其時博士不限於經生，以通經爲博士者，亦不限於專治一經，更無所謂師法家派，故知當時必尚無申公爲魯詩，轅固生爲齊詩，韓生爲韓詩之別也。此詩經分派晚起之說也。石渠議奏不及詩，是詩分三家，疑且在石渠後矣。（劉歆移書、漢書宣紀，及儒林傳贊，列學諸經家數先後異同，均不及詩，非詩之分家最早，乃詩之爭議最少耳。）

由是禮有大戴（德）、小戴（勝）、慶（普）氏之學。

三人皆后蒼弟子，則禮學分派，亦起宣帝時。

由是大戴有徐（良）氏，小戴有橋（仁）、楊（榮）氏之學。

尤在後。此禮學分派後起之證也。

由是公羊春秋有顏（安樂）、嚴（彭祖）之學。

二人俱事眭孟，眭孟事嬴公，嬴公事董仲舒。知公羊分派，亦起宣帝時。

由是顏家有泠（豐）、任（公）之學，復有筦（路）、冥（都）之學。

泠、任已後起，筦、冥益晚出。此公羊分派晚起之證也。

由是穀梁春秋有尹（更始）、胡（常）、申章（昌）、房（鳳）氏之學。

此亦在宣帝後。此穀梁分派晚起之證也。

凡儒林傳所載「由是某經有某家之學」者，其事皆晚出，具如上舉。可證其先諸家說經雖有異同，未分派別，不成家數也。劉歆云：「至孝武皇帝，然後鄒、魯、梁、趙頗有詩、禮、春秋先師，皆起於建元之間。當此之時，一人不能獨盡其經，或爲雅，或爲頌，相合而成。泰誓後得，博士集而讀之。」則其時之不容有派別家數審矣。然又云當時經師不必專治一經者，其時說經猶疏略，故或謂不能獨盡一經，或謂兼通五經也。

自漢武置五經博士，說經爲利祿之途，於是說經者日衆。說經者日衆，而經說益詳密，而經之異說亦益歧。經之異說益歧，乃不得不謀整齊以歸一是。於是有宣帝石渠會諸儒論五經異同之舉。其不能歸一是者，乃於一經分數家，各立博士。其意實欲永爲定制，使此後說經者限於此諸家，勿再生歧也。故曰：

詔諸儒講五經同異，太子太傅蕭望之等平奏其議，上親稱制臨決焉。乃立梁邱易、大、小夏侯尚書、穀梁春秋博士。

使大臣平奏其異同，而漢帝稱制臨決，此卽整齊歸於一是，永不欲再有異說之意也。乃立梁邱易、大、小夏侯尚書、穀梁春秋者，凡此諸異說，雖與當時朝廷博士說經不同，而亦自可存，故許其與博士說並存，亦立爲博士。夫然後說經者，有漢帝稱制特許之異說。如施博士說易以外有梁邱說，歐陽博士說書以外有大、小夏侯說。公羊家說春秋以外有穀梁說是也。當穀梁未興以前，漢人言春秋卽指公羊，因公羊以外春秋無別家。例此爲推，未有大、小夏侯，歐陽尚書只稱尚書，無須別號歐陽。施易只稱易，不必別目施易。然則漢博士經說分家，起於石渠議奏之後，其事至顯矣。

然諸經説雖有歧異，爲差不甚懸。其間惟公羊、穀梁兩家説春秋，則差別較大。石渠之議，本自平公、穀是非而起。儒林傳載其事甚詳，謂：

瑕丘江公受穀梁春秋及詩於魯申公，傳子至孫，爲博士。武帝時，江公與董仲舒並。仲舒通五經，能持論，善屬文，江公吶於口。上使與仲舒議，不如仲舒。而丞相公孫弘本爲公羊學，比輯其議，卒用董生。於是上因尊公羊家，詔太子受公羊春秋。由是公羊大興。太子既通，復私問穀梁而善之，其後浸微。惟魯榮廣王孫、皓星公二人受焉。廣盡能傳其詩、春秋，高材敏捷，與公羊大師眭孟等論，數困之。故好學者頗復受穀梁，沛蔡千秋少君、梁周慶幼君、丁姓子孫，皆從廣受。千秋又事皓星公，爲學最篤。宣帝卽位，聞衛太子好穀梁春秋，以問丞相韋賢、長信少府夏侯勝，及侍中樂陵侯史高，皆魯人也。言穀梁子本魯學，公羊氏乃齊學也，宜興穀梁。時千秋爲郎，召見，與公羊家並説，上善穀梁説，擢千秋爲諫大夫給事中。後有過，左遷平陵令。復求能爲穀梁者，莫及千秋。上愍其學且絶，乃以千秋爲郎中戸將，選郎十人從受。汝南尹更始翁君，本自事千秋，能説矣，會千秋病死。徵江公孫爲博士。劉向以故諫大夫通達，待詔，受穀梁，欲令助之。江博士復死，乃徵周慶、丁姓待詔保宮，使卒授十人。自元康中始講，至甘露元年，積十餘歲，皆明習，乃召五經名儒，太子太傅蕭望之等，大議殿中，平公羊、穀梁同異，各以經處是非。時公羊博士嚴彭祖、侍郎申輓、伊推、宋顯，穀梁議郎尹更始，待詔劉向、周慶、丁姓並論。公羊家多不見從，願請內侍郎許廣，使者亦並內穀梁家中郎王亥各五人，議三十餘事。望之等十一人，各以經誼對，多從穀梁。由是穀梁之學大盛，慶、姓皆為博士。

據此而觀，則石渠議奏，其動機全在平處公、穀異同也。而當時廷臣論公、穀異同，頗涉於齊學、魯學之辨。此亦當時經學一分野，不可以不論。

一一　齊學與魯學

考穀梁始傳自魯申公，瑕丘江公受之，兼通魯詩與穀梁。是穀梁本與魯詩相通也。漢書儒林傳稱申公：

獨以詩經為訓以教，無傳，疑者則闕不傳。（史記儒林傳重一「疑」字，惟毛本不重，與漢書文同。）

蓋申公只有訓故，不別爲傳。「無傳」對上「爲訓」爲文，「闕不傳」對上「以敎」爲文。漢儒傳經各守義法，故、訓、傳、說體裁不同。故、訓疏通文義，傳、說徵引事實。申公「獨以詩經爲訓無傳」，謂申公祗作詩故，不別作詩傳也。云「獨」者，以別齊、韓詩有故復有傳。此則魯學謹嚴之風然也。其弟子王臧、趙綰言之武帝，召申公。至，見天子。問治亂之事。曰：「爲治不在多言，顧力行何如耳。」則申公爲人如其學，亦純謹一流。雖弟子受業者百餘人，爲博士者十餘人，然於朝廷大政殊不得志。史記封禪書：

> 上為封禪祠器示羣儒，羣儒或曰「不與古同」。徐偃又曰：「太常諸生行禮，不如魯善。」周霸屬圖封禪事。於是上絀偃、霸，而盡罷諸儒不用。

偃、霸皆申公弟子，亦謹守舊聞，不事阿合，遂以見斥，則仍是申公純謹遺風矣。武帝以封禪事問兒寬，寬逆探上意爲對，遂稱旨得親幸，拜御史大夫。寬，千乘人，治尚書，事歐陽生。又受業孔安國。其人有政治才，蓋齊學恢宏之風也。齊學言尚書自伏生，其傳爲晁錯，亦擅權用事。伏生尚書大傳，特重洪範五行，則爲後儒言五行災異之祖。齊學言詩自轅固生，韓嬰燕人，亦治詩，燕、齊學風較近似。故班氏論之曰：

漢興，魯申公爲詩訓故，而齊轅固、燕韓生皆爲之傳。或取春秋，采雜說，咸非其本義。與不得已，魯最爲近之。（藝文志）

是齊學恢奇駁雜，是魯學純謹不同之驗也。夏侯勝族父始昌，通五經，以齊詩、尚書教授。明於陰陽，先言柏梁臺災日，至期日果然。勝從受尚書及洪範五行傳，諫昌邑王天久陰不雨，臣下有謀上者。其學亦擅陰陽災異，不失恢奇齊風。董仲舒對策引尚書太誓「白魚赤烏」之論，以災異言公羊，亦與齊學相通。江公受魯詩、穀梁於申公，然吶於口，議不如仲舒。則大抵治魯學者，皆純謹篤守師說，不能馳騁見奇，趨時求合，故當見抑矣。至於治易者，施、孟、梁丘皆出於田何；何，齊人也，故諸家亦好言陰陽災變，推之人事。惟費氏易較不言陰陽，較爲純謹。故漢之經學，自申公魯詩、穀梁而外，惟高堂生傳禮亦魯學。其他如伏生尚書，如齊、韓詩，如公羊春秋，及諸家言易，大抵皆出齊學，莫勿以陰陽災異推論時事，所謂「通經致用」是也。漢人通經本以致用，所謂「以儒術緣飾吏治」，而其議論則率本於陰陽及春秋。陰陽據天意，春秋本人事，一尊天以爭，一引古以爭。非此不足以折服人主而自伸其說，非此亦不足以居高位而自安。故夏侯勝言之，曰：「士病不明經術，經術苟明，其取青紫，如俛拾地芥耳。學經不明，不如歸耕。」

漢制，丞相、太尉皆金印紫綬，御史大夫銀印青綬，此三府官之極崇者。士通經術，爲三公如俯拾地芥，此乃漢宣以後儒術日隆之象，豈不以通經術，能推之吏治，上有以箝帝王之口，下有以折卿大夫之舌，而確乎有其所持守乎？則天意之陰陽，與人事之褒貶，率於經術得之也。穀梁自瑕丘江公以下，迄於甘露石渠之議，爲時亦數十年，其所以勉自赴於致用之途以上邀天子之懽心者，其事亦略可推。故至於石渠一會而終亦得立博士，與公羊並峙。今觀其書於周天子特致尊崇。如隱七年：「冬，天王使凡伯來聘，戎伐凡伯於楚丘以歸。」左氏、公羊皆以「戎」爲戎狄，而穀梁獨以「戎」爲衞國，謂衞討天子之使，故貶稱「戎」。隱九年：「春，天王使南季來聘」，左氏、公羊皆無傳，穀梁獨謂聘諸侯非正。此穀梁特以創說尊王，蓋亦以媚漢帝而取顯。則公、穀異同之爭，仍是漢儒通經致用風氣。而穀梁之爲學，亦復與魯詩專謹於訓詁者異矣。處其所謂「自元康中始講，至甘露積十餘歲」者，必有非盡於往日申公所傳之舊說也。

一二　家法與章句

且進而一論「家法」之所以爲家法者。直捷言之，則「家法」即「章句」也。漢儒經傳有章句，其事亦晚起，蓋在昭、宣以下。以易言，漢儒言易本田何。何授王同、周王孫、丁寬、服生四人，皆著易傳。史稱丁寬「作易說三萬言，訓故舉大誼而已」。其他三家，蓋亦類是。丁寬再傳爲施讎、孟喜、梁邱賀。儒林傳云：

由是易有施、孟、梁邱之學。

藝文志易家：

章句，施、孟、梁丘氏各二篇。

以前說易無章句，有章句卽有家學矣。易有施、孟、梁邱三家章句，故云有三家之學。費、高兩家治易，皆無章句。兩家亦未嘗立於學官。爲博士立學官，成家學者，乃著章句以授弟子。費、高不立博士，未嘗置學官，而時人亦以博士學官之例，稱爲易費氏、高氏學，此變例也。（前書儒林傳僅言「由是易有高氏學」，後書始言有「費氏學」。）五經博士置自武帝，而博士分家起於宣帝。則諸經章句之完成，亦當在宣帝之後矣。

再以書言，有歐陽章句三十一卷，大、小夏侯章句各二十九卷。蓋朝廷有歐陽、大、小夏侯博士，故有三家章句也。考夏侯建傳：

> 建師事勝，及歐陽高，左右采獲。又從五經諸儒問與尚書相出入者，牽引以次章句，具文飾說。勝非之，曰：「建所謂章句小儒，破碎大道。」建亦非勝為學疏略，難以應敵。建卒自顓門名經。為議郎博士。

據此，則小夏侯建次尚書章句時，大夏侯尚書尚無章句也。大夏侯尚書無章句，則歐陽尚書宜亦無章句。若歐陽高先已有三十一卷之章句，則夏侯建不至左右采獲，具文飾說，如此之難，而勝亦不以此非之。然勝之言曰：「建所謂章句小儒，破碎大道」，則章句說經，似在其時已有朕兆，而特未盛。或歐陽氏一家先有之，惟歐陽章句之成家名學，則必仍在小夏侯之後也。尚書三家章句起於小夏侯。當時大夏侯雖非之，而待後三家各有章句，則均追隨小夏侯一家而然耳。建之次章句，意欲求說經之密，以資「應敵」。應敵者，如石渠議奏，講五經異同，若不分章逐句爲說，但訓故舉大誼，則易爲論敵所乘也。故章句必「具文」，具文者，備具原文而一一說之。遇有不可說處，則不免於「飾說」矣。如蜀人趙賓，好小數書，後爲易，飾易文，以爲「『箕子明夷』，陰陽氣無『箕子』。箕子者，萬物方荄茲也」。此亦具文飾說。「箕子」與陰陽氣無關，說之不能通，又不肯略去不說，必具文，則陷於飾說也。求爲具文飾說，乃不得不左右采獲，備問五經，取其相出入者牽引以爲說矣。小夏侯傳張山拊；山拊傳李尋、鄭寬中、張無故、秦恭、假倉諸人。無故善修章句，守小夏侯說文。恭增師法至百萬言。桓譚新論云：

秦延君說「曰若稽古」至二萬言。（御覽學部引）

文心雕龍云：

秦延君注堯典十餘萬字。

此尤小夏侯章句之末流矣。古文尚書未立於學官，因亦無章句。

其次如詩。漢書儒林傳：

申公獨以詩經爲訓故以教，無傳，疑者則闕不傳。（史記儒林傳重一「疑」字。）

申公傳詩僅爲訓故，通其故字故言，其不可通者則闕之，此猶丁寬說易訓故舉大誼也。故知訓故爲漢儒治經初興之學，僅舉大誼，不免疏略。章句則其學晚起，具文爲說，而成支離。此二者之大較也。王式亦治魯詩，來師事者，問經數篇，式謝曰：「聞之於師具是矣。自潤色之。」不肯復授。是王式仍守申公以來闕疑弗傳之旨，故所言簡略，不肯具文飾說也。其弟子

> 唐生（長賓）褚生（少孫）應博士弟子選，詣博士。試誦說，有法。疑者丘蓋不言。諸博士驚問何師，對曰事式。

是唐、褚亦能守王式師法，遇疑不能明者則闕不說。而諸博士乃驚問何師，是當時博士學風，已漸以具文飾說相尚，故得唐、褚之對而驚矣。班氏謂：

> 漢興，魯申公為詩訓故，而齊轅固、燕韓生皆為之傳。或取春秋，采雜說，咸非其本義。與不得已，魯最為近之。

蓋訓故通其大義，傳則比傳事實。申公說詩家法最純謹，班氏所祖，不爲無故。然韓嬰作內、外傳數萬言，今外傳猶在。（或疑內傳卽在外傳中。）其書亦擧大誼，不循章逐句爲說，則傳與訓故，其體相去猶不遠，猶是漢初經師家法也。今考洪适隸釋漢武榮碑云：

> 榮字含和，治魯詩韋君章句。

是魯詩韋氏有章句矣。儒林傳云：

由是魯詩有韋氏學。

今韋氏章句雖不著於史，而見於後漢之武榮碑，則韋氏有章句可信也。又儒林傳：

由是張家有許（晏）氏學。

陳留風俗傳：（御覽四百九十六引。）

許晏受魯詩於瑯琊王扶，改學曰許氏章句。

則魯詩許氏學亦有章句也。然許氏章句亦不著於史。則當時諸家章句，爲今漢書儒林傳、藝文志所佚而不載者多矣。此證魯詩末流亦有章句也。

魯詩且有章句，齊、韓詩可推。後漢書馬援傳：

援少有大志，嘗受齊詩，意不能守章句。

此齊詩在西漢時有章句之證。又儒林傳：

（伏）湛弟黯，明齊詩，改定章句。湛兄子恭傳黯學，減省黯章句為二十萬言。

今按：伏理以詩授成帝，在西漢時。儒林傳謂「由是齊詩有翼、匡、師、伏之學」是也。伏湛爲理子。即伏氏一家，可推齊詩章句之繁。又儒林傳：

薛漢世習韓詩，父子以章句著名。漢少傳父業，建武初為博士。

則薛氏章句傳自西漢，此又韓詩有章句之證矣。

其次如春秋，藝文志有：

公羊章句三十八篇，穀梁章句三十三篇。

是公、穀兩家均有章句也。范寧穀梁傳敍云：「穀梁傳者近十家」，疏引尹更始、唐固、糜信諸人。沈欽韓曰：

尹更始則漢時始為章句也。釋文敍錄，尹更始穀梁章句十五卷。

今案：儒林傳：「由是穀梁春秋有尹、胡、申、房氏之學」，亦尹更始有章句之證也。穀梁章句始於尹更始，則亦起宣帝石渠議奏時。公羊章句亦可例推。賈誼爲左氏傳訓故，則亦舉大誼，不具文爲說。劉歆傳：

初，左氏傳多古字古言，傳者傳訓故而已。及歆治左氏，引傳文以解經，轉相發明，由是章句義理備焉。

是歆欲爭立左氏博士，而左氏亦效公、穀有章句也。（惟此「章句」尚有辨，詳見後。）藝文志云：「禮以明體，明者著見，故無訓。」是漢初治禮，並無訓故。其後既立禮經博士，則禮亦宜有章句矣。王充論衡效力篇云：「王莽之時，省五經章句，皆爲二十萬。博士弟子郭路，夜定舊說，死於燭下。」是知五經皆有章句，章句之繁，每經盡在二十萬言上矣。班氏慨論之曰：

古之學者耕且養，三年而通一藝，存其大體，玩經文而已。是故用日少而畜德多，三十而五經立也。後世經傳既已乖離，博學者又不思多聞闕疑之義，而務碎義逃難，便辭巧說，破壞形體。說五字之文至於二三萬言，後進彌以馳逐。故幼童而守一藝，白首而後能言。安其所習，毀所不見，終以自蔽，此學者之大患也。（藝文志）

「多聞闕疑」，此即申公傳魯詩之家法也。「碎義逃難」者，「逃難」即夏侯建所謂「應敵」矣。「破壞形體」，如趙賓說易「箕子」爲「荄茲」。「便辭巧說」，則因欲具文而飾說也。其事皆說經尙章句之敝。其源則由於博士之專經講授與設科射策。班氏又言之曰：

自武帝立五經博士，開弟子員，設科射策，勸以官祿，訖於元始，百有餘年，傳業者寖盛，支葉蕃滋，一經說至百餘萬言，大師衆至千餘人，蓋祿利之路然也。（儒林傳贊）

此語盡之矣。蓋治經而言災異，雖與言禮制不同，要尙不失於通經致用之義。惟自治經而爲章句，則文字蝕其神智，精神專騖飾說，而通經益不足以致用。此亦漢儒學風一大轉變也。

一三　劉歆爭立古文諸經與東漢十四博士

宣帝時既已增立諸經博士，至哀帝元年而又有劉歆請建左氏春秋、毛詩、逸禮、古文尚書一案。後人率目歆所爭立者爲「古文經」，而謂宣帝以來所立諸博士經爲「今文」，經學有今古文界劃全本於此，而夷考當時情實，則頗不然。歆之移書讓太常博士曰：

魯恭王壞孔子宅，欲以為宮，而得古文於壞壁中，逸禮有三十九，書十六篇，天漢之後，孔安國獻之。遭巫蠱倉猝之難，未及施行。及左氏春秋，丘明所修，皆古文舊書，多者二十餘通，藏於祕府，伏而未發。

又曰：

此數家之事，皆先帝所親論，今上所考視，其為古文舊書，皆有徵驗。

又曰：

禮失求之於野，古文不猶愈於野乎？

此歆力言三者之爲古文舊書，蓋明其與朝廷所立博士諸經同類，此歆爭立諸經之最大理由也。是知當時尚以詩書六藝爲「古文」，取與百家後出書相異。其在諸經中，雖各分家法，師說紛歧，章句錯出，然決無統目朝廷博士諸經爲「今文」者。若當時漢廷博士諸經，全如後世云云，目之爲「今文」，而劉歆爭立三書，顧曰「其爲古文舊書，皆有徵驗」，豈不南轅而北轍哉？歆之責斥漢廷諸博士者則曰：

> 往者綴學之士，不思廢絶之闕，苟因陋就寡，分文析字，煩言碎辭，學者罷老且不能究其一藝。信口説而背傳記，是末師而非往古。

此皆譏切章句之學也。凡所謂「分文析字，煩言碎辭，末師口說」者，皆指諸經章句言。章句之業既盛，遂使學者罷老不能究一藝，此即班孟堅所謂「幼童而守一藝，白首而後能言」也。在歆意，何嘗指公、穀爲末師口說，謂其不當立學官哉？自歆言之，公、穀、左氏，其爲春秋一經之傳則一也。孔壁尚書之與伏生尚書，其爲往古舊書亦一也。烏嘗以己所爭立者爲「古文」，而排詆先所立者爲「今文」乎？蓋其時博士經學本無今文、古文之爭，歆之爭立諸經，亦猶如石渠議奏時之爭立穀梁春秋，故成帝曰：「歆意欲廣道術」也。歆之言曰：「往者博士書有歐陽，春秋公羊，易則施、孟，然孝宣皇帝猶復廣立穀梁春秋、梁丘易、大、小夏侯尚書」，此歆之爭立三書，即援據石渠之議爲說也。惟石渠本意，在於定異同，立限斷，本不期經說之愈出而愈紛，則亦無怪於當時博士之「專己守殘，黨同門而妒道眞」耳。

及平帝時，古文尚書、毛詩、逸禮、左氏春秋皆置博士，又周官於王莽時亦置博士（見藝文志）；然至光武中興，則此諸經復廢，其時立官者凡十四博士，易有施、孟、梁丘、京氏，尚書歐陽、大、小夏侯，詩齊、魯、韓，禮大、小戴，春秋嚴、顏，其他如慶氏禮，左氏、穀梁春秋，皆立而旋罷。而左氏與公羊之爭獨盛。光武時，尙書令韓歆上疏欲爲費氏易、左氏春秋立博士，范升爭之曰：

陛下愍學微缺，勞心經藝，情存博聞，故異端競進。近有司請置京氏易博士，羣下執事，莫能據正。京氏旣立，費氏怨望。左氏春秋復以比類，亦希置立。京、費已行，次復高氏，春秋之家又有騶、夾。如令左氏、費氏得置博士，高氏、騶、夾，五經奇異，竝復求立，各有所執，乖戾分爭。從之則失道，不從則失人，將恐陛下必有厭倦之聽。

此後諸經竟不得立。蓋博士設官旣爲利祿之途，朝廷苟不加以限斷，則經說新異，勢必日出而無窮，范升之爭非爲無見，固不得全以黨同門，妒道眞責之。而據范升說，則當東漢初葉，諸經間亦僅有立官與不立官之分，仍未有所謂今文與古文之界劃也。稍後賈逵又爭立左氏，其言曰：

三代異物，損益隨時，故先帝博觀異家，各有所採。易有施、孟，復立梁邱，尚書歐陽，復有大、小夏侯。今三傳之異，亦猶是也。

則賈逵亦明謂公羊之異左、穀，一如歐陽尚書之與大、小夏侯，施、孟易之與梁丘，立官有先後，經說有異同，當時並不指十四博士自成一系，謂之「今文」，其他諸經則爲「古文」，如後世所云云也。而爭端所在，前漢則爲公、穀，後漢則爲左氏、公羊，亦並不遍及諸經。凡後世遍及諸經，而爲之分立今古文界劃者，皆張皇過甚之談也。

一四　今學與古學

東漢經學，仍無今文、古文之分，具如上說，然其時固有「今學」、「古學」之辨，此乃東漢經學界一大分野，亦不可不知也。儒林孔僖傳：

孔僖，魯國人。自安國以下，世傳古文尚書、毛詩（此疑「魯詩」字譌）。二子，長彥、季彥。長彥好章句學，季彥守其家業。

連叢子曰：

長彥頗隨時爲今學，季彥壹其家業，孔大夫昱謂季彥曰：「今朝廷以下，四海之內，皆爲章句內學；而君獨治古義。治古義，則不能不非章句；非章句內學，則危身之道也。」

由是言之，治章句者爲「今學」，此卽博士立官各家有師說之學也。其時光武方好圖讖，故官學博士亦不得不言圖讖，圖讖與章句本非一業，而在東漢初葉則同爲隨時干祿所需，故合稱之曰「章句內學」，其不治章句者則爲「古義」，「古義」卽「古學」也。

今學之要徵，厥在其有章句，章句之煩，此自新莽前已然。而頹波所趨，迄於東漢，未見其已。如桓榮受朱普學，章句四十萬言，浮辭繁長，多過其實。榮減爲二十三萬言；其子郁復刪省，定成十二萬言。初牟氏章句浮辭繁多，有四十五萬餘言，張奐減爲九萬言。此皆歐陽尚書也。樊儵刪定嚴氏春秋章句，猶多繁辭，張霸又減定爲二十萬言，此公羊也。伏恭父黯章句繁多，恭乃省改浮辭，定爲二十萬言，此齊詩也。當時章句之煩有如此。凡有章句則名學成家矣。曹褒父充治慶氏禮，作章句辯難，於是遂有慶氏學；（曹褒傳）張霸刪樊氏章句，名張氏學；（張霸傳）橋玄七世祖仁，從同郡戴聖學，著禮記章句四十九篇，號曰橋君學。（橋玄傳）樊英著易章句，世名樊氏學；（樊英傳）皆是也。

有「章句」則有「師法」，凡當時所謂遵師法者，其實卽守某家章句也。徐防傳：防以五經久遠，聖意難明，宜爲章句，以悟後學，上疏曰：

> 臣聞詩書禮樂，定自孔子，發明章句，始於子夏。（此等無根陋談，出於學人之口，可見其時章句之盛行矣。）漢承亂秦，經典廢絕，本文略存，或無章句。孔聖旣遠，微旨將絕，故立博士十有四家。伏見太學試博士弟子，皆以意說，不修家法。私相容隱，開生姦路，不依章句，妄生穿鑿，以遵師爲非義，意說爲得理。臣以爲博士及甲乙策試，宜從其家章句，開五十難以試之，解釋多者爲上第，引文明者爲高說。若不依先師，義有相伐，皆正以爲非。

詔書下公卿，皆從防言。事在和帝永元十四年。昔夏侯建爲便應敵，故具文飾說以次章句；今徐防爲防塞姦私，故主一本家法以爲進退，可見章句家法皆以取便於祿利。凡所謂成學名家，師法相傳者，其意不過如此。此在當時，雖亦極一時之盛，顧後世乃絕無傳焉。（漢人章句至今存者，惟趙岐孟子章指一書而已。）俗儒所趨，通儒所鄙，今學之終不免於見鄙爲俗學，豈不以此耶？

其時且不僅試弟子必以家法也，卽爲博士亦必守家法。儒林張玄傳：

玄少習顏氏春秋，兼通數家法，有難者，輒為張數家之說，令擇從所安。諸儒皆服其多通。會顏氏博士缺，玄試策第一，拜為博士。居數月，諸生上言，玄兼說嚴氏、冥氏，不宜專為顏氏博士，光武且令還署而卒。

蓋有章句家法，則爲師者易以敎，爲弟子者亦易以學，又何爲不憚煩而必兼通數家之說哉？論衡程材篇所謂「世俗學問者，不肯竟經明學，深知古今，急欲成一家章句，義理略具」是也。博士弟子一年輒課，毋怪其不願兼通。而光武亦至於不得不徇諸生之請，令玄還署，則章句俗學之盛，豈難想見？在當時則美而尊之曰「師法」。若師法洵可尊，則歐陽尚書之後，何來復有大、小夏侯？公羊有董氏矣，亦何來復有嚴、顏？劉歆譏之曰「末師」，良非過也。

其有不樂守章句師法者，當時稱之曰「古學」。古學必尚兼通，桓譚傳稱譚：

博學多通，徧習多經，皆詁訓大義，不為章句，能文章，尤好古學。喜非毀俗儒。

擧此一例，可概其餘。故好古學者，常治訓詁，不爲章句，如謝曼卿爲毛詩訓；衞宏爲詩序，及從學杜林，又爲尚書作訓旨；袁宏紀稱馬融「學不師受，皆爲之訓詁」；此皆古學也。然則東京所謂「古學」者，其實乃西漢初期經師之遺風，其視宣帝以後，乃若有古今之分；此僅在其治經之爲章句與訓詁，不謂其所治經文之有古今也。

前書劉歆傳：「歆校祕書，見古文春秋左氏傳，大好之。略從丞相史尹咸及丞相翟方進受，質問大義。初左氏傳多古字古言，學者傳訓故而已，及歆治左氏，引傳文以解經，轉相發明，由是章句義理備焉。」後書鄭興傳：「興晚善左氏傳，天鳳中，將門人從劉歆講正大義，歆美興才，使撰條例、章句、傳詁。」是劉歆、鄭興若已爲左氏作章句矣。然考鄭衆傳：「衆從父興受左氏春秋，作春秋難記條例。」（隋經籍志有鄭衆春秋左氏傳條例九卷。）又賈逵傳：「逵父徽從劉歆受左氏春秋，兼習國語，作左氏條例二十一篇。逵悉傳父業，尤明左氏、國語，爲之解詁五十一篇。」韋昭國語解序云：「鄭大司農爲國語訓註，解疑釋滯，昭晳可觀，至於細碎，有所闕略；侍中賈君，敷而衍之，其所發明，大義略舉，爲已瞭矣。」賈逵又作周官解詁，史稱「逵所著經傳義詁及論難百餘萬言」，然並不言其爲章句。是則至賈逵時，左氏尚未有章句，彰彰明矣。馬融傳亦曰：「融嘗欲訓左氏春秋，及見賈逵、鄭衆注，乃曰：『賈君精而不博，鄭君博而不精。既精既博，吾何加焉！』但著三傳異同說。」是馬季長所見鄭、賈兩家之於左氏，亦僅有訓註，無章句也。即季長於左氏，亦僅欲爲之作訓，未嘗云欲爲之作章句。豈有遠在劉歆、鄭興之世而左氏先已有章句之理？章句具文飾說，必遠起於訓詁舉大義之後。又其時治古學者，相率鄙章句而不爲，故知史稱「章句義理備焉」，又曰「撰條例、章句、傳詁」，此必別有說。或即指引傳解經爲章句，此則仍與條例相近似，蓋決非今學之所謂「章句」也。

一五　白虎觀議奏與今古學爭議

東漢經師爲學，分野旣別，風趣相異，而爭議亦時起，其最著者爲白虎觀之議奏。東漢之有白虎議奏，猶西漢之有石渠議奏也。其議起於楊終。終言：

宣帝博徵羣儒，論定五經於石渠閣。方今天下少事，學者得成其業，而章句之徒破壞大體，宜如石渠故事，永為後世則。

於是詔諸儒會白虎觀，議五經異同，帝親稱旨臨決焉。是楊終之議，爲章句今學破壞大體而發也。帝詔曰：

漢承暴秦，褒顯儒術，建立五經，為置博士。其後學者精進，雖曰承師，亦別名家。孝宣皇帝以為去聖久遠，學不厭博，故遂立大、小夏侯尚書，後又立京氏易。至建武中，復置顏氏、嚴氏春秋，大、小戴禮博士。此皆所以扶進微學，尊廣道藝也。中元元年詔書，五經章句煩多，議欲減省，至永平元年，長水校尉樊鯈奏言，先帝大業，當以時施行，欲使諸儒共正經義。於戲，其勉之哉！

是朝意亦同楊終，有厭於當時章句之煩多，而思有以匡正矣。詔言「雖曰承師，亦別名家」，尤爲指出當時師說與家法之眞相。苟治經必遵師說，則何致各自名家？凡各自名家者，即徵其不盡遵師說矣。是則師法之與家學，豈不爲相矛盾之兩事乎？漢宣石渠之議，正爲當時經說之紛歧，今白虎之議，正亦復爾。白虎議在章帝建初四年，一時名儒如丁鴻、樓望、成封、桓郁、班固、賈逵皆預焉。丁、桓皆治歐陽尚書，樓望治嚴氏春秋，（成封無考。）殆皆今學名儒；班、賈則古學巨魁也。在朝廷之意，頗祖古學，而流風難於驟易，故章帝建初八年又有詔曰：

五經剖判，去聖彌遠，章句遺辭，乖疑難正，恐先師微言將遂廢絕，非所以重稽古，求道真也。其令羣儒選高才生，受學左氏、穀梁春秋、古文尚書、毛詩，以扶微學，廣異義焉。

（按：袁宏後漢紀引此詔文微不同，曰：「五經剖判，去聖彌遠，章句傳說，難以正義，恐先師道喪，微言遂絕，非所以稽古求道也。其今諸儒學古文尚書、毛詩、穀梁、左氏傳，以扶明學教，網羅聖旨。」）

此所謂「先師」者，蓋指宣、元以前，家法未興，章句未盛，即劉歆所謂「至孝武皇帝，然後鄒、魯、梁、趙頗有詩、禮、春秋先師，皆起於建元之間」者是也。博士章句成於「末師」，故治古學者必追本於「先師」焉。石渠之議爲先師、末師藩界之所由判。而章帝之意祖古學，則由其感染於賈逵。後書逵傳：「肅宗立，降意儒術，特好古文尚書、左氏傳。建初元年，詔逵入講北宮白虎觀、南宮雲臺。帝善逵說」云云，是章帝自善其師說，正猶如武帝之師王臧而嚮意儒術也。

昔宣帝議石渠，本欲抑經說之多歧，然石渠議後，而經說之多歧滋甚。今章帝議白虎，爲嫌章句之煩黷，而白虎議後，章句俗學，積習如故，亦未見有以摧陷而廓清之。然要之其勢嚮衰，有不能自久之態，此則可徵之於和帝時徐防之疏。防請試博士弟子，一依師說家法，已有「不依章句，妄生穿鑿，以遵師爲非義，意說爲得理」之歎，此證家法章句之將墜矣。稍後又有樊準上疏極論，謂：「今學者益少，遠方尤甚，博士倚席不講，儒者競論浮麗。」知其時博士官學日衰，蓋章句之業積重難返，在理在勢，皆不可久，而特一時無有以易之，遂至於頹疲而不可救也。

今學日衰於上，斯古學日盛於下，於是治今學者亦必涉獵古學焉。否則不足以難敵而自張也。其著者如李育，少習公羊春秋，博覽書傳，深爲同郡班固所重，稱其：

博貫載籍，九流百家之言無不窮究，所學無常師，不為章句，舉大義而已。

班固、賈逵同預白虎議奏，同爲古學魁傑。（時原提議人楊終坐事繫獄，逵、固特爲表請。）而於李育深加激賞，則知育亦非僅守一家章句者。史稱：

育頗涉獵古學，嘗讀左氏傳，後拜博士。與諸儒論五經於白虎觀，以公羊義難賈逵，往返皆有理證，最為通儒。

是知卽治公羊爲官學博士，亦不能以不誦謝敵，亦不能姝姝守一師家法，專以章句自封，故其時公羊博士中乃有如李育其人者，此卽學術將變之證也。

李育之後有何休，亦治公羊而不爲章句。史稱其「精研六經，世儒無及。作春秋公羊解詁，覃思不闚門十有七年，又註訓孝經、論語，皆經緯典謨，不與守文同說」。又稱「休與其師博士羊弼追述李育意以難二傳，作公羊墨守、左氏膏肓、穀梁廢疾」。是何休雖治公羊，然論其學派，實亦古學家也。故其書亦曰「解詁」，不曰「章句」。史稱其「不與守文同說」，此明其不拘拘一師家法，如今學之所爲爾。今觀何休公羊序謂：

傳春秋非一，本據亂而作，其中多非常異義可怪之論。說者疑惑，至有倍經任意，反傳違戾者。是以講誦師言至於百萬，猶有不解，時加釀嘲辭。援引他經，失其句讀。以無為有，甚可閔笑者，不可勝記也。是以治古學貴文章者，謂之俗儒，至使賈逵緣隙奮筆，以為公羊可奪，左氏可興。此豈非守文持論敗績失據之過哉！余竊悲之久矣。往者略依胡毋生條例，多得其正，故遂隱括，使就繩墨焉。

此序可徵何休學術源流。其謂「守文持論敗績失據」者，卽指嚴、顏博士家學而言也。賈逵受詔列公羊、穀梁不如左氏四十事奏之，名曰左氏長義。（此出經典敍錄，范傳云「三十事」。）章帝至使自選公羊嚴、顏高才生習左氏，故何休痛心而云其「敗績失據」矣。當時章句家學，如何休之所譏笑，蓋非改弦易轍，實無以應敵而自存，何休卽激於此而起者。其書自名「解詁」，又自述依於胡毋生條例。其先如鄭、賈父子治左氏，乃著條例與解詁，休卽師其意耳。休嘗譏鄭康成「入室而操戈」，實則休已先自爲之矣。故何休之所治者爲公羊，公羊之在當時，固屬今學，然休之所以治公羊者，則確然爲古學也。實則當時之所謂古學者，亦僅以別於當時博士之今學，亦僅足以示異於宣、元以下之師法與章句，而與景、武之際之所謂五經先師者，則途轍頗近。卽師法章句之學，亦承景、武之際諸先師而來，惟流衍旣遠，失眞日甚，乃有古學起而矯之。故嚴、顏二家亦皆遠承董仲舒，而李育、何休乃改轍而遵胡母子都，其同爲景、武間先師，則仍無大相越也。

與何休對壘者爲鄭玄。玄之爲學，先始通京氏易、公羊春秋、三統曆、九章算術，又學周官、禮記、左氏春秋、韓詩、古文尚書。以山東無足問者，乃西入關師事扶風馬融。此其爲學，尚博通，不守一家章句，洵可謂古學之模楷矣。史稱「盧植與鄭玄俱事馬融，能通古今學，好研精而不守章句」，此亦古學規模也。故所謂古學者，非謂其不治博士諸經。若博士專守一經，則如京氏易、公羊春秋、韓詩，皆今學也；苟能兼通此諸經，不專守一家之師法章句，則卽今學而爲古學矣。後世乃謂公羊爲今學，左氏爲古學；又謂經學至鄭玄而今古家法始混，則皆無據之談也。玄以何休著墨守、膏肓、廢疾，玄乃發墨守，鍼膏肓，起廢疾，休見而嘆曰：「康成入吾室，操吾矛以伐我乎？」史稱：「中興之後，范升、陳元、李育、賈逵之徒爭論古今學，後馬融答北地太守劉瓌，及玄答何休，義據通深，由是古學遂明。」然其所論要點，偏在春秋，非泛及羣經也。今觀康成注經，亦幾似於今學之章句矣。鄭玄傳謂：「玄注經凡百餘萬言，質於辭訓，通人頗譏其繁」，此之「通人」，卽猶如夏侯勝之譏夏侯建，所謂「章句小儒，破碎大道」也。范氏論鄭學，頗得其宗要，謂：

東京學者亦各名家，守文之徒，滯固所禀，異端紛紜，互相詭激，遂令經有數家，家有數說，章句多者或乃百餘萬言，學徒勞而少功，後生疑而莫正。鄭玄括囊大典，網羅衆家，删裁繁誣，刊改漏失，自是學者略知所歸。

此論可謂得鄭學之眞趣。然鄭氏之學實已近似章句。僅不守家法，又能刪裁省減，使不煩黷爾。章句之勝於訓詁，以訓詁闊略而章句完密也。家法之不如古學，則以家法偏守而古學兼通也。鄭氏學會古今之長，烏得而不爲一時學者所歸嚮乎？

今再考之後書儒林傳，如孫期習京氏易、古文尚書；張馴能誦春秋左氏傳，以大夏侯尚書教授；尹敏初習歐陽尚書，後受古文，兼善毛詩、穀梁、左氏春秋。此皆以一人而兼治後世所謂今古文之證。知在當時，實並不以某經爲今文學，某經爲古文學也。特以專守一家章句，則爲今學，博通數經大義，則爲古學耳。故如賈逵從劉歆受左氏、國語、周官，又受古文尚書於塗惲，學毛詩於謝曼卿，而以大夏侯尚書敎授。張楷通嚴氏春秋、古文尚書。劉陶明尚書、春秋，推三家尚書及古文，是正文字七百餘事，名曰中文尚書。此皆兼通後世所謂今古文諸經也。若洵如後世之見，今古家法如水火，何得一人而兼守之乎？故知在鄭玄以前，本無如後世所謂今古文之鴻溝，則又烏得謂至玄而今古家法始混耶？

一六　圖讖內學

今學守家法，古學尚兼通，此一義也。今學務趨時，古學貴守眞，此又一義也。在昔前漢，齊學通時達變，魯學篤信善道，東京今古之分，乃亦猶之。其時光武尚圖讖，今學經師幾乎無勿言圖讖者。圖讖之於後漢，抑猶陰陽災變之於先漢也。惟古學家則不言讖。光武問鄭興以郊祀事，曰：「吾欲以讖斷之，何如？」興對曰：「臣不爲讖。」光武怒，曰：「卿非之耶？」興惶恐，曰：「臣於書有所未學，而無所非也。」光武意乃解。尹敏初習歐陽尚書，後受古文，兼善毛詩、穀梁、左氏春秋。帝以敏博通經記，令校圖讖，敏曰：「讖書非聖人所作，其中多近鄙別字，頗類世俗之辭，恐疑誤後生。」帝不納。敏因其闕文增曰：「君無口，爲漢輔。」帝召問，對曰：「臣見前人增損圖書，竊幸萬一。」帝深非之，以此沈滯。桓譚上疏論讖，帝不納，詔會議靈臺所處，帝謂譚曰：「吾欲讖決之，何如？」譚默然良久，曰：「臣不讀讖。」帝問其故，譚復極言讖之非經。帝大怒，曰：「桓譚非聖無法。」將下斬之，良久乃得解。此皆當時古學家不治讖之證也。桓譚曰：

今諸巧慧小才伎數之人，增益圖書，矯稱讖記。陛下宜垂明聽，發聖意，屏羣小之曲說，述五經之正義，略雷同之俗語，詳通人之雅謀。

斯知當時經學治讖、不治讖之界，即爲今學、古學之界矣。故孔昱亦以「章句內學」連稱也。

至賈逵乃始以古學家而兼言讖。建初元年，逵奏：「光武皇帝奮獨見之明，興立左氏、穀梁，會二家先師不曉圖讖，故令中道而廢。五經家皆無以證圖讖明劉氏爲堯後者，而左氏獨有明文。五經家皆言顓頊代黃帝，而堯不得爲火德，左氏以爲少昊代黃帝，即圖讖所謂帝宣也。如令堯不得爲火，則漢不得爲赤。其所發明，補益實多。」故范曄論之曰：「鄭、賈之學，行乎數百年中，遂爲諸儒宗，亦徒有以焉爾。桓譚以不善讖流亡，鄭興以遜辭僅免，賈逵能附會文致，最差貴顯。世主以此論學，悲矣哉！」惟賈逵之附會圖讖，猶有可得而說者。張衡奏請禁絕圖讖，其疏曰：「侍中賈逵摘讖互異三十餘事，諸言讖者皆不能說。」故知逵實不信圖讖，其解諸經亦不援用，其護左氏云云，則一時之權也。袁宏紀引華嶠書郎顗論謂：「光武信讖書，鄭興以忤意見疏，桓譚以遠斥憂死。及明、章二帝，祖述此意，故後世爭爲圖緯之學以矯世取資。是以通儒賈逵、馬融、張衡、朱穆、崔寔、荀爽之徒，忿其若此，皆以爲虛妄不經，宜悉收藏。」可證賈逵之固不信讖矣。許叔重從逵學，說文亦不用讖，此又一證也。

儒林李育傳：「育以爲前世陳元、范升之徒更相非折，而多引圖讖，不據理體，於是作難左氏義四十一事。」今案：賈逵言左氏先師不曉圖讖，故中道而廢，則此所謂「多引圖讖」者，必范升引之以折陳元。賈逵懲於前衂，故附會圖讖以自保；而李育悟其非堅，故決捨圖讖而別求所以敗敵者。於是賈逵以古學大師轉引讖書，李育爲今學張目而反棄讖不道，一反一復之間，亦當時學術進展之一徵也。

一七　東漢之所謂古文

東漢今學、古學之分野，已具上論；請進而一述當時之所謂「古文」者。司馬遷言「古文」，皆指詩書六藝，此其說猶可證之於班書之地理志。志有綴禹貢而言者，如「夏陽，禹貢梁山在西北」，「褒德，禹貢北條荆山在南」之例是也。亦有綴禹貢而變文稱「古文」者，如「汧，吳山在西，古文以爲汧山」之例是也。志稱「古文以爲」者凡十一處，段玉裁曰：

凡云「古文以為」者，古者五經皆謂之古文，此「古文」卽謂禹貢。不言「禹貢汧山在西」，而云「吳山，古文以為汧山」者，今曰吳山，古曰汧山，以今綴古兼載之。謂之「古文」者，漢謂尚書為古文，太史公十歲則誦「古文」，亦謂尚書也，非必孔壁出者乃為古文矣。

今案：段說分析極是。或者不解，乃以此「古文」爲尚書古文家說，是大誤也。果若其說，豈汧山、終南、惇物在扶風，外方在潁川，內方、陪尾在江夏，嶧陽在東海，震澤在會稽，傅淺原在豫章，豬壄澤在武威，流沙在張掖，獨古文家說其如是，而今文尚書家不然，又說其別有所在乎？且若以班志「古文以爲」者屬古文家說，豈班志「禹貢某山某澤在某地者」又爲今文家言，而古文尚書家又別有新說乎？以此思之，決知其誤矣。謂班志「古文以爲」乃古文家說者，謂其與桑欽水經合，桑欽乃傳古文尚書者。然班志復有明引桑欽說者，如「高唐，桑欽言漯水所出」

是也。班志何不曰「古文以爲漯水所出」耶？又「萊蕪，禹貢汶水出西南入泲。汶水，桑欽所言」，此眞學所謂古文家言，明今學說禹貢不爾。舉此二例，知班志「古文以爲」者，非卽指桑欽古文說，又斷斷明矣。惟段氏謂「漢謂尚書爲古文」，此亦微誤。當謂「古文」在漢時乃五經之通稱，至後乃惟尚書獨得有古文之稱，則較近矣。

試再證之於班氏之藝文志。班志列小學於六藝後，曰：

漢興，閭里書師合蒼頡、爰歷、博學三篇，斷六十字以為一章，凡五十五章，幷為蒼頡篇。元始中，徵天下通小學者以百數，各令記字於庭中。揚雄取其有用者作訓纂篇，順續蒼頡，又易蒼頡中重複之字，凡八十九章。臣復續揚雄作十三章；凡一百二章，無複字，六藝羣書所載略備矣。蒼頡多古字，俗師失其讀，宣帝時徵齊人能正讀者，張敞從受之，傳至外孫之子杜林，為作訓故，並列焉。

是六藝羣字皆在蒼頡、訓纂中，無所謂今文、古文之別也。惟蒼頡原本秦篆，自有隸書以來，篆體已見爲古，俗師失讀，故張敞、杜林乃以小學名家耳。此羣經文字本不分今古之說也。

班志又曰：

書者古之號令，號令於衆，其言不立具，則聽受施行者弗曉，古文讀應爾雅，故解古今語而可知也。

此謂六藝中惟書最難讀。因其爲朝廷當時之號令，以告於衆人之前，故近語體，其文不雅，非以今語解古語則不可曉也。衞宏定古文尚書序云：「伏生老不能正言，使其女傳言教錯。齊人語多與潁川異，錯所不知者凡十二三，略以其意屬讀而已。」蓋晁錯受讀，即以今語易定，如史記載尚書文，亦多以訓詁代經也。錯既不解齊語，以意屬讀，故多有誤者。今得古文讀應爾雅，乃可正今本之誤定，文字異者七百有餘，當多此類。然諸經惟尚書有此，他經固不爾。此羣經字義亦無分今古之說也。

以本子言，則諸經實皆自有古文。劉向以中古文易經校施、孟、梁丘經，或脫去「无咎」、「悔亡」，惟費氏經與古文同，此其相異甚微，故當時亦不特稱費氏易爲「古文易」也。至費氏治易無章句，此則學派之異，可謂之「古學」。自後不辨，專重文字，乃稱費氏易爲「古文易」，此見後書儒林傳，謂「東萊費直，本以古字，號古文易」是也。然在班書則無此語。

又劉向以中古文校歐陽、大、小夏侯三家尚書經文，酒誥脫簡一，召誥脫簡二。率簡二十五字者，脫亦二十五字；簡二十二字者，脫亦二十二字。文字異者七百有餘，脫字數十。此卽劉歆所謂「校理舊文，以考學官所傳，經或脫簡」是也。此其異同，已較易經爲甚。而尤要者，古文多得逸書十餘篇，爲博士尚書所無有，故在漢儒必鄭重其事，特標以示異，曰「古文尚書」焉。凡經籍之特以「古文」名者惟此爾。此在兩漢皆然，外此則諸經皆不聞特以「古文」稱也。

許叔重說文敍：「易孟氏、書孔氏、詩毛氏、禮周官、春秋左氏、論語、孝經，皆古文也。」然考說文注中所引尚書，皆在今二十八篇中。（朱彝尊經義考辨甚詳。）卽經典釋文採馬融注甚多，亦皆今文尚書，無一語及古文，而後書謂：「杜林傳古文尚書，賈逵爲作訓，馬融作傳，鄭玄注解，由是古文尚書遂顯於世。」（儒林傳）許愼既從學於逵，則其所稱尚書古文，亦當與馬、鄭相同，蓋同本之於杜林也。許君似未見中古文，其後敍作於永元十二年，云「文九千三百五十三，重一千一百六十三」，是初定本亦如此；後二十二年，許沖表上字數相同，則許君書未經重定，故疑其預校祕書而未見中古文也。夫劉向既以中古文校三家尚書，其脫簡、脫字必已補正，惟文字異者則闕訓詁，三家未必遽改以相從。東漢所謂古文尚書，特惟此數百異文與三家殊耳。馬融書序言：「逸十六篇絕無師說。」（見孔氏正義。）知東漢諸儒治古文尚書，皆不涉此十六篇。然則當時所謂「古文尚書」者，固並非孔安國本，而實同伏生三家之本；特自前漢以來，有此七百許異字之師說，而遂仍稱之曰「古文」耳。（孔安國尚書，後漢殆未有見者。）故劉陶推三家尚書及古文，是正文字亦七百餘事，（今官本作「三百」，此依北宋本。）而名曰「中文尚書」；此卽劉向所校，亦卽當時尚書今古文異同所在也。故知東漢古文尚書，其異於三家者，實亦僅止於此，苟非沿襲西京舊稱，則亦不當特名「古文」以示異也。

又如禮古經與十七篇文多相似，而多三十九篇，則劉歆以來相傳稱之曰逸禮，以此三十九篇爲今禮十七篇所無也。所以不如尚書之例特標「古文」以示異者，以就十七篇言，古本、今本旣文多相似，則無關體要；其所重在存逸，不在古今，故擧其所重而曰「逸禮」也。藝文志獨曰「禮古經」，則因擧其全書言之，內有今禮十七篇，則不得以「逸禮」爲名耳。

又如古文春秋左氏傳，其書多古言古字，然漢儒大率僅稱左氏，不特標古文字，以左傳旣別無今本，其所重亦不在文字之古今，而特重在其與公、穀之異同，故徑名之曰「左氏傳」而已足也。周官亦多古文，然亦無今本，則亦徑呼周官禮，亦不冠以古文字，以文字之古今，固無關宏旨也。故兩漢諸儒稱此諸書率曰費氏易，左氏春秋，周官，逸禮，皆不冠以古文字。知文之今古，本不爲當時所重，當時辨學術分野，則必曰「古學」、「今學」，不稱「古文」、「今文」，大略率如是。

惟今學博士諸經，各有章句，文字皆經隸定，而古學諸書章句未備，訓詁未全，故治古學者必自重古文，此亦相因而必然之勢也。後書儒林衞宏傳：

宏與河南鄭興，俱好古學。初，九江謝曼卿善毛詩，乃為其訓。宏從曼卿受學，因作毛詩序。後從大司空杜林更受古文尚書，為作訓旨。時濟南徐巡，師事宏，後從林受學，亦以儒顯，由是古學大興。

而杜林傳云：

河南鄭興、東海衞宏等，皆長於古學。及宏見林，闇然而服。濟南徐巡，始師事宏，後皆更受林學。林前於西州得漆書古文尚書一卷，常寶愛之，雖遭艱困，握持不離身。出以示宏等曰：「林流離兵亂，常恐斯經將絶，何意東海衞子、濟南徐生，復能傳之，是道竟不墜於地也。古文雖不合時務，然願諸生無悔所學。」宏、巡益重之，於是古文遂行。

參合兩傳以觀，衞宏、徐巡先雖治古學，未必攻古文。其攻古文，則自從林受古文尚書始。推此言之，鄭興好古學，尤明左氏、周官，二書雖多古字，究與古文尚書不同，是鄭興所治亦僅得謂之爲「古學」，不得云是「古文學」也。猶如朝廷博士官學，在當時亦僅云「今學」，不謂之「今文學」。此雖一名之微，然後世言漢儒經學，流衍失眞，皆由此起，是亦不可不辨也。

司馬遷言「古文」，統指詩書六藝，此乃古代王官之學，所以別於戰國晚起之家言者。此至劉歆時猶然，此可謂之指學派言。至東漢則家言已微，六藝特盛，故東漢之所謂「古文」，則僅指文字，不僅無關學派，亦非指經本。經本之特以古文稱者獨尚書耳。如後書杜林傳「於是古文遂行」，此專指古文尚書言也。賈逵傳「由是四經遂行」，則合左氏、穀梁春秋、古文尚書、毛詩四經言之；「古文」不能並包左氏、毛詩諸經，故改稱曰「四經」也。蓋諸經率皆有古字，卽博士今學諸經亦然，故不得有今文經、古文經之別。經學之分古今，皆不指經籍與文字言。其專治文字者，則應隸小學，非經學也。盧植上疏：

> 古文科斗，近於為實，而厭抑流俗，降在小學。中興以來，通儒達士，班固、賈逵、鄭興父子並敦悅之。今毛詩、左氏、周禮各有傳記，其與春秋共相表裏，宜置博士，為立學官。

此處「古文」，明指文字，不指經籍與學派。可證迄於東漢晚季子幹之世，尚猶然也。其下列學毛詩、左氏、周官，因其書頗多古字，又均未立學官，治古學者尚之；而治古學者又必重小學，故牽連言及，非謂僅此諸書有古字，而其他三家書、公羊、穀梁春秋、儀禮皆今字也。亦有博士諸經用古文正字，而毛詩、左氏、周禮轉用今字者，此皆經籍異文，不得以此分今文經與古文經也。前書河間獻王傳列舉所得古文舊書，毛詩不在其列；藝文志亦不以毛詩爲古文。後漢儒者常以毛詩與左氏、周官並舉，正以其未列學官；亦如學及穀梁之例，非謂穀梁有古文本，更不當稱毛詩、穀梁爲「古文學」也。故「古學」者，乃指兼通數經大義，不守博士一家章句；「古文」則指文字形制義訓之異於俗隸而言。此二者，在漢儒無勿知，其誤實起於後世，至晚淸之經師而益甚也。

許沖上說文解字表：「臣父本從（賈）逵受古學，又博問通人，考之於逵，作說文解字」，此在當時，學尚兼通，即「古學」也。故今說文解字所引經說頗多博士今學家言，如其明引歐陽尚書、韓詩皆是。蓋古學尚兼通，本可包今說，非自與今說立異。其爲五經異義，亦調和今古而斟酌之，此即古學也。「今學」則嚴守一家章句，更不相融，如張玄兼說數家，即不得爲顏氏博士。晚淸經師，乃謂十四博士道一風同，自成體系，以與古文經學相對立，此豈漢儒之眞相哉！說文解字本小學書，許氏則爲一古學家，故其書兼采當時今學、古學，而特於文字分別今古，敍中凡言「古文」者十處，皆指文字言也。近儒王國維說文所謂古文考乃謂九處皆指文字，獨敍末云：「其稱易孟氏、書孔氏、詩毛氏、禮周官、春秋左氏、論語、孝經，皆古文也。」乃指學派言。是亦未明當時今學、古學分野之所在也。夫漢人僅言「古學」，不言「古文學」；僅言「古文」，不言有「今文」；更無論有所謂「今文學」。後世强造新名，謂古人如此，寧有是理！今說文中所載古文，實乃新莽時甄豐所定，此或據孔壁中書，而未必與眞古文相同。許叙謂：「郡國往往於山川得鼎彝，其銘卽前代之古文，皆自相似。」謂鼎彝古文皆自相似，明與許書中所謂「古文」不相似。許氏未覩中古文，(說見上。)其謂「古文」者，自本甄豐、杜林之徒。其書引古文四百餘字，特備六書之一體；其字往往有出正文後者，此特文字異體，而許君則備引易孟氏、書孔氏，以及毛詩、周官、左氏諸書以證之。此在許書原本，或明繫「某氏某書」以爲別，而後人刊落之。故在許君本爲引經證文，而後世謂其據文說經，又謂其據經明學；不知許書自是包括六藝羣書之詁訓，又豈拘拘焉以後世之所謂「古文學」者自限耶？

一八　博士餘影

清代經師，盛尊漢學，高談師說家法，已失古人眞態。又强別今文、古文，誤謂博士官學，皆同源一本，自成條貫，而古學起與立異。分門別戶，橫增壁壘，掇拾叢碎，加以部勒，還視當時章句，曾不能千萬得一；而肆其穿鑿，强爲綴比，積非成是，言漢學者競引據焉。余茲所述，轉將爲非常可怪之論。顧博士家法，實不盡於兩漢。禮失則求諸野，不識前代，下視近世，先後同揆，事尚多有。姑拈北朝、隋世兩則，聊證吾言。

一、顏之推家訓謂：

漢時賢俊，皆以一經弘聖人之道，上明天時，下該人事，用此致卿相者多矣。末俗以來不復爾；空守章句，但誦師言，施之世務，殆無一可。故士大夫子弟，皆以博涉為貴，不肯專於經業。梁朝皇孫以下，總丱之年，必先入學，觀其志尚，出身以後，便從文吏，略無卒業者。冠冕為此者，則有何胤、劉瓛、明山賓、周捨、朱异、周弘正、賀琛、賀革、蕭子政、劉縚等，兼通文史，不徒講說也。洛陽亦聞崔浩、張偉、劉芳，鄴下又見邢子才；此四儒者，雖好經術，亦以才博擅名。如此諸賢，故為上品。以外率多田里閒人，音辭鄙陋，風操蚩拙，相與專固，無所堪能。鄴下諺云：「博士買驢，書券三紙，未有驢字。」夫聖人之書所以設教，但明練經文，粗通注義，常使言行有得，亦足為人；何必「仲尼居」即須兩紙疏義？光陰可惜，譬諸逝水。當博覽機要，以濟功業。俗間儒士，不涉羣書，經緯之外，義疏而已。吾初入鄴，與博陵崔文彥交遊，常說王粲集中難鄭玄尚書事。崔轉為諸儒道之，始將發口，懸見排蹙，云：「文集只有詩、賦、銘、誄，豈當論經書事乎？且先儒之中，未聞有王粲也。」魏收之在議曹，與諸博士爭宗廟事，引據漢書，博士笑曰：「未聞漢書得證經術。」魏取韋玄成傳，擲之而起。博士一夜共披尋之，達明，來謝曰：「不謂玄成如此學也。」（勉學篇）

二、隋書房暉遠傳：

房暉遠為國子博士，會上令國子生通一經者，並悉薦舉。既策問訖，博士不能時定臧否。祭酒元善怪問之，暉遠曰：「江南、河北，義例不同，博士不能徧涉。學生皆持其所短，稱己所長，博士各各自疑，所以久而不決也。」祭酒因令暉遠考定之。暉遠覽筆便下，初無疑滯。或有不服者，暉遠問其所傳義疏，輒為始末誦之，然後出其所短，自是無敢飾非者。所試四、五百人，數日便決。諸儒莫不推其通博。

此皆可以見兩漢博士家法之餘影也。即唐代以下，亦復各有其「今學」，亦莫不各有其「家法」。兩漢博士之業，殆於世世有之；舉一而反三，是所期於讀吾文者。

孔子與春秋

一

近代人，一說到孔子，便聯想到論語。論語公認爲研究孔子一部必要的典籍，這誠然是不錯。但論語乃孔子門人弟子記載孔子平日言行的一部書，而春秋則是孔子自己的著作，而且是孔子晚年的，又是他唯一的著作。而且又說是孔子極用心、謹嚴、深微的著作呀！因此說：

孔子在位聽訟，文辭有可與人共者，弗獨有也。至於為春秋，筆則筆，削則削，子夏之徒不能贊一辭。

如是則我們研究孔子，至少不能不注意到春秋。

而且隋唐以前人尊孔子，春秋尤重於論語。兩漢春秋列博士，而春秋又幾乎是五經之冠冕。論語則與爾雅、孝經並列，不專設博士。以近代語說之，論語在當時，僅是一種中小學教科書，而春秋則是大學特定的講座。而且當時人又說：

孔子志在春秋，行在孝經。

他們舉了孝經、春秋而獨不及論語，這又爲什麼呢？這因春秋乃孔子晚年的著作，孔子自己說：

我欲載之空言，不如見之行事之深切著明也。

可見要窺見孔子生平的心事和志向，自然應注意到春秋。若孔子平日言論行事，見之於論語的，如論仁、論智、論禮樂、論學、論君子，頭緒多，門類廣，在中小學階段的人，驟然不易把捉到要領。反不如孝經，專一講孝道，又簡易，又扼要，自天子至於庶人，都可學，都可行。所以就小學言，孝經更適合；爲大學言，爲要眞研究孔子平日之微言大義言，則非春秋而莫屬。（漢人自初即有孝弟力田之奬勵，故漢人重孝經，亦與當時王官制度有關係。）

以上是兩漢人見解，此下魏晉南北朝以迄於隋唐，春秋列於經，仍非論語所得比。直要到宋代，論語、孝經、爾雅、孟子亦算是經了，那時的論語，始和春秋取得同等的地位。但宋學初興，其時如胡安定、孫泰山、石徂徠，後人推爲「北宋三先生」，這三人是宋學的開山，他們也多講春秋，仍像是看春秋更重於論語。下及二程和朱子，纔始提高論語地位超過了春秋。於是講孔學的，更要在研究論語了。

但這一觀點，到清代乾嘉以後又變了，似乎他們看春秋又復重過了論語。道光時，戴望作論語注，他想把公羊春秋來創通論語之義，這是一明證。晚清公羊今文學盛行，那時人講孔學，似乎董仲舒的地位更超過了朱晦菴。這是說，他們所認的孔子精神，還是在春秋，更高於在論語。只有最近幾十年，一般人意見，似乎較接近兩宋之程、朱，因此研究孔子，都重論語，而忽略了春秋。（戴望治顏、李學，顏、李主張由兩宋返先秦，戴氏以春秋釋論語，正可證明本文之闡述。關於顏、李思想，參讀拙著近三百年學術史。）

二

若我們根據上面那一段歷史的客觀敍述，可見眞要研究孔子，實在不該忽略了春秋。至少我們該知道，爲何在中國儒學史裏，大部分尊崇孔子的人，都會注意到春秋？他們看重春秋的意見究竟在那裏？我們必認識到這一層，纔始懂得孔子在中國學術思想史上，以往的眞地位和眞價值。我們亦得先明白了已往學者推尊孔子春秋之眞意義，纔能再來下批判，再來作衡量，論語、春秋兩書在研究孔學的地位上，究竟孰輕而孰重，究該誰先而誰後。

而且推尊春秋，也不是兩漢始；這從孟子而已然了。孟子不是大家認爲是孔學中的第一權威嗎？孟子說：

世衰道微，邪說暴行又作，臣弑其君者有之，子弑其父者有之，孔子懼，作春秋。春秋者，天子之事也。是故孔子曰：「知我者其惟春秋乎！罪我者其惟春秋乎！」

這裏孟子稱引孔子的話，可見孔子也早自己說過了，後代要批評我，惟一的根據便在春秋呀！孟子又曾說：

王者之迹熄而詩亡，詩亡然後春秋作。晉之乘，楚之檮杌，魯之春秋，一也。其事則齊桓、晉文，其文則史；其義則丘竊取之矣。

孟子直從禹抑洪水，周公兼夷狄，驅猛獸，說到孔子作春秋。天下一治一亂，孔子春秋，又是天下之一治。孟子並沒有說孔子之刪詩書，訂禮樂，贊周易，而只說他作春秋。把他作春秋和古聖王治天下相提並論。這是孟子對孔子春秋之推崇。

其次闡述孔子春秋大義微言的，要輪到西漢董仲舒。司馬遷太史公自序篇裏說：

余聞董生曰：「周道衰廢，孔子為魯司寇，諸侯害之，大夫壅之。孔子知言之不用，道之不行也，是非二百四十二年之中，以為天下儀表。貶天子，退諸侯，討大夫，以達王事而已矣。子曰：『我欲載之空言，不如見之行事之深切著明也。』夫春秋，上明三王之道，下辨人事之紀，別嫌疑，明是非，定猶豫，善善惡惡，賢賢賤不肖，存亡國，繼絕世，補敝起廢，王道之大者也。撥亂世，反之正，莫近於春秋。」

又曰：

春秋者，禮義之大宗也。

這些話，雖說是董仲舒意見，但司馬遷是大概亦已全部接受了，而且我們也可說，兩漢諸儒尊孔子講春秋的，也大體都接受這樣的意見。

晚清學者推尊春秋，大體還是依據董仲舒。但他們所爭的要點，謂春秋是「經」而非「史」，故學春秋當重「義」不重「事」。這一層却值得我們提出先討論。春秋本列於五經，則春秋是經非史，已屬不爭之事實，從來也沒有人主張春秋乃史而非經，爲何晚淸儒特地要提出這一爭議呢？當知這裏便牽涉到春秋之「義法」，牽涉到經學上「今文學派」與「古文學派」之分歧，牽涉到左氏學與公羊學之不同點。讓我們且舉杜預爲例證。

杜預傳左氏學，在其春秋經傳集解的序上說：

周禮有史官，掌邦國四方之事，達四方之志。諸侯亦各有國史，大事書之於策，小事簡牘而已。孟子曰：「楚謂之檮杌，晉謂之乘，而魯謂之春秋，其實一也。」韓宣子適魯，見易象與魯春秋，曰：「周禮盡在魯矣。吾乃今知周公之德，與周之所以王。」韓子所見，蓋周之舊典禮經也。周德旣衰，官失其守，上之人不能使春秋昭明，赴告策書，諸所記注，多違舊章。仲尼因魯史策書成文，考其真僞，而志其典禮。上以遵周公之遺制，下以明將來之法。其教之所存，文之所害，則刊而正之以示勸戒，其餘則皆即用舊史。

這是說孔子春秋只是遵着周公之遺制。下至清儒章學誠，乃有「六經皆史」之創論。但章氏之所謂「史」，並不即指所謂「歷史」言。章氏之意，乃謂古代六經皆即當時政府之「官書」，猶之後世衙門之「檔案」。章氏文史通義特有史釋篇，即是專釋他「六經皆史」的「史」字之特有的涵義。此刻我們若把章氏主張配合於杜預之所說，謂孔子春秋，乃遵周公遺制，用舊史之原文，遵周禮之成規，豈不正可說明了孔子春秋所以亦得儕於一經的理由？而杜預此說，實大背於西漢公羊學派的意見。（關於章氏「六經皆史」說大義，備見拙著近三百年學術史章實齋一章，又見於近著論文經學與史學。）

若我們用現代人眼光看，孔子春秋，自然可說是一部歷史書，而且孔子也早已自己說過了。他說：「其文則史，其事則齊桓、晉文。」可見春秋是一部史，而所載是當時齊桓、晉文一類的事。而且孔子又復說：「我欲載之空言，不如見之行事之深切著明也。」這我們又那能說，春秋不是一部史，其所重不在其所載之事呢？

又且「經」、「史」之別，這是後代纔有的觀念。漢書藝文志，春秋屬六藝，而司馬遷太史公書也列入春秋家。七略中更沒有史學之一類。可見古代學術分野，並沒有經史的區別。若我們定要說春秋是經非史，這實在只見其爲是後代人意見，據之以爭古代之著作，未免搔不着痛癢。若據漢書藝文志，當時所認爲學術大分野者，乃屬「六藝」與「諸子」之兩大類。入六藝略者爲「王官學」，入諸子略者爲「百家言」。我們就古論古，先該問：孔子春秋，在當時，究竟是「官學」，抑還是「家言」呢？若如杜預所說，則孔子春秋顯然該屬於官學。因孔子春秋既多依照當時官史，一遵周公舊制，我們自可歸之入官學類，而藝文志春秋列六藝略，似乎即可據此爲說了。（關於古代「王官學」與「百家言」分別，參見拙著兩漢博士家法考，又略見拙著國學概論第二章。）

三

但漢代的公羊家，却有一種和杜預絕大不同的說法。若照公羊家所說，則孔子春秋又斷當是家言，非官學。換言之，春秋乃孔子私家的著述，絕非依照當時政府官定的史例而記載。因此說孔子春秋有「大義」與「微言」。（拙著論文太史公考釋，發明馬遷模倣春秋，其所爲史記乃家言，非官學，可與本文相參證。）

公羊家說孔子春秋微言大義，最要者有「三科九旨」說。何休的文謚例，說三科九旨者：

新周，故宋，以春秋當新王，此一科三旨也。所見異辭，所聞異辭，所傳聞異辭，二科六旨也。內其國而外諸夏，內諸夏而外夷狄，此三科九旨也。

此「三科」，又說爲「存三統」、「張三世」與「異內外」。何以叫做「存三統」？古史有夏、商、周三代，這是歷史上王朝政權的三傳統。但公羊家言則不然。他們認爲三王之前有五帝，五帝之前有九皇，九皇之前又有六十四民。他們又認爲歷史上所謂三王、五帝，也不是固定的專屬於何王與何帝。若把現代人觀念勉强作譬喻，三王只如近人所謂「近代史」。五帝，略如所謂「中世史」。九皇，則如所謂「上古史」。六十四民，則好如「史前史」。他們說，每一新王朝興起，該保留以前兩王朝之後，爲之封土建國，讓他們依然遵守前王朝之舊傳統與舊制度，與此新王朝同時而並存，此之謂「存三統」。周代前兩個王朝傳統是夏與商，故保留在周代的兩王朝之後的侯國有杞與宋。杞，夏後；宋，商後；他們可以遵守他們自己以前夏、商兩代的制度與文物。但當孔子作春秋，孔子認爲周道衰微，已失去了王天下的資格了。因此孔子春秋裏所有的褒貶，並非卽是當時周天子的褒貶了。那只是孔子私人的褒貶。換言之，春秋褒貶，乃是孔子心中一個理想的新王朝出現以後所應有的褒貶。所以他們說，孔子「以春秋作新王」，因爲孔子春秋是當得一王之法的。換言之，孔子春秋也等於是爲新王創法了。所以董仲舒要說：

春秋貶天子，退諸侯，討大夫，以達王事而已矣。

可見即是當時的天子，孔子春秋裏也要貶，所以說春秋是「新王」，又說孔子是「素王」。「素」，猶近代語說「空」。孔子並沒有眞個當新王，春秋褒貶，也不是當時眞有一個新王朝，眞定了那樣的法律來褒貶，於是孔子春秋只成爲是「素王」了。這猶如說是一「無冕的王者」，或是一「空頭王者」了。但孔子既把春秋作新王，則周王朝在孔子春秋裏的地位，便該退居爲前王的地位了。孔子春秋也保留以前兩個舊王朝傳統，便是周與殷。殷舊有，故說「故宋」；周新入，故說「新周」。而杞的傳統，便在孔子春秋裏黜退了；故又說「春秋黜杞」。於是夏禹便轉成五帝之末一帝；五帝的最先一帝黃帝，便該挨次黜退成九皇之末一皇；九皇之最前一皇，便該黜歸於六十四民之列了。這是西漢公羊學家所謂的「存三統」。今且不論這些說法之是與非，我們此刻所問的，孔子既是如此般來作春秋，還不是一部私家著述是什麼呢？因此杜預之說，絕對該受西漢公羊學家的否認了。（西漢公羊家所謂「存三統」，實非孔子春秋之本義，其辨略見於拙著國學概論之第四章。）

其次講到「張三世」。「三世」指的是「所見世」、「所聞世」與「所傳聞世」。孔子春秋自魯哀公上迄隱公凡十二君二百四十年。他們說：哀、定、昭三君的時代，是孔子之「所見」，凡六十有一年；襄、成、宣、文四君，是孔子之「所聞」，凡八十有五年；僖、閔、莊、桓、隱五君，是孔子「所傳聞」，凡九十有六年。如是則三世的分張，也是單依據着孔子自已的年世而分張的。換言之，孔子春秋的三世，也只是孔子私人立場的三世。若上依周公，或下據周平王，三世便自會不同。如此說來，孔子春秋，仍還是孔子私家的著作。

上述「三世」，又有另外的名稱。「所傳聞世」又稱「撥亂世」，「所聞世」又稱「升平世」，「所見世」又稱「太平世」。這又是什麼意義呢？因他們說：孔子春秋本是一部專爲撥亂反治而寫的書，孔子因見周道衰，世亂亟，遂寫這一部春秋來寄託他所理想的新王朝與新制度。在他書裏，表現出他理想中撥亂反治所應有的制度和步驟。因此在事實上，這二百四十年的春秋時代是愈後而愈亂，但在孔子春秋裏所表現的理想制度，卻是愈後而愈治。從「撥亂世」到「升平世」到「太平世」，因於時代之不同，而此新王朝的制度，乃愈後而愈謹嚴，愈恢宏。也可以說是愈後而愈進步，愈像樣了。

這一層，可用第三大義「異內外」來說。何休公羊解詁說：

於所傳聞之世，見治起於衰亂之中，用心尚麤觕，故內其國而外諸夏，先詳內而後治外。於所聞之世，見治升平，內諸夏而外夷狄。至所見之世，著治太平，夷狄進至於爵，天下遠近小大若一。

董仲舒也說：

王化自近及遠，由其國而諸夏，而夷狄，以漸進於大同。

所以說世愈亂而春秋之文愈治，其義與時事正相反。這是說，孔子春秋裏爲新王定制，最先是視己國爲「內」，而視諸夏爲「外」的，這是「撥亂世」。稍後，則以諸夏爲「內」，而只以夷狄爲「外」了，這是「升平世」。最後，則諸夏、夷狄，進於一體，無分「內」、「外」了，這纔是「太平世」。如是則研究孔子春秋之所重，自不在其記事，而在其因事而見之「義法」了。公羊疏亦說：

當爾之時，實非太平，但春秋之義，若治之太平於昭、定、哀也。如文、宣、成、襄之世，實非升平，但春秋之義，而見治之升平。

可見孔子春秋，照公羊家說法，該分兩部分來看：一部分是春秋時代之史實，一部分是孔子自己所寄寓在春秋書裏的義法。而讀者所該輕重，自可不煩言而知。

四

但我們若根據上引兩漢公羊家春秋三旨之闡述，認爲孔子春秋誠如他們之所說，則春秋顯然是孔子之一家言，而非孔子當時之王官學，這似乎不再有問題。但這裏却有更進一步的問題，要迫得我們去追問。因漢儒當日之所重，正是重的王官學，而看輕了百家言。他們對於孔子春秋種種之闡述，其用意所在，却也正爲要證明孔子春秋確是等於如古代之王官學，而並不是百家言。這一層，像在孟子已說了。孟子說：「春秋，天子之事也。」又說：「其義則丘竊取之矣。」趙岐注：「竊取之，以爲素王也。」趙注又說：「設素王之法，謂天子之事也。」孟子又曾說：「有王者起，必來取法。」漢儒正襲其義，故司馬遷引壺遂說：

孔子之時，上無明君，下不得任用，故作春秋，垂空文以斷禮義，當一王之法。

賈逵春秋序亦云：

孔子覽史記，就是非之說，立素王之法。

鄭玄六藝論亦云：

孔子既西狩獲麟，自號素王，為後世受命之君，制明王之法。

可見仲尼素王，春秋立法，不僅當時公羊家言之，即壺遂、賈逵、鄭玄諸人亦言之。既是素王立法，則決然是一種王官學，而非私家言。換言之，孔子春秋，應該與堯、舜、禹、湯、文、武、周公之創制立法，定爲一朝王官之學者有同類平等的地位，而不該下與墨翟、老聃那許多僅屬社會的私家言者爲伍。故漢書藝文志終以孔子春秋上列六經，不下媲諸子也。（關於西漢學者看輕家言的證據，詳見拙著兩漢博士家法考，又略見拙著國學概論第四章。）

這裏遂產生了孔子春秋「爲漢制法」之傳說。這一說雖先見於緯書，然我們縱說是當時漢儒推崇孔子春秋的公共意見，亦不爲過。就當時人意見，遠從上古以來，一朝新王興起，則必有一聖王爲之創法而定制。如堯舜、如禹湯、如文武周公，皆其例。到了春秋、戰國，天下亂了，該又有一新王興起了，却並不眞有此新王。孔子則有其德，無其位。秦始皇混一了天下，他何嘗不自認爲是新聖王興起呢？然秦代二世而亡，漢儒不認秦代也得成爲一新王之傳統，只說如一年十二月之偶有閏月般，雖亦是一月，而非正常之一月。漢代則眞算是新聖人受命了，但又有其位，而無其聖。漢高、呂、惠，幾十年來，一切法制，都沿襲了秦之舊，這在漢初是無可諱言的。如是，則漢王室雖是一朝之新王，而實無一朝新王之制度與文物。這在文帝後，一輩學者早都明白提出此意見了。於是「孔子春秋爲漢制法」之說，正合時代之需要。因此漢武帝聽受了董仲舒意見，與太學，立博士，盡罷諸子百家，而專主五經。五經成爲漢代之王官學；而漢代的五經，又必以孔子春秋爲之主。此因詩、書、易、禮皆屬於前王，只有春秋，是一種新王法，不啻是孔子早爲漢廷安排了。因此又必然說成「孔子删詩、書，訂禮、樂，贊易傳」，如是，則那些前王之法，都經孔子手而和孔子自創的新王之法變成了一致。可見劉向歆七略，定六藝爲王官學，這不僅是說六藝乃是前王之官學，而且還是漢室昭代的官學呀！於是遂有漢儒所謂「通經致用」的說法。若非六藝經學與昭代王官之學相一致，試問通經豈不成爲「生今之世而反古之道」的勾當嗎？這又如何能在漢王朝致用呢？（關於漢武帝表章五經，罷黜百家的詳細經過，作歷史客觀的解釋與敍述，詳見拙著秦漢史，又參見拙著兩漢博士家法考，又略見拙著國學概論第四章。）

這裏讓我們再略述古代官學之轉變。在周代，官學則掌於史。章學誠文史通義所謂「六經皆史」之「史」字，並不指歷史言，而實指的官學言。古代政府掌管各衙門文件檔案者皆稱「史」，此所謂「史」者，實略當於後世之所謂「吏」。古代之六藝，即六經，皆掌於古代王室所特設之吏，故稱六藝爲「王官學」。而古代王官學中最主要者則應仍爲近於後代歷史之一類。故古代宗廟史官實爲職掌官學之總樞，而其他一切所謂「史」者，則似由史官之「史」而引伸。但當時宗廟史官之所掌，與其謂之重要在歷史，則實不如謂其重要在禮樂。周公制禮作樂，就傳後之著述言，則又毋寧說其主要更在詩；詩有禮樂意義，亦有歷史價值。故王官六藝，最主要者，實應爲詩書。而在古代，詩的禮樂意義和歷史價值，更應高於書。這一層，可惜在此處不能詳細發揮，只得約略一提就算了。

但有詩時尚未有春秋，春秋實當繼詩而代興，故孟子說：「詩亡然後春秋作。」但詩之主要部分，如雅、頌、二南，既由周公手創，而春秋則是周道既衰，由一輩史官隨便的記述了。故春秋實遠不能與詩比。至於孔子，他自身並不是史官，由他來作春秋，這是由私人而擅自來著作了官家的史，故曰「其文則史；春秋，天子之事也」。正惟春秋經了孔子手，纔得有大義微言，宏旨密意，其精美處，遂上媲周公之詩書，而亦成爲一王大法了。

如是說來，孔子作春秋在古代學術史上，其人其書，同時實具兩資格，亦涵兩意義。一則是由私家而擅自依倣著寫官書，於是孔子春秋，遂儼然像是當時一種經典，即是由私家所寫作的官書了。而孔子之第二資格，則爲此後戰國新興家學之開山。故孔子與春秋，一面是承接王官學之舊傳統，另一面則是開創了百家言之新風氣。論語雖非出於孔子親筆，但記載的多是孔子言行，後來家學著作則皆由此創其端；故我們也可說，孔子春秋尚是舊官學，而孔子論語，纔是新家言。因此漢書藝文志諸子略，以儒家爲之首。但因孔子春秋既已立爲漢廷之官學，於是論語、孝經因其同屬於孔子之書，遂也附帶歸入於六藝，而不列入諸子了。

故由上之所述，我們又可說：古代之官學，創自在上之王者；而漢代之官學，則實創自社會之私人，其人即是孔子。但我們若再進一步深求之，則知家言之得列爲官學，其事實不始於漢而始於秦。

秦始皇并六國，他自然自居爲一新王了。他自然也想自創一王之新法。荀卿所謂「法後王」，秦始皇便想擔當這「後王」之地位。那時六國史記都給秦廷燒燬了，只留着秦史。秦史固然亦可稱爲秦代之官學，但只代表着原始的秦國，似乎尚不能代表秦人統一天下後之新王朝。此一新王朝之學官，照理又該是代表着天下，而不再專代表着秦國，於是秦廷遂始於「史官」之外，又創設了「博士官」。秦廷博士官所代表的學術，大體言之，却是當時六國相傳之家學。因此當時社會上諸子百家各派新興的學者，秦廷都羅致，博士員額多至七十人。他們雖並不負有實際行政的責任，而朝廷一切大政事、大興革，他們都有參議發表意見的地位。這是秦代的新制度。我們儘可說：古代舊王官學之總滙在「太史」，而秦代新王官學之總滙在「博士」。詩書六藝，是古代的舊王官學，而戰國新興諸子百家言，則成爲秦代的新王官學了。起先，在秦代新王官學博士所掌中，也還有詩書。但到焚書案興起，便把新王官學中之詩書一部分代表前王舊官學的博士們，都徹底澄清了。於是如伏生之類，也只有挾書逃隱之一途。固然，秦代博士制度，可以遠溯其源於如戰國齊人之稷下先生們。但稷下先生，也是代表新家言，不代表舊官學。因此秦始皇朝廷上的博士官，實在是當時秦廷有意網羅社會新興百家來牢籠統制，選擇會通，而定爲它一朝之新王官學的。（關於秦代博士制度及焚書案之詳細研究，均見拙著秦漢史，亦見拙著兩漢博士家法考，並略見拙著國學概論之第三章。又按：陸賈新語術本篇：「春秋上不及五帝，下不及三王，述齊桓、晉文之小善，魯之十二公，至今之爲政，足以知成敗之效，何必於三王？」此亦當時一種「法後王」之見。法春秋便可不必法三王。司馬遷也說：「戰國之權變，亦有可頗采者，何必上古？秦取天下多暴，然世異變，成功大。傳曰：『法後王』，何也？以其近己而俗變相類，議卑而易行也。」這正與陸賈略同義。孔子作春秋可爲後王法，故司馬遷作史記，更詳戰國以來，其意正學春秋，亦將以爲後王法。是史公亦有志於成一家之言而爲後王取法者。可參讀拙著論文太史公考釋。）

漢代興起於田間，他們對這些制度文章，太不懂理會。因此漢興也有博士官，一切也仍襲秦舊，無所變革。直到文帝時，治孟子、老子之學的，都得立博士，當時也並非有意要確立漢代的王官學，只是秦代這樣，漢代也這樣，便算了。直到董仲舒，纔開始提出一番「改制更化」的大理論，說動了漢武帝，把沿襲秦廷的百家博士都廢了，而改立「五經博士」代表漢王一朝之新官學。因此漢廷五經博士，一面是革秦之舊，排除了百家，一面是復古之統，專尊了六藝，專尊了古王官學，而同時又是漢代新王之創法，與古王官學性質又不同。但實際則只有孔子春秋，是新創者，其書纔始不是舊官學，而是爲漢立制的新官學。因此漢廷五經博士，無形中便讓公羊春秋占了主腦與領袖的地位。

如是則董仲舒表章五經，罷黜百家，其推尊孔子，雖說是「法後王」，而就其罷黜秦博士舊制言，可說已經是「法先王」了。換言之，上承唐虞三代那一種歷史傳統的新觀念，已顯然代替了秦人自我作古，爲一王立法的舊觀念了。這一演變之所趨，亦間接引起此後新莽之變法。（關於董仲舒表章五經，罷黜百家的尊重歷史傳統的意見，詳見拙著秦漢史，又參見拙著兩漢博士家法考，及拙著國學概論第四章。）

五

我們明白了如上之所述，則春秋立一王之法，春秋爲素王改制那些話，自然可明白其在當時的眞實意義。而當時漢廷君臣，根據孔子春秋來判斷是非，創制立法的實際事例，實在也不少。其犖犖大者都見於兩漢書，若逐一列舉，總不下數十處，我們在這裏則不想再列舉。即如東漢王充的論衡也如此說：

> 夫五經亦漢家之所立，儒生善政大義，皆出其中。董仲舒表春秋之義，稽合於律，無乖異者。然則春秋漢之經，孔子制作，垂遺於後。孔子曰：「文王旣沒，文不在茲乎！」文王之文，傳在孔子。孔子爲漢制文，傳在漢也。

王充非經生，非儒家，但他也已說明了孔子春秋即漢代新王官學眞實的涵義，與其在當時實際政治上之眞實的影響了。這一層，在當時是可以不煩多說的。只到後代則事過境遷，非加申解，便模糊了。

現在我想專拈一件事來作上述之實證。史稱：

昭帝始元五年春，有男子乘黄犢車，詣北闕，自謂衛太子。公車以聞，詔使公卿將軍中二千石雜識視。長安中吏民聚觀者數萬人。右將軍勒兵闕下，備非常。丞相御史中二千石至者，並莫敢發言。京兆尹雋不疑後到，叱從吏收縛。或曰：「是非未可知，且安之。」不疑曰：「諸君何患於衛太子？昔蒯聵違命出犇，輒距不納，春秋是之。衛太子得罪先帝，亡不卽死，今來自詣，此罪人也。」遂送詔獄。天子與大將軍霍光聞而嘉之，曰：「公卿大臣，當用有經術，明於大誼者。」

這在當時，眞是一齣夠驚動人心的大事。衞太子忽然出現了，整個王室和朝廷，誰也想不出辦法來。一個京兆尹，他只要根據孔子春秋，便膽敢毅然拿太子來判罪。此一事，豈不可說明孔子春秋在當時的力量？可見爲漢制法，也决不是當時一派博士經生的空頭話。縱說孔子並非爲漢制法，但漢廷法制，有許多却是根據孔子春秋而建立。所以後來漢宣帝要在博士中增立穀梁春秋一家，却經過了絕大困難，絕大曲折，必須獲得了朝廷大臣多數之贊同，纔獲實現。正因爲博士所講，既是當代的王官學，博士說經，可以影響當時具體政情，故必得如此般鄭重。否則如近代般，在國立大學中添設一講座，如何會形成這樣的大爭議？（關於宣帝增立穀梁博士之爭議，詳見拙著秦漢史，及兩漢博士家法考，又劉向歆父子年譜。又公羊家謂「春秋是衞輒距蒯聵」一節，正之論語述而篇「冉有夫子爲衞君乎」章，則公羊似非孔子意。何休公羊解詁亦謂「輒雖得正，非義之高」，蓋卽本論語。然卽此亦可爲當時漢人重春秋過於重論語一旁證。）

但孔子爲漢制法，固替漢廷建立了制度，引生了光榮，而同時也爲漢代帶來了麻煩，橫添了糾紛。縱是最忠心漢室的劉向也說過：

> 王者必通三統，明天命所授者博，非獨一姓。

這便是孔子春秋的大義。孔子在周代，早已爲漢制法了。現在那些漢代的儒生，從漢武帝以下，他們早感得漢代的太平世已過，漢德已衰，依照孔子春秋義，也該又有新王出現了。蓋寬饒、眭弘都爲公開請求漢室求賢讓位，招致了殺身大禍。但禪國讓賢，新王受命的呼聲，依然不能絕，終於逼出了王莽。這是孔子春秋在當時的大影響。但問題又來了。新室受命，理該也有新室自己一套的王官學。孔子春秋既是爲漢制法，便不再是爲新制法了。而且春秋既所謂「別嫌疑，明是非，定猶豫，善善惡惡，賢賢賤不肖」，究竟在春秋一書的本質上，照漢儒看法，是「法」的意味重過了「禮」，「撥亂」的氣象重過了「升平」，唐代陳商有立春秋左氏學議，他說：

孔子修經，褒貶善惡，類例分明，法家流也。

這也不能說他全是無見而妄說。西漢元帝時，王吉、貢禹之徒，也就對武、宣兩朝政治，發出不滿的批評。他們所不滿者，正爲是漢武以來之重法而輕禮。因此王莽一朝，終於要逼出「發得周禮」的呼聲來了。而左氏傳所載却有些處與周禮合，而與公羊春秋有不同。從此我們也可想見，漢、新之際的左氏與公羊之爭，後來所稱當時的「今文」、「古文」之爭，其間當然決不是僅爭的幾本古經典，更不是在幾本古經典裏僅爭些文字的今古之不同。周禮既是周公致太平的書，豈不與孔子春秋所謂一王大法者旗鼓相當嗎？王莽受禪，本是依公羊家言而出現，王莽自然並不想把尊周官來黜公羊。但莽朝新政，則顯然有些多根據着周禮，這些也是沿襲着王、貢以後的時代意見而來的。此卽劉歆之所謂「廣道術」。若眞要廣道術，則孔子僅是古代聖人中之一聖，於是由孔子上推至周公，一家言的重量，更會轉移到歷史的大傳統上去。在這一趨勢下，我們自可明白，後來的左傳家爲何定要說成孔子春秋沿襲了周公之舊典。可見上引杜預之說，也是遠有淵源，並非杜氏一人獨發的創說了。（關於蓋、畦、王、貢下及王莽一段史實之詳細演變，及莽政兼采周官、公羊之種種義證，均詳拙著劉向歆父子年譜。又周官實戰國晚出書，非周公之所作，證論詳見拙著周官著作時代考。）

這一問題，說到這裏，便從古代的「王官學」與「私家言」之分野，漸漸轉移接近到後世的所謂「經」、「史」之爭了。而且新朝短命，光武中興，不僅把新莽「發得周禮」的新聖典賤視了，即前漢聖典公羊春秋那些「存三統」、「作新王」一類的話，也漸漸變成當代之忌諱。所以即如公羊學大師何休，也要說公羊春秋裏有所謂「非常異議可怪之論」了。那時則漢宣帝所謂的「漢家自有制度，本以霸王雜用之，奈何純任德教用周政」之說，也變成了光武以下之國是。於是博士官學僅成爲利祿之途，失却其從來王官學地位的眞尊嚴，而十四博士也終於要「倚席不講」了。這一變，却是中國歷史上一絕大的大變，惜乎後來人漸漸忘失了這一大變之內涵的眞意義。於是所謂六藝王官之學，只說成是周代的王官學，這在章學誠，首闡此說，已成爲發明了千載未發之創見。其實他也還是沿襲杜預說法，把孔子來承續周公，把孔子春秋也僅當一部歷史書看了。我們也可說，章學誠仍不懂得孔子春秋在西漢人想法中，把來當作是作新王的一部大經大法，所謂「春秋天子之事」的那一套古代意見了。

上面這一番話，我們是根據劉向歆父子分別古代學術爲「六藝王官學」與「諸子百家言」之兩大類，配合上周代的史官和秦漢博士官之大轉變，來闡述西漢公羊學家那一套理論之內涵的眞意義，及其在歷史上、在當時實際政治上所發生之眞影響，而孔子與儒家在戰國到西漢這一段時間內之眞實地位也就此指出了。（這裏另有一點該述及的，則爲史記、漢書所特立的儒林傳，當知這些該名爲「王官儒」，與戰國「百家儒」不同。若不分別出古代「王官學」與「百家言」之分野，則儒林傳之另成一流，便難明白其所以。宋史道學傳中人物，其實亦多是「百家儒」也。）

六

魏晉以下的中央政府更不成樣子，他們不再有創制立法，與民更始，以及創建王官學這一套想法。而社會私家言，亦不再有上撼政府，來取得創制立法的氣魄與能力。換言之，古代學術分野所謂「王官學」與「百家言」之對抗精神均已不存在，於是魏荀勗所創的「經史子集」四部分法，遂代替了西漢七略分類，而永遠爲後代所沿用。此後的所謂經籍，則只是幾部傳統的古書，而再不是所謂六藝王官學。而「子」與「史」則從此截然與「經」爲異類。他們更想不到新興的子與史，同樣可成爲一代的王官學，與所謂六藝經典，在古代則並無嚴格的區分。孔子春秋是一部亦子亦史的經。也可說是一部亦經亦史的子。那些見解，魏晉以後，很少再浮現到學術界。

南渡以後的東晉和南朝，更不成樣子，只有北方諸儒，掙扎在異族蹂躪下，他們却不忘情古代的王官學，他們仍想憑孔子經典來在政治上爭地位，來爲北方社會謀轉機。北史儒林傳裏說：

何休公羊傳大行於河北。

這句話透露了當時一個很關重要的消息。若我們細檢北史儒林傳，像是很少專以公羊名家的經生。但若通觀北方儒學，顯然在他們中間，存有一種共同的大趨勢，他們也如西漢儒生般，大家想通經致用，把經學來變成當代興王致治之學的那一種趨勢。這實爲南朝儒學所沒有。而這一種趨勢，則明是西漢公羊學精神。所以北史儒林傳所稱「何休公羊傳大行於河北」這一句話，實不是違背實況，無端虛說了，這要我們用一番更深入的眼光來解釋。

除却崔浩、寇謙之一番波瀾外，似乎在北朝，也很少提到「通三統」、「作新王」的那一套。但「爲漢制法」、「撥亂返治」的精神，則在北朝諸儒間始終未消失。直從魏孝文下至北周蘇綽與盧辯，遂形成了新莽以後第二度的「以周禮興太平」。而北齊周禮大師熊安生，正當周師入鄴，他却安坐家中，靜待周主的來訪，而周主也果然來訪了。這是周武王訪商容閭的故事之眞實化。這正因爲周禮已成爲當時北方顯學，爲一般君臣所重視。我們姑不論徐彥公羊疏是否即是北齊之徐遵明，當知尊周禮無異於尊公羊。我們只要不陷入於後代經學上古文、今文門戶的偏執，而從歷史上學術遷變之大勢看，則西漢一朝公羊學大行之後，結果有王莽新朝之「發得周禮」，正猶如北朝經學，因於何休公羊之大行，而結果乃有北齊、北周之周官學；這兩事豈不是後先輝映，如同一轍嗎？既在同一軌轍下，便該有同一的意義。這一種意義，我已在上面指述過，一則尚禮的要求更勝於尚法，一則私家尊嚴仍回到歷史大傳統，如是則周公的周禮必會繼孔子春秋而招惹學者的注意。（關於北朝儒學傳統，及崔浩事蹟背景等，可參讀拙著國史大綱第十七章。）

如我上文所提示，則王通河汾之學，我們也可賦以一新觀點。王通之續詩、續書，模擬孔經，顯然還是當時北方儒學之眞傳統。換言之，王通還不失是西漢公羊家精神。在他意想中，他却眞想以一人之家言，將來成爲新王之官學的。這在中國學術史上，王通也可謂具此觀念的最後唯一人物了。所以文中子一書，無論其有不少後人僞羼之痕迹，而其書之大體精神與其主要觀點，則決然是其中有人，呼之欲出的，而其人則無疑當卽是王通。王通也只是當時北學傳統中之殿軍與結穴，也可說在他當時是北學之集大成，而非平地拔起，無端而忽出呀！（關於王通學說及文中子眞僞，詳見拙著縱論南北朝隋唐的儒學及文中子中說考兩論文。）

現在我試再綜括而扼要地來重新敍述上面之所說。所謂西漢公羊學精神，應該包括兩要點：一是戰國新興百家言精神，二是古代相傳王官學精神。而把此兩要點聯結起，尊奉一家言，把來懸爲王官學，這樣便成了孔子春秋爲新王創制立法的公羊學。而孔子「刪詩書，訂禮樂，贊周易」這許多話，也不過想把一切古經籍都歸并到孔子一家言的系統下，來益發增高其地位。若把上述之第一觀點放鬆了，不一定要看重一家言，而重於廣道術，換言之，卽是要把歷史大傳統來代替一家之尊嚴，則六經皆是王官學，孔子以上還復有周公，春秋之外儘可有周禮；此則成爲王莽與劉歆新朝一代之所主。此卽所謂「廣道術」。就儒學史之演變言，北朝諸儒近莽、歆，而王通則似董仲舒。惟董仲舒尊奉孔子春秋爲一家言，而王通則要模擬孔子自己成爲新起的一家，此爲兩人之所異。

若旣不尊一家言，又不重王官學，把西漢公羊家此兩種精神都放鬆了，此卽成爲後起之經學。其實這樣來研究古經籍，則「經學」也只成爲一種「史學」了。這在東漢古文家，已有此趨向，大抵南朝諸儒大體便沿襲這一路。下到唐代，此一派占了經學的上風，於是遂有孔穎達五經正義之編造。孔穎達五經正義中，春秋便用的是左氏傳。當時人眼光中的孔子春秋，殆是一部歷史書。惟其以研究古代歷史的立場看，遂若左傳不僅遠勝於公羊，而且也可說已勝過了春秋。所以劉知幾史通，有惑經與申左兩篇，便是站在史學觀點，把左丘明地位超越了孔子之一明顯例證了。

惟其西漢經學，到東漢以後漸漸變成像史學，所以當時人說孔子，便聯想到周公，南北朝儒家，更常見是「周孔」並稱了。到唐代的學校裏，也尊周公爲「先聖」，孔子爲「先師」。這正告訴我們，唐代人心中，已不懂古代所謂家學的精神。六經不復是孔子一家言，詩書禮樂都傳自周公，春秋僅占六經之一部，亦屬周公之舊典，而且其書價值可以遠遜於左傳。漢、唐儒意見相異，關鍵正在這上面。再明言之，漢人推崇家言而尊奉一家來定爲王官學，所以特別提高了孔子的地位。唐人用史學眼光來看古經籍，則孔子還是淵源於周公，而且周公德位俱尊，孔子則有德而無位，於是周公爲先聖，而孔子似乎僅該爲先師了。

正因唐代學者不再有古代家學的精神，因此唐人著作，也絕少能列入子部的。章學誠文史通義也看到了這一點，於是他說後代詩文集部便是古代子學變相之遺傳。其實應該說是古代的家學精神衰微了，社會私家不再有自創一家之言來改革當代政教的氣魄與力量，自然會把聰明氣力轉移到詩文集部上面去。古代家言的精神失却了，於是亦遂不見有王官學的理想之要求。若說唐代也有王官學，則仍只如漢宣帝所云，「漢家自有制度，以王霸雜用之」。這一種趨勢，又形成了將來學術界的新觀念。他們常把古六藝稱「經學」，來代表理想的「王道」，把此後的歷史與時變，盡歸成「史學」，而史學則往往只代表着「霸道」。即在貞觀政要裏所載唐太宗與當時與唐諸賢所討論，已有此種消息之透露。我們也可說，如貞觀政要及唐律、唐六典之類，那是唐代的王官學，而由唐後人觀之，這些書也只是史學，也多羼雜了霸道，不夠得上媲六藝，成爲一種純王之學了！

所以單從學術史立場論，唐代也是古今一大變，所變便在更沒有「王官學」與「百家言」之大分野，而代替以「經」、「史」分類的觀點。若我們只用唐後人觀點來推論唐以前學術，則總會有搔不着眞痛癢之苦。

七

而且南北朝迄隋唐，中國學術史上又有一新波瀾，此即印度佛學之傳入。佛學只重「教」，不重「治」，若用中國古代道家言來說，佛學只重「內聖」而絕不理「外王」。孔子在漢人觀念中，是內聖而兼外王的，更毋寧是因其具備了外王之道而益證成其內聖之德的。所以孔子在漢代，要和堯、舜、禹、湯、文、武、周公古帝明王並列了。但唐以後的孔子，在人心目中，時時把來和佛陀與老聃並列了。換言之，這是漸漸看重了他的「教」，而看輕了他的「治」。那時的孔子，便只是一教主，不再是一「新王」或「素王」了。古代之所謂百家言，本針對王官學而稱，既無王官學，也便不再有百家言。從後人眼光來看古代的百家，好像他們所爭也只重在教統上。於是有韓愈的「道統」論。韓愈原道篇裏說：

> 堯以是傳之舜，舜以是傳之禹，禹以是傳之湯，湯以是傳之文、武、周公，文、武、周公以是傳之孔子，孔子傳之孟軻，軻之死，而不得其傳焉。

他又說：

> 由周公而上，上而為君，故其事行。由周公而下，下而為臣，故其說長。

由漢儒言之，古代道統是「五德三統」遞相移轉的，是百王異統的。由韓愈言之，則變成爲一線相承了。此後人都接受了韓愈的「一統觀」，更不懂西漢人的「多統觀」。不僅「統」的觀念不同，而「道」的觀念也不同了。西漢人所重是「王道」；韓愈以下所重是「人道」。西漢人認爲王道是人道最高的表現，最大的實踐；而韓愈以下，似乎只認王道是包括在人道之裏之一節目。因此，由漢儒言之，孔子是新王，他的六經定爲漢代之王官學，孔子和堯、舜、禹、湯、文、武、周公各代表着一代之禮樂與制度，而教化則包括在禮樂制度之內了。若孟子則僅是一儒家，不能獨自立一統。但韓愈則在堯、舜以下一線相承之道統中有孔子，而接着有孟子。「六藝」與「儒家」之辨，「王官學」與「百家言」之辨，在韓愈觀念下，此種分別都泯滅了。此因韓愈重「教」不重「治」，他把治道包括於教道，所以在他的一線相承的道統裏，特地舉出孔子來和老聃、佛陀相比論，而在孔子之後又增出一孟子。韓愈此一種道統觀之重要點，其實尚不是重要在開啓他後面的，而更要在轉變了他前面的。（關於韓愈以後之道統觀，詳見拙著宋明理學概述。）

與韓愈同時前後，同樣可以透露出此種對孔子看法轉變的消息的，便有啖助、趙匡與陸淳，他們開始提倡「廢傳解經」的風氣。韓愈贈盧仝詩有云：「春秋三傳束高閣，獨抱遺經究終始。」這正卽是他們當時對春秋的態度了。

他們爲何要廢傳解經呢？因現在的孔子，逐漸將轉成爲「教主」了。無論如杜預以下，以左傳解經，春秋僅成爲一部歷史，乃至自董仲舒以下，以公羊、穀梁解經，春秋變成了當代的一部政典，到此都不合了時代要求，於是纔要在孔子春秋裏重找新意義，而廢傳解經之風遂爲當時所重視了。但孔子春秋，究竟是一部針對着他當時時代的書，究竟是一部極大涵有政治意味的書，所以說「見之行事，深切而著明」，又說「春秋王者之事」。現在是年逾千禩，時代的變化太大了。西漢公羊家治春秋，縱說有不少的附會穿鑿，不全是孔子春秋之本義，但究竟有些大義微言，在他們是確有所受，他們亦想見之於行事，把孔子春秋措施到當時的實際政治上來，還要在深切著明處用力。今若全拋棄了三傳，講春秋便會像猜謎，孔子作春秋的本義，反而愈變愈模糊，愈變愈支離了。這樣的轉變，至少不免把研究對象，漸漸轉變到孔子春秋這一部書上去，而轉反漫失了孔子作此書時之「志」與「義」，即孔子春秋的精神。我們專看韓愈同時，像啖、趙、陸三家研究春秋的途徑，也可說正在開啓了以後的新經學，和已往經學的舊傳統不同了。

八

宋學開始，不滿於當代政教之沒有崇高的理論根據，而回頭重注意到古經籍。這開始，却有些像西漢。但他們不僅不滿唐人之說經，而且也不滿於漢人之說經。他們想發揮另一套新經義來建立他們當時的新王學，這是宋學初興時人的抱負。從胡安定、孫泰山、石徂徠三家講春秋，講洪範，轉變出王荆公三經新義，可說是宋學之第一期。孫泰山春秋尊王發微，正是沿襲了唐儒啖、趙、陸三人之路徑。但孫泰山心中，顯然很注重他當代的政治要求，因此他的尊王發微，我們也可說他是有意來創寫北宋需要的一部新公羊。晁公武讀書志引常秩說：「明復爲春秋，猶商鞅之法，『棄灰於道者有刑，步過六尺者有誅』。」這話也有理由，因說孔子春秋總該說到孔子之褒貶，但若不眞明瞭孔子春秋裏面的實事而來空辨孔子之褒貶，其弊必流於深文而鍛鍊。而且春秋既是一部撥亂的書，若在王朝統一、政權奠定之後來講春秋，又總不免會偏重了法而輕了禮。漢武帝表章五經，罷黜百家，其時所爭在六藝與諸子，所爭在秦制與古典，但稍後便會引起王吉、貢禹一輩人爭議。孫明復的春秋尊王發微，其書用意本在針對唐末五代藩鎮之割據，與中央政府地位之低落，而有意作糾正。但中央尊嚴既立，則孫氏此等意見也便滋流弊，無怪有如常秩之譏評。所以王荆公三經新義，卽不采春秋，而加進了周官。當時人又說，荆公對春秋有「斷爛朝報」之說，此語不論其信否，但依傳講經，既不切時代要求，而要人棄傳窮經，則一千幾百年以前的孔子春秋，實使人看了眞不免有「斷爛朝報」之感呀！我們也可說：從孫明復到王荆公，正猶如從漢武帝到新莽，也猶如北朝儒學先由公羊而轉入北周、北齊之周官學，還是同一塗轍，只是轉變得更促更快而已。

荆公新政失敗，於是又轉出伊洛理學來。伊洛興起，那時的學術風氣又變了。他們看重「教」更過於看重「治」。因此他們特別提出小戴記中大學這一篇，也正爲大學明白地主張把

「治國」、「平天下」包括到「正心」、「誠意」的一條線上來。於是孟子和孔子更接近，周公和孔子則更疏遠。在韓愈以前，常還是「周孔」並稱的，到伊洛以後，確然變成爲「孔孟」並稱了。這正如漢人言「黃老」，而魏晉人言「老莊」，這中間正有同樣的意義。換言之，在此以後，便更看重了孔子「內聖」之一面，而偏忽了孔子「外王」的一面。毋寧是因其有內聖之德，而始證其有外王之道了。因此而堯、舜、禹、湯、文、武、周公的地位也變了。他們之更可看重者，也全在其內聖之德上，而不在其外王之道上。於是遠從尙書「十六字傳心訣」，一線相承到孔孟，全都是「聖學」，不再是「王道」。換言之，他們更不注意到漢人「五德終始」與「三統更迭」的那一套說法。禮樂制度變成形而下；灑掃應對可以直上達天德。治國、平天下，該從「心」上做工夫。堯舜事業說成「如一點浮雲在太空」。因於這一轉變，而王荊公的三經新義又不得不轉成朱晦翁之四書集注了。

唐人「治」、「教」分，所以唐代科擧，進士詞賦更重於明經。經學只是應故事，並不占重要的地位。而宋人主張「治」、「教」合，所以進士詞賦必然又會轉變到經義。只是王氏的三經新義，主於「以治統教」，而朱子的四書集注，則主於「以教統治」，這就成了一大分別。我們也可說：遠從孫泰山春秋尊王發微，經過王荊公的周官新義，而轉出朱晦菴論孟集注與學庸章句來，這是宋學遞轉遞進之三部曲。這裏告訴我們，經學內容依隨於時代思潮而轉移的具體一例證。再簡單顯白言之，漢儒講經學，是偏重於針對着周、秦以來之王朝政制而講的，現在則是偏重於針對釋、老教義而講經學了。（關於「治統」與「敎統」之辨，可參讀拙著政學私言第六篇道統與治統。）

這以後，朱子四書懸爲元、明、清三代政府功令取士之標準，但我們却不能說朱子四書卽是元、明、清三代之王官學。這裏有一個極大的分辨。因古代所謂之王官學，重在當代之禮樂制度、政府規模上，而四書義則重在「格、致、誠、正」私人修養上。直從程伊川、朱晦翁到明末的劉蕺山，他們對當代皇帝進言，都把當朝的一切禮樂制度且擱在一邊，而先談格、致與誠、正。他們且先教皇帝做聖人，暫不想教皇帝當明王。他們認爲只有成了聖人纔能當明王，這正如由本以達末，這是宋學與漢學精神上的大差異。那時的孔子，則僅是「至聖先師」而再不是「新王」與「素王」了。周、程、張、朱、陸、王，成爲一代大師的，他們都是以新教主姿態，高學孔子來和老聃、佛陀爭長短，於是董仲舒、王通，終於要在聖學傳統中剔出。而漢、唐以來一切禮樂制度則僅成爲「霸道」。朱子的中庸章句序與王陽明的拔本塞源論，代替了西漢公羊學家之「張三世」，而成爲宋、明儒理想上達成天下太平、世界大同的一條唯一大道。換言之，這都是一種「以教統治」的精神。他們重在發明人類普遍的教義，更重於建立王朝一代的政制了。（關於王陽明拔本塞原論，可參讀拙著近三百年學術史顏李篇，及中國思想史。）

九

下面我們再繼續說清儒。清儒經學，却另是一新途轍。他們既不重政治，又不重教化，把自身躲閃在人事圈子外面來講經學，雖說他們的訓詁考據，冠絕古今，其實是非宋亦非漢，他們縱有所發明，却無關於傳統經學之大旨。我們此刻只選其有關於本篇論點者，拈舉三人略說之，這大體都已在嘉、道以下了。

第一是章實齋，他的文史通義，根據劉向歆七略闡明了古代學術王官學與百家言之大分野，這可算是清儒在考古上一大發現。但章氏自述其學術淵源，謂是導始於浙東之史學，則章氏本人便已不能擺脫後代經學與史學分疆劃界之舊觀念。不僅經學與史學分，而政治亦與教化分。於是尊經者尚教，尊史者尚治，章氏沿於此軌迹，他似乎並不能眞了解古代學術之大體，而僅能不陷於後世門戶之偏執而已。（關於浙東史學，可參讀拙著宋明理學概述。）

他首先知道看重到周公。故他說：

自有唐、虞、夏、商，迹既多，而「窮、變、通、久」之理亦大備。周公以天縱生知之聖，而適當積古留傳，道法大備之時，是以經綸制作，集千古之大成。……故創制顯庸之聖，千古所同。集大成者，周公所獨。

但他這樣說，不免看重了周公而看輕了孔子。故他又說：

自有天地而至唐、虞、夏、商，皆聖人而得天子之位，經綸治化，一出於道體之適然。周公成文、武之德，適當帝全王備，殷因夏監，至於無可復加之際，故得藉為制作典章，而以周道集古聖之成。斯乃所謂集大成也。孔子有德無位，卽無從得制作之權，不得列於一成，安有大成可集乎？

章氏直從歷史看，直從政治看，就其在位與不在位而言，就其有制作與無制作而言，則周公確是集古代官學王道之大成，而孔子却僅是後世家言之開山。他又說：

君、師分，而治、教不能合於一，氣數之出於天者也。周公集治統之成，而孔子明立教之極。……語聖則不異，事功則有異。治見事實，教則垂空言。……周公集成之功在前王，而夫子明教之功在萬世。

這是他根據後代人觀念，把創制與立教來分別周、孔之異功，孔子只是一先師，不是一明王。他顯然是韓愈以下人的見解。他又說：

孟子所謂「集大成」，乃對伯夷、伊尹、柳下惠而言。周公集羲、軒、堯、舜以來之大成，孔子集伯夷、尹、惠之大成。

章氏也未嘗不知他的說法，實有異於孟子，遂把孟子所謂「孔子集大成」者，謂是集伊尹、夷、惠之大成。其實這一分辨，却決非孟子之本意。卽據漢書藝文志，也明明說：

唐虞之隆，殷周之盛，仲尼之業，已試之效者也。

可見漢以前人看孔子，決不把孔子專與伊尹、夷、惠爲比伍，而多把來與堯、舜、文、周作衡量。孔子集伊尹、夷、惠之大成，此一意見，自王荆公三聖人論始。這裏顯可看出古今人意見一絕大不同點。

章氏書又說：

夫子盡周公之道而明其教於萬世，夫子未嘗自為說也。表章六藝，存周公之舊典，故曰：「述而不作，信而好古。」又曰：「蓋有不知而作者，我無是也。」「子所雅言，詩書執禮」，所謂明先王之道以導之也。非夫子推尊先王，意存謙牧而不自作也，夫子本無可作也。有德無位，卽無制作之權，空言不可以教人，所謂「無徵不信」也。

這裏却露出了章氏書中一個更大的破綻。孔子明明作春秋，如何說孔子有「述」無「作」呢？所以文史通義開首卽有易教、書教、詩教、禮教各篇，而獨缺了春秋教。章氏治學，重史又過於重經，春秋教一篇，萬不該不作。大抵章氏遇到這題目，實苦於無從著筆呀！

因此我們可以說：章氏文史通義所論古代學術分野之大體，最多也只懂得了一半。而且是辨其細而遺其大，他只知六藝爲王官學，但他誤認王官學爲必出於在位之王者。他不明白在古代人觀念中，聖人著作論「德」不論「位」。故說「春秋天子之事」，那說是無位卽不能制作呢？而且孔子之教，又何嘗只是明周公之道以爲教呢？我們細讀章氏書，却使我們不能不深進一層來承認古代公羊學之在當時思想史上的地位。至少他們懂得尊進社會新興的私家言，來代替古代傳統的王官學。他們推尊孔子，正爲孔子能和古聖王一樣地制作。因此他的制作一樣可奉爲後代新王之法度。如是則家言與官學，雖分而不分。這是漢儒論聖學王道之特見精卓處。若章氏也明白得此意，他不會說：

> 君子苟有志於學，必求當代典章，以切於人倫日用；必求官司掌故，而通於經術精微，則學為實事而非空言。

這一番話了。當知經術精微，正可用來改革當代的典章，正可用來滌蕩官司的掌故。而章氏不了解這一點，遂說：

> 當代典章，官司掌故，未有不可通於詩書六藝之所垂。

這就成爲一種顚倒之說了。在西漢董仲舒以前，一切因襲秦舊，那時一樣有典章，一樣有掌故，這些也都是當時的王官學，難道也一切「可通於詩書六藝之所垂」嗎？推章氏意，嚴格言之，正會走上秦代「以吏爲師」之一途。所以章氏的「六經皆史」論，好像說中了古代學術的大分野，其實章氏僅知有「王官學」而不知有「百家言」。若就後代學術觀念言，章氏僅懂得史學實事，而不懂得經學之大義。朱子和陳龍川辨論「王」、「霸」，正爲預防有像章氏這些意見的流弊呀！但朱子却又把漢唐諸儒盡擯於孔門儒學傳統之外了。陳龍川對朱子的辨難，却是防着另一種流弊。章氏學術源本浙東，本接近於陳龍川，但又遠離了朱晦翁。其中得失，則非總攬中國古今全部儒學史，不易得一明白而持平的定論呀！（關於章實齋文史通義之思想，詳見拙著近三百年學術史。關於朱子與陳龍川辨論，詳見拙著宋明理學概述。）

一〇

其次要說到龔定菴。章實齋想把史學來代替當時正盛的經學，但他的史學，也只從尙書直講到左邱明與司馬遷，把孔子春秋放棄了。這是章氏講史學絕大一漏洞。龔定菴則承接當時經學家傳統，而且號稱爲是道、咸以後公羊今文學之先驅者，但他的見解，實仍和章實齋一鼻孔出氣。大體說來，龔定菴之持論，實是鈔襲依傍於章實齋。他在乙丙之際著議第六那篇文裏說：

自周而上，一代之治，卽一代之學也。一代之學，皆一代王者開之也。……佐王者謂之宰，……載之文字謂之法，即謂之書，謂之禮。其事謂之史職。以其法載之文字而宣之士民者謂之太史，謂之卿大夫。天下聽從其言語，稱為本朝，奉租稅焉者，謂之民。民之識立法之意者謂之士。士能推闡本朝之法意以相誡語者謂之師儒。王之子孫大宗繼為王者，謂之後王。後王之世之聽言語，奉租稅者，謂之後王之民。若宰，若大夫，若民，相與以有成者，謂之治，謂之道。若士，若師儒，法則先王、先冢宰之書以相講究者，謂之學。師儒所謂學，有載之文者，亦謂之書。是道也，是學也，是治也，則一而已矣。乃若師儒，有能兼通前代之法意，亦相誡語焉，則兼綜之能也，博聞之資也，上不必陳於王，中不必采於其冢宰，其太史，下不必信於其民。陳於王，采於宰，信於民，則必以誦本朝之法，讀本朝之書為率。師儒之替也，源一而流百焉，其書又百其流焉，其言又百其書焉。各守所聞，各欲措之當世之君民，則政教之末失也。雖然，亦皆出於其本朝之先王。是故，司徒之官之後為儒，史官之後為道則老子氏。……孔子曰：「郁郁乎文哉！吾從周。」又曰：「吾不復夢見周公。」至於夏禮、商禮，取識遺忘而已。以孔子之為儒，而不高語前哲王，恐蔑本朝以干戾也。

這些話，儼然正如章實齋。尊王官學，輕百家言，孔子僅是一儒，而且幾乎也僅該「以吏爲師」了。固然我們也可說，此乃定菴早年思想受了章書之影響，然細考龔氏後來言論，實亦仍無以大異於早年。可見淸儒在故紙堆研究中，沉溺得太深了，實在也無從來了解先秦家學之精神。

而且龔氏文中所用「先王」、「後王」之語，好像是本原於荀卿，但龔氏不知荀卿書中之所謂「後王」，却正是易姓改統後的新王呀！又那裏如龔氏所說，好像先王、後王萬世一統呢？又那裏是只要一旦拿到政權在手，便算得是新王呢？當知荀卿書中的「大儒」，其地位正當於「王者」，所以從來說者，都認爲荀子所說的「法後王」，其意正卽是「法孔子」。可見漢儒還是承續着荀卿，不失其大義。孟、荀論學縱有不同，但在這些大綱要節處還是相一致。又那裏如龔氏般，把「師儒」劃分在「王」與「冢宰」、「卿大夫」之外之下，而另闢一流來安置呢？又那裏是專把師儒當一官，不許師儒成一家的呢？可見龔氏心中的孔子，也只是一「師儒」，只是一朝之王之下的一個小官，既不像董仲舒那般的想法，也不是韓愈以下及於朱子陽明宋明儒所想的樣子，這就別成其爲一套淸儒的觀念。我們看了章、龔兩氏書，不禁使我們更深切地瞭解到淸儒學術之陰暗面。這又何怪後起之康有爲，雖也竭力尊孔子，講公羊，但却只講變法，不敢講革命，只講改制，却依然是要保王呀！（關於龔定菴思想，詳見拙著近三百年學術史。）

二

最後便要說到康有爲。章、龔兩人，皆講「六經皆史」。但康氏則說經、史絕然如異物，稱爲「經」，即不能作「史」看。不僅孔子春秋不是史，即詩、書、禮、易皆非史。換言之，這些經，皆只發明了某一套義理，而並不根據某一套現實。於是康氏有孔子「託古改制」的說法。在康氏心目中，孔子眞如一宗教主，孔門六經無異於猶太之新舊約。這樣一來，却把孔子在以前的歷史傳統全給否認了。近代的疑古運動，即由康氏而引起。但康氏却極端推尊孔子的春秋，他說：

> 孔子雖有六經，而大道萃於春秋。若學孔子而不學春秋，是欲其入而閉之門。

他又說：

> 孔子所以為聖人，以其改制。……春秋所以宜獨尊，為孔子改制之蹟在。……能通春秋之

制，則六經之說莫不同條共貫，而孔子之大道可明矣。

這一說法，似乎康氏能跳出章、龔兩氏之樊籬，眞能上探西漢儒家之墜緒了。但依照康氏說，孔子所要改的是些什麼「制」，換言之，周公以來所傳是些什麼「制」，康氏却全不理會。在康氏意想中，似乎六經全無歷史價值，都是孔子一人嚮壁所虛造。就古代學術分野言，康氏似乎只承認了戰國以下之所謂百家言，却不再承認有百家言興起以前之傳統的王官學。就後代學術觀點言，康氏似乎是只看重了經學之大義而忽略了史學之實迹。如是我們又可說：康氏對中國學術傳統所曾措心而瞭解的，最多也只有一半，而全不理會到另一半。（關於康有爲思想及其同時所謂「今文家」言，詳見拙著近三百年學術史。又見拙著劉向歆父子年譜。）

此後的中國學術界，不幸是沿續了康氏的意見和路徑。他們總也提及到孔子，但不幸的是不僅把孔子和其以前的歷史傳統分開了，又且把孔子和其以後的歷史關聯也忽略了。在近代中國學術界心中，似乎把孔子個人抽離了全部中國史，乃至全部中國學術史，而僅把孔子懸空孤立似的，當作古代一哲人或思想家看。而他們之所以求了解和衡量孔子哲學與孔子思想的立場，也並不站在中國史或中國學術史的全體系立場來求了解和衡量。如此般的了解和衡量，好像孔子之所以成其爲孔子，則只爲他有此一套哲學或思想，却不問他這一套哲學和思想之在其以前的實際淵源，和在其以後的實際影響。另有人則只是站在世界史和世界哲學史，實際則是站在西洋史和西洋哲學史的立場，來求了解和衡量。如是，我們毋寧可以說：近代中國學術界的態度，與其說較近於漢唐，不如說較近於宋明；而在近代人心中，却又看不起宋明，這就自相違戾，不成條貫了。正因近代中國人對孔子評價之意態與途徑有不同，因此研討孔子思想的，也專重了論語，偏忽了春秋。

而且近代中國學術界，又有與康氏另一種相像的想法。似乎他們認爲一切禮樂文物、政法制度之改革，可以全不理會到現實的情況，與夫歷史之傳統。有了「經」，可以沒有「史」。其實章、龔兩氏所看重者，爲其當身之本朝。而康氏以來，及於近代一輩學人之所看重者，則爲我們所接觸之西方。所以我在本文要特地提出章、龔、康三人來特別加以論列，一面我們可以借來和戰國、西漢的學術思想作比較，他們三人都喜歡講戰國與西漢，而實際與戰國、西漢甚不同。一面也可把他們三人來作爲近代我們學術界的一面鏡子看，我們縱不欣賞此三人，但近代我們的學術界，實際則是從此三人移步換影而來，其先後間有一段極親密而緊湊的線索聯繫着，所憾只在我們之不自知而已。

一二

以上我們對於自孟子以下直至近代，就其關於孔子學術思想之了解和衡量，因其對於論語與春秋兩書之偏輕偏重而指陳其轉移遞變之所以然。在上文所提供，使我們對於全部經學史與全部儒學史可以獲得一更高綜合的觀點。現在我們則另有一問題，必然得討論。究竟孔子春秋是不是誠如西漢公羊學家的看法呢？這一層，牽涉到孔子春秋之本身，已不是本篇所應有的內容，但我們不妨即就論語所記孔子平日的說話來作一廣泛而大體的推說。

首先，我們當知道，孔子思想，確是極注重於歷史的。所以說：「好古，敏以求之。」又說：「述而不作，信而好古，竊比於我老彭。」而孔子言歷史，似乎有些處注重「王道」更甚於其注重「人道」處。所以孔子常好言三代。他曾說：

夏禮吾能言之，杞不足徵也。殷禮吾能言之，宋不足徵也。文獻不足故也，足則吾能徵之矣。

若我們勉强分別孔子論「仁」，爲其論人道之中心，孔子論「禮」，爲其論王道之主腦。則孔子言禮，多半沿襲自周公，而孔子言仁，則爲孔子之獨創。這裏並言夏禮、殷禮，而致惜於杞、宋文獻之不足徵，大概卽爲將來公羊家「存三統」之說之所由。孔子又曾說：

周監於二代，郁郁乎文哉！吾從周。

可見孔子對歷史傳統，實富於一種比較觀。夏、殷、周三代的禮樂政教，其本身必有種種之不同，雖論語所記未詳，然孔子於此必時時言之。如是，則孔子所抱的歷史觀，毋寧是與西漢公羊家所說的「三王異統」說較近，而唐韓愈以下至於宋儒所說的，堯、舜、禹、湯、文、武、周公而下至孔子的一線相承的「道統」論，却好像轉於論語乏明徵。

子張問：「十世可知也？」子曰：「殷因於夏禮，所損益可知也。周因於殷禮，所損益可知也。其或繼周者，雖百世可知也。」

這一條，實可想像孔子心中，該有繼周之新王，而新王定制，必於前朝有損益。他又說：

甚矣吾衰也！久矣吾不復夢見周公。

朱子注此條說：「孔子盛時，志欲行周公之道，故夢寐之間，如或見之。」此所謂「欲行周公之道」者，亦可說是慕效周公般的制禮與變法，並不是想一一回復遵照周公之成規。所以說：

如有用我者，吾其為東周乎？

「爲東周」即是繼西周而起之新王，決不是一遵周公西周之舊制。

顏淵問為邦，子曰：「行夏之時，乘殷之輅，服周之冕，樂則韶舞。」

可見孔子所云「吾從周」，正爲周能監於二代而損益，以成其郁郁乎之文。孔子理想中之繼周而起者，當不僅監於周，抑將監於自舜以下與夏、殷之諸代而損益之。所以他又說：

文王既沒，文不在茲乎！天之將喪斯文也，後死者不得與於斯文也。天之未喪斯文也，匡人其如予何？

朱子注此條云：「文，蓋禮樂制度之謂。」此釋「文」字甚諦當。文王、周公興起了西周一代的禮樂制度，以成其郁郁乎之文，現在周道已衰，而孔子實有他自己理想中的一套新王的禮樂制度之規模，所以說「文不在茲乎」。

論語又曾說：

> 天下有道，禮樂征伐自天子出。天下無道，禮樂征伐自諸侯出。自諸侯出，蓋十世希不失矣。自大夫出，五世希不失矣。陪臣執國命，三世希不失矣。天下有道，政不在大夫；天下有道，則庶人不議。

他又說：

> 祿之去公室，五世矣。政逮於大夫，四世矣。

在孔子心目中，他認爲當時是一個無道之世，是絕不成問題的。所以他要以一庶人的地位而來議當世之禮樂征伐，那是一件極易想像的事。今所見於論語的，則只是一般原則性的話。至於孔子對於當世禮樂征伐一切具體的訾議和批評，則他的弟子們，並沒有詳細記下，而大體則見之於春秋。所以孟子說：「春秋成而亂臣賊子懼。」司馬遷亦云：

春秋約其辭文而指博，故吳、楚之君自稱王，而春秋貶之曰「子」。踐土之會實召周天子，而春秋諱之曰「天王狩於河陽」。推此類以繩當世貶損之義。後有王者，舉而開之，春秋之義行，天下亂臣賊子懼焉。

孟子又說：

春秋無義戰，彼善於此則有之矣。

既是征伐不自天子出，自然無一而合於義。則今公羊「疾始滅」（隱二年），「疾始取邑」（隱四年），「疾始以火攻」（桓七年）之類，自然不能說全沒有根據。很顯然的，孔子春秋必然反篡弒，也必然反征伐。而孔子心中，並有他自己一番對於新的王政措施之想像與把握。所以論語說：

如有用我者，朞月而已可也。三年有成。

又說：

善人教民七年，亦可以卽戎矣。

又說：

如有王者，必世而後仁。

又說：

善人為邦百年，亦可以勝殘去殺矣。

那些話，却全不是偶然的。在孔子當時，實顯然有他一番具體的想像與把握。然而也終止於是想像而已。所以孔子終於說：

鳳鳥不至，河不出圖，吾已矣夫。

這一個慨嘆，却正與西漢公羊家傳述孔子作春秋的微旨，如合符節呢！如是則無怪乎他們要說「孔子志在春秋」了。

論語又有一段說：

子貢曰：夫子之文章，可得而聞也。夫子之言性與天道，不可得而聞也。

此所謂「文章」，正指詩書禮樂，正指歷史制度，正與文王之「文」，「郁郁乎文哉」之「文」，「文不在茲乎」之「文」，同一義蘊。而朱子注此條，則說成「德之見乎外者，威儀文辭皆是」。這就不免爲是宋人的見解了。這可證漢以前儒者尊孔子，重王道；唐、宋以下儒者尊孔子，重聖德。於是「性」與「天道」遂爲宋儒所喜言，而孔子春秋的微言大義，反而在後代成爲不可得而聞。

以上專就論語言，也就可見西漢公羊家言，縱非一一是孔子當時口述相傳眞如此，但亦並不能說是全無踪影，都由漢儒憑空所揑造。「流落人間者，泰山一毫芒」，孔子與門弟子當時所講論，決不能一一盡見於論語，而所見於論語中者，如上所引之諸條，卽足證西漢公羊家言也自有他們的來歷。如是，則捨棄了春秋，專治論語，決不足以見孔子之學之全，與其所志之眞，也就可以想見了。

耶穌說：「凱撒的事凱撒管，上帝的事由我管。」孔子則似乎不太喜歡管上帝的事，所以說：「性與天道，不可得而聞」；而孔子偏愛管凱撒的事，所以說：「春秋，天子之事也。春秋成，而亂臣賊子懼。」我們此刻，並不要如戴望般，專據春秋來講論語，但我們若以論語、孟子來講春秋，則春秋顯然並不盡如杜預、章學誠諸人的想法。春秋還是一部亦經亦史的一家言。而儒學傳統，自然也不能盡如宋儒程、朱之所說。漢、唐諸儒，從事實際政治的，自然也是儒學之一支。天下永遠是無道，若我們眞要議天下，似乎孔子春秋精神，所謂其深切而著明處，我們還得繼續講。我們必須上承周公，下接孟子，會通漢、宋，纔始能瞭解得孔子論學全部的精神呀！（本文牽涉甚廣，語焉不詳，其中有與以前拙著詳略互見，可資參讀者，隨事略舉如上引。惟鄙文此所陳述，實有爲以前拙著所未盡闡發者。故詳列舊文，亦資讀者之比觀。自謂若循本文所指推尋之，庶可於中國經學史與儒學史之演變，獲得一更高之綜合。至篇中所引故實，其出處來歷，除隨文就見者外，因省篇幅，不再一一詳列之。而獨於作者之私人著作，不厭屢次提及者，此亦古人一家著述，自具一家系統之微意。極知僭妄，亦盼讀者之諒宥。又按：本文宗旨，僅爲闡述孔子作春秋之精神，至於孔子春秋本書之研討，則其事既甚難，亦非本文之所重。有時作學術史研究，其重要不亞於學術著作本身之研究，此亦其一例。大易、春秋，昔之學者，已有「廬山霧海」之歎。若誤謂本文作者有意提倡何休、杜預、范寧與啖助、趙匡、陸淳諸人奉爲治孔學之宗師，則非作者所敢承。）

周官著作時代考

一　關於祀典……三一三

四　其他……四六二

周官自劉歆、王莽時，衆儒已「共排以非是」。其後雖有少許學者信崇，終不免爲一部古今公認的僞書。然謂其書乃劉歆僞造，則與謂其書出周公制作，同一無根。我前草劉向歆父子年譜，曾於劉歆大批僞造古書一說，加以辨白。對此問題，將來還擬續有討論。此文則就周官一書，考其著作時代，藉明眞相。凡篇中所提供者，以有關積極的論點爲主。至於消極方面的辨駁，本文不想過分地用力。

何休曾說：「周官乃六國陰謀之書。」據今考論，與其謂周官乃周公所著，或劉歆僞造，均不如何氏之說遙爲近情。下面分四章，證成何意。

一　關於祀典。

二　關於刑法。

三　關於田制。

四　其他。

一　關於祀典

第一　論五帝祀之來歷

周官記祀五帝，凡有九處：

1. 天官太宰　2. 掌次　3. 地官大司徒
4. 充人　5. 春官小宗伯　6. 司服
7. 秋官大司寇　8. 小司寇　9. 士師

詩書只言「天」、「帝」，而無「五帝」。「五帝」乃戰國晚起之說。祀「五帝」，其事興於秦。史記封禪書云：

初，秦襄公攻戎救周，始列為諸侯。居西垂，自以為主少皞之神，作西畤，祠白帝。其牲用駵駒、黃牛、羝羊各一云。

其後十六年，秦文公東獵汧、渭之間，卜居之而吉。文公夢黃蛇自天下屬地，其口止於鄜衍。史敦曰：「此上帝之徵，君其祠之。」於是作鄜畤，用三牲，郊祭白帝焉。……作鄜畤後七十八年，秦德公既立，卜居雍，「後子孫飲馬於河」，遂都雍。雍之諸祠自此興。用三百牢於鄜畤。（索隱曰：「『百』當為『白』，秦君西祀少昊，牲尚白牢。」）其（德公卒）後六年，秦宣公作密畤於渭南，祭青帝。

其後秦靈公作吳陽上畤，祭黃帝。作下畤，祭炎帝。櫟陽雨金，秦獻公自以為得金瑞，故作畦畤櫟陽而祠白帝。

漢高祖二年，東擊項籍，而還入關。問：「故秦時上帝祠何帝也？」對曰：「四帝，有白、青、黃、赤帝之祠。」高祖曰：「吾聞天有五帝，而今有四，何也？」莫知其說。於是高祖曰：「吾知之矣，乃待我而具五也。」乃立黑帝祠，命曰北畤。

據此，可證五帝祠，乃秦人特創。且秦人亦只祠白、青、黃、赤四帝，尚無黑帝。直至漢高祖入關，始足成「五帝」。其前不見有所謂五帝祀。

又考國語晉語：「虢公夢在廟，有神，人面、白毛、虎爪，執鉞立於西阿。虢公懼而走。神曰：『無走！帝命曰：「使晉襲於爾門。」』公拜稽首，覺，召史嚚占之。對曰：『如君之言，則蓐收也。天之刑神也。』」又墨子明鬼篇：「秦穆公當晝，日中處乎廟，有神入門而左，鳥身，素服玄純，面狀正方。穆公見之恐懼，奔。神曰：『無懼，帝享汝明德，使予錫汝壽十年有九。』穆公再拜稽首，曰：『敢問神名。』曰：『予爲句芒。』」左傳昭公二十九年，晉太史蔡墨言：「有五行之官，祀爲貴神。木正曰句芒，火正曰祝融，金正曰蓐收，水正曰玄冥，土正曰后土。」諸書所言，亦僅有「五行神」，而無「五方帝」。故虢公夢蓐收，穆公夢句芒，皆稱「帝命」，更不加「青帝」、「白帝」之別。墨子貴義篇又云：「帝以甲乙殺青龍於東方，以丙丁殺赤龍於南方，以庚辛殺白龍於西方，以壬癸殺黑龍於北方。」鬼谷子：「盛神法五龍」，陶弘景注：「五龍，五行之龍也。」水經注引遁甲開山圖云：「五龍見教，天皇被迹。」榮氏注云：「五龍治在五方，爲五行神。」據墨子所言，仍見其時先有五行神，而無五方帝。故只云「帝殺青龍、赤龍」，而不稱「青帝」、「赤帝」。莊子應帝王篇始稱「中央之帝」、「南海之帝」、「北海之帝」。莊生寓言，不爲典要。然似其時亦尚無所謂五方帝。既無五帝，則決不能有五帝祀，其理甚顯。

春秋時，魯國曾僭行郊天之禮。然當時魯國似只郊祀上帝，並非祀五帝，亦非在五帝中祀了任何一帝。魯既如此，秦亦宜然。竊意當秦襄公時，亦僅是僭行郊禮而祀上帝，故史記又云：

太史公讀秦記，以爲秦雜戎翟之俗，作西畤，用事上帝，僭端見矣。位在藩臣，而臚於郊祀，君子懼焉。

明說他「用事上帝，臚於郊祀」。可見秦襄公西畤所祀，也只是當時惟一的上帝。而史記又謂其：

居西垂，自以爲主少皞之神，作西畤，祠白帝。

此乃據後人「東方青帝」、「西方白帝」之新觀念，來追寫前代史迹。其實前人只知祭上帝，亦並未說所祭乃是五帝中之白帝也。

秦文公鄜畤所祀，亦如襄公之例。故史敦曰：

此上帝之徵，君其祠之。

此其爲祀上帝甚顯。且文公因夢黃蛇而作郊祀，若依後世五德符瑞之說，夢黃蛇應該祀黃帝。正緣當時尚無五天帝之說，故史敦只謂是「上帝之徵」。而史公也爲他下了「祀白帝」一語。其後秦宣公渭南密畤，秦靈公吳陽上、下畤，依例類推，盡只是祀上帝，並非祀青帝和黃帝、炎帝也。

大抵「五方色帝」之說，起於戰國晚世。及秦帝而燕齊方士奏其說。始皇採用之，遂始祀五帝。因以前鄜畤之舊祀白帝，因以前密畤之舊祀青帝，因以前吳陽上下畤之舊分祀炎帝與黃帝。四畤皆舊有，而所祀遂分爲青、黃、赤、白四帝，與以前之僅祀上帝者不同。然秦人何以只祀青、黃、赤、白四帝而獨缺一黑帝，此一層殊難解說。何焯謂：「秦自以水德當其一」，此說似較有理，今亦更無別說可考。惟此可見秦人之始祀五帝，本亦只有其四。至於西畤、畦畤，在秦人當時本亦僅以祀上帝。自高祖入關，因雍四畤增北畤祀黑帝，足成五帝祀之後，遂只知有五方色帝，却不復知有原先的上帝。所以誤認雍四畤所祀，在先即是分祀青、黃、赤、白四帝。而於西畤、畦畤兩祀，却把秦人處西垂，主少皞之神之說，强說其所祀乃白帝。此如謂魯處東方，主太皞之神，春秋時僭行郊禮，故其所祀乃青帝，豈不大誤？（雍四畤是鄜畤、密畤、吳陽上、下畤四處。據史記秦本紀正義引括地志，西畤、畦畤，並不在雍四畤之列。史記封禪書索隱誤入畦畤，出鄜畤，其說不可信。）

何以說漢人只知有五方色帝，不復知有原先惟一的上帝呢？據封禪書：「武帝時，亳人謬忌奏祀泰一方。謂：『天神貴者泰一，泰一佐曰五帝。』」「泰一」之名，亦戰國晚年始有。漢廷於「五帝」之上增祀「泰一」，即是當時人不知原先惟一的上帝之證。惟其不知有原先惟一的上帝，所以要說秦人所立諸時，一開始便是分祀五方色帝了。

五方色帝的祀典，除史記秦本紀及封禪書所記，又見於晏子春秋，其說曰：

楚巫微見景公，曰：「請致五帝以明君德。」景公再拜稽首。楚巫曰：「請巡國郊，以觀帝位。」至於牛山而不敢登，曰：「五帝位在於國南，請齊而後登之。」

晏子春秋亦戰國晚年僞書。五天帝之說，本興於燕齊海疆之方士。今謂楚巫「請致五帝」，便見齊人當時亦不祀五帝也。五帝祀直到秦始皇統一後，纔正式採用。何嘗是春秋前所有？又何嘗是周公之所定？

第二　論五帝分祀

五帝祀本無其制，既如上述。至於五帝分祀四郊，其事更屬子虛烏有。周官春官小宗伯有云：

兆五帝於四郊。

秦祀四帝，是否按方位排列，已難詳考。晏子春秋所記楚巫之言，亦僅謂五帝之位在國南，並無青帝在東郊、白帝在西郊之方位分配。古人郊天祀帝，最先應是隨陽光而常在南方的。所以郊特牲云：「兆於南郊，就陽位也。」（魯城正南門曰稷門，南城西門曰雩門，皆以祭祠得名。穀梁傳莊二十年亦云：「南門者，法門也。」）及呂不韋賓客著春秋，始有「東郊迎春，南郊迎夏，西郊迎秋，北郊迎冬」之說。此乃戰國晚年五行學者理想上之冥構，何嘗爲當時之實制？故漢平帝時，王莽奏曰：

> 謹案周官：「兆五帝於四郊」，山川各因其方。今五帝兆居在雍五時，不合於古。

又文帝十五年，用新垣平言，作渭陽五帝廟。同宇，帝一殿，面各五門，各如其帝色。則秦時雍五時及漢時渭陽五帝廟，似均不曾按方位，兆四郊。分郊祀五帝，除周官及呂氏春秋兩書有頗相類似之說而外，更無其他切實根據可證。奈何謂此乃周公所制，或春秋前所有？且迎氣亦不必有丘兆。直到太平御覽禮儀部所引皇覽逸禮始云：

> 距冬至四十五日，天子迎春於冬郊，堂距邦八里，堂高八尺，堂階八等。自春分數四十六日，迎夏於南郊，堂距邦七里，堂高七尺，堂階七等。自夏至數四十六日，迎秋於西郊，

堂距邦九里，堂高九尺，堂階九等。自秋分數四十六日，迎冬於北郊，堂距邦六里，堂高六尺，堂階六等。

才始會合呂紀與周官而作成一種精密的規定。後人書言古代禮制，多出冥構，愈講愈細，而愈不可據，即此可舉以爲例矣。

第三 論帝、昊天上帝和五帝的分異

周官言「天」者凡三處：

1. 天官司裘 2. 春官大宗伯 3. 典瑞

言「昊天上帝」者凡兩處：

1. 春官大宗伯 2. 司服

言「上帝」者凡六處：

1.天官掌次　2.春官大宗伯　3.肆師　4.典瑞　5.大祝　6.秋官職金

郊天祀帝，本屬周家舊制。祀五帝之說，則起於戰國末世，而始採用於秦。其五帝分祀四郊，則又是當時學者間一種空想與冥構。凡此情節不同，而周官作者，一一爲之兼羅並存，其間自不免有衝突，不可並存處。即如春官司服云：

> 王之吉服，祀昊天上帝則服大裘而冕，祀五帝亦如之。

此即將兩種本來各異的制度或說法，無意中誤混爲一，却使後來一輩作注疏者甚感困難。孫詒讓周禮正義卷四十爲之分疏云：

> 經「昊天」指冬至圜丘，「上帝」指夏正南郊，及大旅言之。上帝，即受命帝也。五帝當指冬祀黑帝，春祀蒼帝。蒼帝雖即為受命帝，然迎氣五郊，禮秩平等，與南郊大祀異也。月令：「孟冬，天子始裘。」夏秋及中央所祀三帝，皆非服裘之時，則亦唯被龍袞而已。經云五帝，渾舉之辭耳。

此一段疏說，包含幾個應分別解決的問題。1.「郊」、「丘」之異同。2.「受命帝」與「南郊」之區別。此二問題均俟下面再論。惟周官明明說祀五帝亦服大裘，而孫氏為之說曰：冬祀黑帝，春祀蒼帝，皆服大裘，而夏、秋及中央祀赤、白、黃三帝則被龍袞。其間破綻，只用「經云五帝，渾舉之辭耳」一語掩過。孫氏不悟周官本非史實記載，書中自有衝突，自有破綻。而定要為之彌縫掩飾，遂至於此。且五帝分祀四時，周官全書中並未提及。周官只說五帝分兆四郊。照理推想，既將五帝兆位分列東西南北四郊，自應於春夏秋冬四時分祀。否則同時兼祀四郊五帝，於情理似欠合。而細玩周官原書，實無五帝四時分祀之跡象可求。無寧謂在周官作者之心意中，五帝實是同時兼祀，轉較近情。如天官冢宰云：

> 祀五帝，前期十日，帥執事而卜日，遂戒。

如秋官大司寇云：

> 禋祀五帝，則戒之日，涖誓百官，戒於百族。

此均不似四時分祀也。且春官大宗伯云：

以蒼璧禮天，以黃琮禮地，以青圭禮東方，以赤璋禮南方，以白琥禮西方，以玄璜禮北方。

以天地四方分六色，而黃色屬地。又云：

以六器禮天地四方。

也並不曾把「中央」插入「四方」裏面去。若只就周官原書看，似乎「季夏祀中央黃帝」的說法，在周官成書時，其說尚未完成，因此周官作者亦未及採用。直要到呂不韋著春秋，纔始於四時四郊分祀五帝有一番精詳的規定。周官作者則只說了一句分祀五帝於四郊，而未及把五帝與四郊的方位顏色配列清楚。此僅可謂是周官作者精神有所不及，而一時疎忽了。亦正因其書並非史實記錄，故於兼羅各種素材而加以組織時，終不免有漏洞與裂痕也。

第四　論郊丘異同

其次論「郊」、「丘」異同，此乃引起後來諸儒在禮制上紛然爭論一極複雜的問題。孫詒讓正義卷十一謂：

「帝」之與「天」，雖可互稱，而此經則確有區別。通校全經，凡云「昊天」者，並指圜丘所祭之天。凡云「上帝」者，並指南郊祭受命帝。

此乃主「郊」、「丘」兩祭不同之說者，可謂是屬於鄭玄一派。然若說郊、丘兩祭不同，1.須說圜丘祭在冬至，而南郊祭則在立春；此層留待下辨。2.須說圜丘所祭乃昊天，而南郊所祭爲受命帝，此層可先剖說。「受命帝」云云，當係鄒衍之徒主張「五德終始」一派學說者所提出。淮南齊俗訓高誘註引鄒子曰：

五德之次，從所不勝，故虞土，夏木，殷金，周火。

文選注亦引之。鄒衍之徒之「五德終始」說，後代早已失傳，此爲僅存可考之語。虞以土德王，他的受命帝是五帝中之黃帝。夏以木德王，他的受命帝是蒼帝。殷是白帝，周是赤帝，各從所不勝而相轉移。金不勝火，因而以金德王之殷，不免要轉移於以火德王之周。然而五德轉移之說，和五帝分祀之禮，並不能同條共貫。鄒衍著書本有兩種：一是鄒子四十九篇，一是鄒子終始五十六篇。史記封禪書有云：「鄒子之徒，論著終始五德之運，及秦帝而齊人奏之」，此謂五德以

「相勝」爲轉移，「受命帝」之說，卽源於此。而封禪書又云：「鄒衍以陰陽主運顯於諸侯，而燕齊之方士傳其術不能通」，「主運」之說在鄒子四十九篇中。史記集解引如淳曰：「今其書有主運，五行相次轉用事，隨方面爲服。」索隱亦云：「主運是鄒子書篇名。」此乃五帝分祀說之來歷，其詳見於呂氏春秋與月令。大體爲在一年內遍祀五帝。春祭蒼帝，夏祭赤帝，季夏祭黃帝，秋祭白帝，冬祭黑帝，還用方色和時景與相配合。東方青色，而春天亦屬青色，因此在春天祀青帝於東郊。南方赤色，而夏天亦屬赤色，因此在夏天祀赤帝於南郊。不問其以何德王，其受命帝係何色帝，均應隨時令而兼祀五帝。亦均應隨時令而逐一分祀五帝，如上云云，周而復始。而且其五行編排的次序，乃主「相生」，不主「相剋」，明不與五德轉移說相同。大概主運這一路說法，或出鄒衍當時手創。故封禪書既謂：「鄒衍以陰陽主運顯於諸侯」，而孟荀列傳又云：「鄒子作主運」也。至於五德終始說五十六篇，或出鄒衍後學之手。故封禪書謂：「鄒子之徒論著終始五德之運。」而漢書藝文志分列兩書，亦以鄒子四十九篇（內包主運者）在前，而鄒子終始五十六篇則列在後。至於謂秦始皇時而齊人奏之者，乃屬終始五十六篇五德轉移之說。故始皇採用之，自以水德代周火德王，而於雍四時分祀青黃赤白四帝，獨缺黑帝。此種祀典，顯與呂覽、月令一年遍祀五帝者絕不同。而且封禪書又明說：

……惟雍四時上帝爲尊，……春以爲歲禱，因泮凍。秋涸凍。冬賽祠。五月嘗，駒。及四仲之月，若月祠。……木禺龍欒車一駟，木禺車馬一駟，各如其帝色。

可見雍四時實乃同時祭祀，並不以春祀青帝、夏祀赤帝爲別。又曰：

三年一郊。秦以十月爲歲首，故常以十月上宿郊見。通權火，拜於咸陽之旁而衣上白。其用如經祠云。

可見秦人郊禮也只一次，並不以昊天上帝和受命帝分別爲兩祭也。

今周官書雖有五帝祀，但並未說明要四時分祀，一年而遍，即不得認周官所言爲與呂覽、月令相同。而周官書亦並未採及五德轉移及受命帝的說法，此一層尤爲顯著。則何得妄爲附會，强分「昊天」和「上帝」之不同，而謂一是「天」而一是「受命帝」乎？而況秦廷雖採齊人受命帝之說，亦並不見有以天與受命帝劃分爲二之迹象和證據。只因鄭玄到孫詒讓此一輩人，誤認周官之書，乃古代一部典禮之實錄，又誤把周官與呂覽、月令及鄒衍後學一派所主張之五德轉移受命而王之終始說，統混爲一，認爲是同一事之多面，又誤認爲其自古已然，在周公時而早已勒爲定制。所以要勉强用受命帝的說法來分別周官書中之「昊天」和「上帝」。此乃愈求會通，而愈陷於糾紛，不如分別各自爲說，轉可得古人與古書之眞相也。

第五　論冬至祭及立春祭

今若撇去「受命帝」之曲說，便無從分別，也無需分別「昊天」和「上帝」之不同。其次則有「冬至祭」和「立春祭」的歧點，其實此乃一曆法問題。依照三統舊說，夏正建寅，殷正建丑，周正建子，則三代之正月便已各自不同。據今推論，周正建子，顯然是確有其事的。而春秋時晉國便用建寅夏正，可見在當時，已不像有天下共遵的正朔。而且與其說夏正在一千幾百年前早已通行，似乎無寧說它是與周曆或先或後的一種地方曆。惟在春秋時，此種地方曆，不僅與周曆並見採用，而且漸漸地佔到優勢。論語上記孔子說：「行夏之時」，若此語可信，或孔子在當時，已是開始主張採用夏曆來代替周曆了。下到戰國時，夏曆推行益廣。周官的著者，我疑他是晉人。（下面續有證。）因此，他常不免把晉國所行的夏曆，與當時舊傳的周曆，此兩種不同的曆法，兼羅並用。因此，在一種制度裏，常常含混地行使了兩種的曆法。地官鄉大夫之職說：

正月之吉，受教法於司徒，退而頒之於其鄉吏。

而同時又說：

歲終，則令六鄉之吏皆會政致事。正歲，令羣吏考法於司徒以退。

州長之職說：

歲終，則會其州之政令；正歲，則讀教法如初。

此處之所謂「正月」，便是周王正月，以十一月爲歲首的建子之正。此處之所謂「歲終」，便是夏曆十二月，和豳詩裏以十二月爲卒歲之月者正同。故「正歲」便是夏正建寅之月，在周曆已是三月，而在夏曆則爲正月。周官書裏以歲時序事，均先言「正月」，次言「歲終」，再言「正歲」。是在一個朝廷上，而同時行用了兩個正朔，這正和上舉祭天了還祭五帝同樣的滑稽。此豈周公所制？又豈春秋前所有乎？

尚書堯典：「正月上日，受終於文祖。歲二月，東巡守」，亦分「正月」、「正歲」，正和周官一例，足見此兩書實是相同時代之作品也。（洪範「五紀」則徑稱「歲、月、日」。）而冬至的圜丘和立春的南郊祭，則正從「正月」、「正歲」兩種曆法的轉變上引生出歧異來。因冬至恰相當於周曆之正月，而立春則當夏曆正月也。周人祭天當用冬至，此事儘無可疑。故郊特牲云：

周之始郊日以至。

又云：

郊之祭也，迎長日之至也，大報天而主日也。

但到戰國晚年，另有一輩學者起來主張用夏曆了。正歲既變，則一歲更始之祭天大禮，自然也會隨而變。這便是立春南郊祭的來源。呂氏十二紀卽是主張採用夏曆者，（呂不韋亦晉人，而他的賓客，亦以三晉爲多。）在正月裏便說：

是月也，天子乃以元日祈穀於上帝。

而在仲冬十一月冬至，却別無祭天之禮。此卽是把冬至祭移爲立春祭之確證也。此一分歧和轉變，早在春秋時已見其端倪。

左傳襄公七年，魯國孟獻子有云：

夫郊祀后稷，以祈農事也。是故啓蟄而郊，郊而後耕。

而郊特牲却云：

郊之祭也，大報本反始也。

此兩處講郊祭用意，顯然不同。馬端臨文獻通考郊祀一疏說之云：

按古者一歲郊祀凡再。正月之郊為祈穀，月令及孟獻子所言是也。十一月之郊為報本，郊特牲所言是也。

其實此種分疏，並非古代之眞相。穀梁哀元年記魯郊事云：

郊自正月至於三月，郊之時也。我以十二月下辛卜正月上辛。如不從，則以正月下辛卜二月上辛。如不從，則以二月下辛卜三月上辛。如不從，則不郊矣。

小戴記明堂位亦云：

魯君孟春祀帝於郊。

孟春乃周正子月。可見魯郊本在周正月。而且小戴記雜記篇中又明記孟獻子之說，謂：

正月日至，可以有事於上帝。

更可見魯郊本在正月日至。但因卜牲卜日或有不吉，種種麻煩，而當時的君卿大夫，又常不免嬾了，所以正月日至的郊天大禮，往往展緩移後。孟獻子所謂「啓蟄而郊」，此乃一時有感而發，決不當據爲當時之定制。蓋魯人在是年（襄公七）以夏四月卜郊，三卜不從，乃免牲。孟獻子曰：

吾乃今而後知有卜筮。夫郊祀后稷，以祈農事也。是故啓蟄而郊，郊而後耕。今旣耕而卜郊，宜其不從也。

孟獻子乃本魯人當時習慣，郊祭常在正月至三月。而魯人之嬾益甚，這一次又遲遲拖延至四月始卜郊。恰巧三卜不從，孟獻子乃由此會悟到卜筮之有靈，與古人郊天之用意。他說：「郊天本是爲民祈農的，所以至遲也應在耕作之前。四月農作已興，始事卜郊，宜其不從。」這是孟獻子偶然有感而發之言。他說郊祭至遲應在耕作前，而後來却變爲常然的，郊祭恰定在農耕的開始了。

所以桓六年的左傳云：

凡祀，啓蟄而郊，龍見而雩，始殺而嘗，閉蟄而烝，過則書。

竟說「凡祀，啓蟄而郊」，便與「正月日至，可以有事於上帝」之說大不同，便與「郊祭大報本反始」之意迥別了。人類智識隨時而變，他們對於宗教上的一切想像和解說，以及對各種禮儀制度之實施和觀感也會隨之而變。郊天之禮，從冬至到啓蟄，從周正到夏正，從大報本返始到祈農事，把一種重農的主張加進去，也不可不說古人在宗教思想、祭神觀念中，也有一番進步。但後儒却把這一段歷史上生長流化的事變，看成爲一種政治上固定呆板的制度。而忽略了其時間性之推移，而以爲是一時並存之事，則宜乎有許多的紛爭了。

關於這一層，鄭玄的說法却不錯，而所錯者在王肅。郊特牲孔疏說：

王肅之說，以魯冬至郊天，至建寅之月又郊以祈穀，是二郊也。鄭康成說異於此，魯惟一郊。

王肅專與鄭玄立異。鄭玄說郊天、圜丘是二，王肅說是一。鄭玄說魯惟一郊，王肅說有二。鄭玄對於郊天、圜丘之辨是錯了，因此王肅的說法便對了。鄭玄對於魯惟一郊之說是準了，於是王肅又不得不錯了。歷來禮家之紛爭，尙還有此一種意氣門戶之私夾雜在後面，此亦衡評古人是非者所不可不知也。

於此可舉一旁證，以爲說明。周官春官龜人：「上春釁龜。」鄭注：「上春者，夏正建寅之月。」月令，在孟冬，「命大史釁龜筴」。此因秦以十月爲歲首，秦之孟冬，正相當於周官裏的「上春」，同爲一歲之始。正如周以冬至郊天，而改用夏曆後，則自當改爲立春郊天，此皆隨曆法之變更而相異者。至於在同一曆法下，則何必分冬至、立春兩番舉行乎？

根據上論，周官所記「天」和「上帝」，固不見有何分別。而「圜丘」祭天，也未見和「南郊」是二非一。所以王肅說：

郊卽圜丘，圜丘卽郊。所在言之則謂之郊，所祭言之則謂之圜丘。於郊築泰壇，象圜丘之形。以丘言之，比諸天地之性。故祭法云：「燔柴於泰壇」，則圜丘也。郊特牲云：「周之始郊日以至」，周禮云：「冬至祭天於圜丘」，知圜丘與郊是一也。（郊特牲疏）

其論極明析。然而周官書中，却每每重用夏曆、周曆，如上舉正歲、正月之例。若說圜丘必然專從周曆，定在冬至，此說自易啓後人之疑。抑且古曆分、至本不繫時，至日或稱長短，或别南北，不言冬夏。依周曆言，春王正月，時月皆改。日短至立春已半月，日長至立秋已半月。卽欲繫時，亦當以春秋，不當以冬夏。（此本萬斯大周官辨非。）周官言「日冬至」、「日夏至」，又是明用夏曆，而非周曆。旣用夏曆，何不以夏曆之歲首正月郊天，而仍還用周曆之冬至祭天乎？此說殊不可解，只可算是周官著者精神自有疏忽處。以後秦以十月爲歲首，故秦制常以十月上宿郊見，並不遵用冬至。漢人亦多在歲首郊祀。從習慣上之推遷言之，秦之十月，漢之正月，本與周人冬至郊天似異實同；同是人君在一歲之首郊見上帝。而此後周官之書出現，有些學者見了冬至祭天之說，轉滋懷疑。所以鄭玄說：

圜丘祭昊天在冬至，南郊祭受命帝在夏正月，二者不同。（魏書禮志引）

而王肅則謂：

周以冬至祭天於圜丘，以正月又祭天以祈穀。祭法稱「燔柴泰壇」，則圜丘也。春秋傳云「啓蟄而郊」，則祈報也。（齊書禮志引）

此眞所謂楚則失矣，而齊亦未爲得也。正因周官乃是一部學者理想中之冥構，本非歷史實錄。周官作者，兼採了各種素材，集合拼湊，不免有漏洞，有破綻。一面既改用夏曆，一面又沿襲周正。遂使後來注家，橫生許多猜疑曲解，而郊天大禮，遂爲從此以下一大爭案。此豈周公所制，又豈春秋前所有？然其決非西漢後人僞造，亦可從此而見矣。

第六　附論漢以後郊

漢文帝十五年，有司禮官皆說：「古者天子夏躬親禮祀上帝於郊，故曰郊。」文帝遂於夏四月幸雍，郊見五時。劉歆謂：「三王之郊一用夏正。於時據十月爲歲首，故言夏郊。」其實漢未改月，（此層王引之有詳辨。）劉說全誤。今考春秋，載魯以四月郊者，有僖公三十一年、成公十年、襄公七年、又十一年、哀公元年，凡五見。故春秋載魯郊，以四月爲最多。（正月郊有宣三、成七，五月郊有定十五，九月郊有成十七，則爲報饗，非祭天。）文帝時諸儒，或竟據此而謂古天子夏郊上帝，則僅見其時稽古之疏而已。至武帝元光二年，始以冬十月幸雍祠五時，此爲歲首行郊禮。其時稽古之業，確比文帝時爲進步。其後元狩元年、二年，元鼎四年、五年，皆以冬十月幸雍祠五時。而元鼎四年十一月冬至立泰畤於甘泉，天子親郊見，期日夕月，是爲漢人以多至郊天之始。而其時多至郊天（泰一），轉在歲首郊天（雍五畤）之後。其後直至太初元年，一路仍以多十月祠雍五畤，十一月多至郊泰畤。是年（太初元年）改曆，以正月爲歲首。此後天漢元年正月，幸甘泉，郊泰畤，便以歲首，不以多至。後元元年亦以正月郊泰畤。自此以後，甘泉泰一祠常在歲首正月，便似搶代了雍五畤的地位。此後宣帝神爵元年，正月幸甘泉，郊泰畤，三月幸河東，祠后土，便是循行武帝天漢後故事。五鳳元年正月，幸甘泉，郊泰畤。二年春三月，幸雍，祠五畤。三年三月，幸河東，祠后土。甘露元年、三年、黃龍元年，皆以春正月幸甘泉，郊泰畤。元帝初元二年正月，幸甘泉，郊泰畤。五年三月，幸雍，祠五畤。永光元年正月，幸甘泉，郊泰畤。四年三月，幸雍，祠五畤。五年正月，幸甘泉，郊泰畤，三月幸河東，祠后土。建昭元年三月，幸雍，祠五畤。二年正月，幸甘泉，郊泰畤；三月幸河東，祠后土。亦仍沿武帝天漢以來故事，於歲首正月郊泰畤，而雍五畤則與汾陰后土並祠三月也。至成帝建始元年十二月，始罷甘泉、汾陰祠，作長安南北郊。明年正月，罷雍五畤，以正月郊祠長安南郊，三月祠后土北郊。其議出於匡衡。以下至永始二年冬十一月，又幸雍，祠五畤。三年冬十月，盡復甘泉泰畤、汾陰后土、雍五畤。四年春正月，幸甘泉，郊泰畤，三月幸河東，祠后土。元延元年三月，幸雍，祠五畤。二年正月，幸甘泉，郊泰畤；三月幸河東，祠后土。三年三月，幸雍，祠五畤。四年正月，幸甘泉，郊泰畤；三月幸河東，祠后土。綏和元年三月，幸雍，郊五畤。二年正月，幸甘泉，郊泰畤；三月幸河東，祠后土。是年帝崩，皇太后詔復長安南北郊。哀帝建平三年，又復甘泉泰畤、汾陰后土祠，罷南北郊，然不親至。平帝元始五年，王莽又奏復長安南北郊；並據周官謂：

「冬日至，於地上之圜丘奏樂六變，則天神皆降。夏日至，於澤中之方丘奏樂八變，則地祇皆出。」天地有常位，不得常合，此其各特祀者也。陰陽之別，於日冬、夏至，其會也，以孟春正月上辛若丁，天子親合祀天地於南郊，以高帝、高后配。陰陽有離合，易曰：「分陰分陽，迭用柔剛。」以日冬至使有司奉祠南郊，高帝配，而望羣陽。日夏至，使有司奉祭北郊，高后配，而望羣陰。皆以助致微氣，通道幽弱。當此之時，「后不省方」，故天子不親而遣有司。

此乃西漢一代郊天祀地，典禮無定，種種變動之一個大結束。王莽、劉歆「發得周禮」，得所根據，遂定爲日冬至祭天，日夏至祭地之說。而對於向來之歲首郊天，則轉覺無從强合。因此想到周易書中，有「分陰分陽」、「后不省方」諸語，而牽强說成冬、夏兩至，天子不親祭。又謂孟春正月，則爲陰陽會合之期，天子乃親合祀天地於南郊。其爲附會不通，誠屬可笑。然亦從周官書中「冬至郊天」一語上生歧也。故西漢自文帝以來，雖稽古未密，然因循隨俗，轉走上了古人歲首祀天之老路。至王莽、劉歆，考古工深，較諸前人，遙爲精密，而轉覺於事情欠合，乃不得不造出此種種勉强之說耳。今若謂莽、歆僞造周禮，則試問對於以上之種種演變，又將如何解說乎？

歲首郊天，秦、漢既仍沿襲周人舊制，而祈穀一祭，又苦於無著落，重增後人之念惜。秦蕙田五禮通考說之曰：

祈穀之祭，三代以後，不行久矣。西漢五畤、泰畤，天帝莫分，正祭尚未舉行，何有於祈祭？成帝雖作長安南北郊，旋廢旋復，卒改合祭。後漢正月祭南郊，時用孟春，却是正祭。魏氏相沿。晉武帝泰始二年，幷圜丘、方丘於南北郊，二至之祀合於二郊。齊王儉所云：「義在報天，事兼祈穀，既不全以祈農，何必俟夫啓蟄？」則究為祀天之正祭。特以其用正月，故曰「事兼祈穀」耳，實非祈穀也。梁武帝云：「陽氣起於甲子，既祭昊天宜在冬至，祈穀必須啓蟄。」自是分為二祭，遂為後世祈穀之始。

又云：

祈穀之禮，見於經傳者，惟月令、左氏春秋。後世祀天祈穀，自梁天監始。卒復與圜丘之祀相混。至宋始分。明嘉靖舉之而未嘗能親行也。莊烈帝奮然行於國勢艱難之日，其亦有不得已於恫瘝者歟？

可見祈穀與歲首，情勢上還是個分不成。禮失則求之野，從來講禮諸學士，往往不考本原，不察情實，專重在文字書本上討論。而不知在彼輩心目中，所認爲失禮之社會習俗，却轉有不知不覺，沿著自然的情勢，而保存了一些古來之所謂禮之眞相者，如上所舉，卽其一例也。

第七　論方澤祭地

連帶著「圜丘祭天」，又有所謂「方澤祭地」。考之古籍，似乎古人只有社祭，別無地祭。

陳氏禮書云：

先王親地，有社存焉。禮曰：「享帝於郊，祀社於國。」又曰：「郊所以明天道，社所以神地道。」又曰：「明乎郊社之義。」或以「社」對「帝」，或以「社」對「郊」，則祭社乃所以親地也。

馬端臨文獻通考郊社十五引胡氏（宏）說：

古者祭地於社，猶祀天於郊也。故泰誓曰：「郊社不修。」而周公祀於新邑，亦先用二牛於郊，後用太牢於社也。記曰：「天子將出，類於上帝，宜於社。」又曰：「郊所以明天道，社所以神地道。」周禮：「以禋祀祀昊天上帝，以血祭祭社稷。」而別無地示之位。「四圭有邸，舞雲門以祀天神；兩圭有邸，舞咸池以祀地。」而別無祭社之說。則以「郊」對「社」可知矣。後世旣立社，又立北郊，失之。

二氏之論，本極明白。然而周官之書，則實有令人入迷處。春官大司樂云：

冬日至，於地上之圜丘奏之，若樂六變，則天神皆降，可得而禮矣。……夏日至，於澤中之方丘奏之，若樂八變，則地示皆出，可得而禮矣。

原來周官著者，正在陰陽的對偶上玩把戲。一面是「天神」，一面爲「地示」；一在冬日至，一在夏日至；一在地上之圜丘，一在澤中之方丘；一樂六變，一樂八變。如此安排，何等整齊？何等匀稱？然若細究此等思想之來歷，其實乃從莊周齊物論是非生死一切對稱互辨之後，經過後來道家引伸發揮，形成自然哲學之陰陽二元論，然後此種對稱的禮制，才得發生。當其先，上帝乃獨一至尊者，詩書惟稱「天」、「帝」，不見有「天地」對偶相稱之說。後人「天地」並列，則天之尊嚴已失，即此便是自然哲學、惟物主義的論調，即此便是陰陽學派的聲口。陰陽學家正起於戰國晚年，殆自道家哲學成立以後而始有。而周官制禮，顯已採用此等見解，因而來玩此一套天地方圜、陰陽寒暑兩兩相對成偶的把戲。試問此等禮制，何嘗爲周公所定，又何嘗是春秋前所有？

而且周官書中又明說：「冬日至，圜丘祭天；夏日至，方澤祭地」，顯與原來郊社舊規不合。逸周書作雒解有云：「乃建大社于國中」，此所謂「國中」，則決非方澤可知。可見周官書中所謂「夏日方澤祭地」，較之原來社祭，時間和地位，早都變了，而周官著者，却並未在其書中說明方澤之祭之並非社祭，又並未將圜丘方澤的地位分說清楚。此等處又只是周官作者的一時疏失，精神不周到，而因此又引起了後來學者很多的爭執。照理推斷，祭天在南郊，則方澤自應在北郊。於是又生出南郊祭天、北郊祭地之分別。其實則社祭和北郊，北郊和方澤，凡此異同，本只是紙上空言，無中生有，而後儒偏要據此力爭，辨成北郊之決非方澤，社祭之決非北郊，此正如謂南郊非圜丘，祈穀非南郊，同一無聊，同一入迷。其誤正在不知周官一書，乃學者一時理想上之冥構，而並非史實記錄。故其書中，亦終不免有破綻，有罅縫。即如方澤之祭，周官固並未指明其在北郊，而後人卻硬推定其在北郊了。然而北郊之祭服，又該是怎樣的呢？周官書中又忘卻規定。春官大司服云：

王祀昊天上帝，則服大裘而冕，祀五帝亦如之。

此處並未說明五帝之爲分祀抑合祀。而後人因周官有分兆五帝於四郊之說，便硬推定爲五帝是分祀四時了。然而夏秋之際，又如何能「服大裘」呢？這豈不成爲笑話嗎？至於祭地之服，周官書中也無明文。鄭玄作注，仍未提到。待賈公彥作疏始說：

崑崙、神州，亦服大裘可知。

以理而論，周官書中之「天」、「地」，既居恰相對等的地位，賈疏謂「亦服大裘」，不能說他不合。無奈在實際上，五月夏至，而服大裘，到底不成事體。月令云：「孟冬之月，天子始裘」，可見古禮並不强人所難，定要在夏至叫主祭者亦服大裘。然而依照周官書推斷，則成爲五月也該服大裘了。這一層，又成爲後來諸儒爭論難決之點。結果則使歷代爲主祭人的天子，遂以北郊爲畏途，不願躬親了。（宋代爲祭北郊要否服大裘的爭議，見文獻通考郊社九，此不具引。）古今禮制上的許多糾紛，頗都是這樣地發生著。藉論周禮此一端，亦可推概其餘也。

今若就上舉天地祀典，兩兩對比，却有幾點極相像：

1. 郊祭的變遷，是在天帝下又別增出了五帝。

地祭的變遷，是在社祭上又別增出了地祭。

此一層雖若相反，實是相似。

2. 郊祭有圜丘祭昊天上帝，和南郊祭感生帝之說。

地祭亦有夏至祭崑崙之神於方澤，祭神州之神於北郊之說。

此一層，鄭玄把「神州之神」、「崑崙之神」來分別地祭，正和用「感生帝」、「昊天上帝」來解釋天祭一樣。其實禹「九州」外有「大九州」，同爲鄒衍一派學者所主張，而周官書中則似未採及，更何論於周公之定制乎？

3. 上帝和五帝的分別，社和地的分別，同樣有後人爲之造爲深穩之說明。禮記郊特牲疏云：

「鄭氏謂天有六天。天爲至極之尊，其體祗應是一。鄭氏以爲六者，指其尊極淸虛之體，其實是一。論其五時生育之功，則其別有五。以五配一，故爲六天。」

這是說明了「上帝」和「五帝」之不同。秦蕙田五禮通考云：

土亦是地，而與祭地異者，隤然下凝，皆地也。其職主載，惟天子得祭之。於地之中，別而為土，職主稼穡以養人。洪範「土爰稼穡」是也。故自天子下及庶民，被其功德者，均得美報。此土穀之祭，所以達乎上下也。

這是說明了「地」和「社」之不同。此等說法，皆不得謂其無理趣。然若究其實，則周官既非史錄，而後人强自爲之分說，終不免愈說愈歧，而到底無著落處，此亦所謂郢書而燕說也。

第八　論朝日夕月

相當於「天地」者有「日月」。然觀郊特牲：「郊之祭也，迎長日之至也，大報天而主日也。兆於南郊，就陽位也。」可見古人對日之尊禮，實遠出尊月之上。而郊祭亦可謂卽是崇祀太陽了。自從莊周齊物論出世，一輩信仰自然主義的道家後起，到處向自然界尋覓那些相反相成、對等並立的事物，來玩成一套配偶哲學的把戲。然後「地」和「天」偶，「月」與「日」配。那些向來被壓迫的、低級的事物，都昂起頭來向他們尊嚴的上級討求平等的地位。然而古人觀念，則並不如此。有「南郊祭天」，並不曾同時卽有「北郊祭地」。同樣有「東郊朝日」，亦不一定卽有「西郊夕月」。卽觀周官書，雖已用了「方澤祭地」來配搭「圜丘祭天」，却也還沒有把「秋分夕月」來配搭「春分朝日」。此亦只可算是周官著者一時疏忽，精神有顧不到處，還待後人之增添了。

天官掌次云：

> 朝日，祀五帝，則張大次、小次，設重帟、重案。

春官典瑞云：

> 王晉大圭，執鎮圭，繅藉五采五就，以朝日。

此均特地說到「朝日」，而無所謂「夕月」也。雖周官書中亦有幾處「日」、「月」並舉者，如春官大宗伯：

以實柴祀日月星辰。

典瑞：

圭璧以祀日月星辰。

之類，却終未明見有所謂「秋分夕月」，或是「西郊夕月」。則周官書中實還透露出從來習俗重日輕月的禮制之遺痕。而同時先後之一輩學者，却早已多半感染上道家配偶哲學的興味，來鼓吹朝日、夕月一類整齊的禮文了。所以穀梁莊十八年傳有云：

雖為天子，必有尊也。貴為諸侯，必有長也。故天子朝日，諸侯朝朔。

而在國語周語中却變成：

內史過曰：「先王有朝日、夕月，以教民事君。」

魯語亦云：

天子大采朝日，小采夕月。

禮記玉藻篇云：

天子玄端而朝日於東門之外，

而別處的逸禮保傅篇中却云：

天子春朝朝日，秋暮夕月。

管子輕重己篇亦云：

立春祭日，秋分祭月。

而蔡邕獨斷則云：

天子父事天，母事地，兄事日，姊事月，常以春分朝日於東門之外，示有所尊，訓人民事君之道也；秋分夕月於西門之外，別陰陽之義也。

堯典云：

寅賓出日，以殷仲春；寅餞納日，以殷仲秋。

而孔疏引鄭注却云：

「寅賓出日」，謂春分朝日；「寅餞納日」，謂秋分夕月。

讀者試就上引諸節，兩兩對比，便知「夕月」定是後起飾說，而非原始禮制了。這正因戰國後起人本著天地間一陰一陽各成配偶的觀念，故於「冬至南郊祭天」之外，要加上一個「夏至北郊祭地」，於「春分東門朝日」之外，要加上一個「秋分西門夕月」，一一把來成雙作對。這本是很自然、很滑易的趨勢。而周官作者，則既已增出了「方澤祭地」，却還未顧到「秋暮夕月」。此則只可說是在道家配偶哲學下的理想的禮制之尚在發展的途程中，而沒有完全成熟也。

在此同樣有一趣事，堪與上舉「五月服大裘祭地」遙相媲美者。三國時，魏祕書監薛靖曾有一段奏議云：

按周禮朝日無常日，鄭玄云：「用二分。」秋分之時，月夕東昇，西向拜之，背實遠矣。

同時淳于睿駁之云：

禮記云：「祭日於東，祭月於西，以端其位。」周禮秋分夕月，並行於上代。西向拜月，雖如背實，亦猶月在天而祭之於坎，不復言背也。（按：祭月於坎，祭日於壇，正和方澤祭地，圜丘祭天一例。）猶如天子東西遊幸，其官猶北向朝拜，寧得背實為疑？（文獻通考郊社十二引）

說禮滑稽至此，眞堪令人捧腹噴飯也。

第九　論救日食月食

最可證明古人對日月觀念之變遷者，當推日月食一例。春秋日食三十六，而絕不提及月食，可見時人重視日而月則否。今考魯莊公二十五年日食，左氏云：

夏六月辛未朔，（杜注：「以長歷推之，辛未實七月。」）日有食之，鼓、用牲於社，非常也。唯正月之朔，慝未作，（杜注：「夏之四月，周之六月，謂正陽之月。慝，陰氣。」）日有食之，於是乎用幣於社，伐鼓於朝。

穀梁云：

鼓，禮也。用牲，非禮也。天子救日，置五麾，陳五兵五鼓；諸侯置三麾，陳三鼓三兵；大夫擊門；士擊柝。言充其陽也。

公羊云：

日食則曷為鼓、用牲於社？求乎陰之道也。以朱絲營社，或曰脅之，或曰為闇，恐人犯之，故營之。

魯文公十五年日食，左氏云：

六月辛丑朔，日有食之，鼓、用牲於社，非禮也。日有食之，天子不舉，伐鼓于社；諸侯用幣于社，伐鼓于朝。以昭事神，訓民事君，示有等威，古之道也。

魯昭公十七年日食，左氏云：

夏六月甲戌朔，日有食之，祝史請所用幣。昭子曰：「日有食之，天子不舉，伐鼓于社；諸侯用幣于社，伐鼓于朝，禮也。」平子禦之曰：「止也。唯正月朔，慝未作，日有食之，於是乎有伐鼓、用幣，禮也。其餘則否。」太史曰：「在此月也。日過分而未至，三辰有災，於是乎百官降物；君不舉，辟移時；樂奏鼓，祝用幣，史用辭。故夏書曰：『辰不集于房，瞽奏鼓，嗇夫馳，庶人走』，此月朔之謂也。當夏四月，是謂孟夏。」平子弗從。昭子退，曰：「夫子將有異志，不君君矣！」

二十一年又日食，左氏云：

秋七月壬午朔，日有食之。公問於梓慎，曰：「是何物也？福禍何為？」對曰：「二至二分，日有食之，不為災。……其他月則為災。」

上引三傳論日食各有異同。據左氏，日食並不月月爲災。如莊二十五年、昭十七年所說，則：

救日食用鼓，惟據夏四月陰氣未作，純陽用事，日又太陽之精，於正陽之月，被食為災，故有救日食之法。月似無救理。（周官地官鼓人疏）

如昭二十一年所說，則：

建子、建午、建卯、建酉之月，所謂二分二至，日有食之，或不為災；其餘月則為災。為災之尤重者，則在建巳之月。（尚書古文疏證一）

故在建巳一月，獨有伐鼓救日之禮也。若依照公、穀二傳，却不見日食有爲災、不爲災之辨。穀梁只說用牲非禮，鼓社並不算非禮。公羊則認用牲、伐鼓二者均是禮。今於三傳異同，既無從辨其是非。惟春秋日食三十六，而記載鼓、用牲於社者僅三次。（一次在莊公三十年九月，兩次如上舉。）則似乎伐鼓、用牲，確是非常之事，並不每逢日食，即照例舉行。至於左氏之所解說，則實有不可信者。蓋左氏之說，專從陰陽消長的理論上，來判斷日食之爲災與否，似已深染戰國晚年陰陽家氣味。此種說法，似乎太學理化了，絕不像春秋時一般人見解。而且春秋所載三次伐鼓、用牲，兩次在六月，一次在九月。另有幾次在六月日食，而亦並不見伐鼓、用牲者，卽左氏亦不譏其爲失禮。（宣十七、成十六、昭十五、又十七，均六月日食，除昭十七年外，均無傳。）至於用牲一節，何休左氏膏肓曾據春秋感精符及公羊駁左氏。謂「左氏用牲非禮，非夫子春秋，於義爲短」。鄭氏箴膏肓又加以答辨。（見禮記祭法疏）由今論之，雙方義據，其實都欠精密。三傳對救日食禮之主張不一，正見在當時，本無一種確定的法制儀文，爲一輩諸侯所當普遍奉行。而亦並無一致的社會習俗，到處如此，所以學者乃各以其意爲說耳。亦可於春秋前，對於日食，實竟無有所謂救法也。王充論衡自然篇有云：

上世無災異。如有災異，不名曰譴告。何則？時人愚惷，不知相繩責也。

抑且日食有久有暫，有甚有不甚。故或有奔走相告，驚詫爲災異譴告者；亦有忽然而過，漫然不加重視者。其須伐鼓、用牲而救與否，亦胥視當時現象而定。古人推曆粗疏，又豈能一一預測臨食之爲況乎？故春秋二百四十二年，所記日食，亦僅三十六次，亦非一一伐鼓、用牲而救也。下至漢書五行志引董仲舒、劉向、劉歆諸人說，乃始一一爲此加上了一種上天譴告的說明。此正時代意見之不同，未可一概而論也。故春秋不載月食，而周官書中又不同。如云：

救日月，則詔王鼓。（地官鼓人）

凡軍旅田役，贊王鼓，救日月亦如之。（夏官大僕）

掌射國中之夭鳥，若不見其鳥獸，則以救日之弓與救月之矢夜射之。（秋官庭氏）

凡日月食，四鎮五嶽崩，大傀異烖，諸侯薨，令去樂。（春官大司樂）

是周官對日食、月食，一樣重視，一樣要救，顯與春秋有歧。賈公彥鼓人疏云：

春秋不記救月食者，但日食是陰侵陽，臣侵君之象，故記之。月食是陽侵陰，君侵臣之象，非逆事，故略不記之也。

其實在春秋時，當是本無救月食之禮，賈疏亦僅是後人曲說耳。周禮著者，顯然存有一套在他當時流行的陰陽配偶的哲學觀念，日食要救，月食也要救。正如祭天了，定必要祭地，此都是那陰陽兩兩相對的一套玩意兒在作祟。此等全出莊生齊物論之後，又何嘗是春秋時所有？更何嘗是周公之所定乎？

孫詒讓以周禮爲周初之制，左氏所説乃後王所改。（正義卷二十三）此乃拘信舊説，誤認周官眞屬周公制作。而日人林泰輔據此點，證周官應在春秋前，（見林氏周公與其時代一書後附錄周官制作時代考。）

又引詩小雅十月之交一篇爲說，謂周官應在小雅、春秋之間。今按：詩小雅十月之交，乃詩書中記春秋以前日食僅有之一處。（古文尚書胤征不可信。）詩云：

十月之交，朔日辛卯。日有食之，亦孔之醜。

彼月而微，此日而微。今此下民，亦孔之哀。

日月告凶，不用其行。四國無政，不用其良。

彼月而食，則維其常。此日而食，于何不臧？

是詩中明說月食維常，不足爲異，日食始是災異之兆，必有所不臧而引起。故曰：「彼月而微，此日而微。」乃謂月應有虧蔽（「微」），日又如何亦有虧蔽呢？此仍與春秋記日食、不記月食抱同一之見解者。林氏謂十月之交一詩，初以日食而次及月食之俱爲可哀，是誤解詩意也。至於「日月告凶」一語，以「日月」二字連文，正如左氏傳莊二十五年云：「非日月之眚不鼓」，亦「日月」連擧，然不能卽認爲古人亦救月食也。林氏乃謂十月之交是日月雙方並擧的，周官始附以輕重，而至春秋則把月食全除外了，足徵春秋思想最在後，而周官爲其中間之過渡。其實則春秋還與小雅相近，周官明屬最後。小戴禮昏義篇云：

日食，天子修職而蕩陽事；月食，后修職而蕩陰事。

便見與周官時代相近，又豈能說昏義篇亦在春秋之前乎？今知陰陽配偶成雙作對的那一套哲學，乃戰國晚年始有，故知周官、昏義，亦定不在春秋之先也。

漢書五行志：「凡漢著紀十二世，二百一十二年，日食五十三」，而亦不著月食。西漢諸儒說災異，多及星象，少言月食。即劉向、歆父子言五行，亦不詳月食爲災異也。則周官書中月食、日食並救之說，即在漢時，亦未見遵行。若周官書誠出劉歆僞造，則何以對救月食事，亦無痕跡可求乎？

第十　論陰陽男女

上論天地、日月之祭，處處足以證明周官書出世，定在陰陽學說盛行之後。今試檢周官全書，所用「陰陽」二字，層見疊出，尤足與上論相證成。如：

天官內宰：以陰禮教六宮，以陰禮教九嬪，……祭之以陰禮。

內小臣：掌王之陰事、陰令。

地官大司徒：以陽禮教讓，以陰禮教親，……陰陽之所和。

牧人：凡陽祀用騂牲，陰祀用黝牲。

媒氏：凡男女之陰訟，聽之於勝國之社。

山虞：仲冬斬陽木，仲夏斬陰木。

春官大宗伯：以天產作陰德，以中禮防之；以地產作陽德，以和樂防之。

大師：掌六律六同，以合陰陽之聲。

卜師：凡卜，辨龜之上下左右陰陽。

占夢：辨陰陽之氣。

秋官柞氏：夏日至，令刊陽木而火之；冬日至，令剝陰木而水之。

庭氏：以大陰之弓與枉矢射之。

書中用「陰陽」字凡十二見。除山虞、卜師、柞氏諸條意義較爲常見外，周官書中所用「陰陽」二字之涵義，實非常廣泛。要言之，氣有陰陽，聲有陰陽，禮樂有陰陽，祭祀有陰陽，獄訟有陰陽，德惠有陰陽，一切政事法令莫不有陰陽。事事物物，均屬陰陽之兩面。故日名「太陽」，月呼「太陰」，餘可類推。於是把整個宇宙，全部人生，都陰陽配偶化了。此等思想，自當發生在戰國晚年陰陽學盛行之後，此殊無可疑者。

周官書中，除掉顯見的「陰陽」字面外，其運用陰陽配偶化的論調和色彩，又處處可見。尤著者，如：

以五禮防萬民之偽而教之中，以六樂防萬民之情而教之和。（大司徒）

此與天官大宗伯「以天產作陰德，以中禮防之；以地產作陽德，以和樂防之」云云，竟是中庸、樂記一路文字，是又豈春秋以前之所能有乎？

周官著者，正爲處處要採用當時最時髦的陰陽配偶化的一套哲學來表現在他理想的政制中，所以三百六十官中，乃居然有好許的女官。如天官裏的九嬪、世婦、女御、女祝、女史，春官裏的世婦、內宗、外宗，再如地官饎人下的女饎，稾人下的女稾，春官守祧下的女祧之類，此誠不可不說是一種嶄新的禮制。依此見解，未始不可爲近代婦女參政開先聲。大宰以九職任萬民，七曰「嬪婦」，和農、圃、虞、牧、工、賈並列，也是特地提高了女子地位，可說是提倡女子職業的前驅。而周官書中，涉及一般夫婦關係，也頗帶一些新鮮的活氣。如大司徒：「以陰禮教親，則民不怨」，大宗伯：「以昏冠之禮親成男女」，都主張男女相親。較之春秋時代男女有別的禮教，鼓吹像魯敬姜、宋伯姬之謹嚴拘閡者，確有不同。林泰輔氏又據此，以爲亦周官出春秋以前之一證。據今論之，亦無寧謂是周官著者，染受了當時陰陽學派的思想，把宇宙事物都看成一對一對地，涵有莊生「齊物」精神。所以對男女關係的觀念，也比較看得平等些，而連帶也看得親和些。與其說之爲在春秋之前，不如說之爲在戰國之晚世之尤爲允愜也。

根據上述，證周官書出戰國晚世，當在道家思想轉成陰陽學派之後；而或者尚在呂不韋賓客著書之前，故周官書中並未採及五帝四時分祀之說。及秦帝而齊人始奏鄒子之徒所爲五德終始之說，周官著者似亦不及見，故「受命帝」等諸說，書中亦未有。此可以定周官成書之準確年代矣。

二　關於刑法

周官乃一部講政制的書，然其書中一切制度，是否爲西周初年周公所訂，昔人早多懷疑。上章據天地日月祀典，證此書乃學者理想冥構，並非史實記錄。其成書應在戰國晚年，非春秋前所有。今再從政制方面考察，益足證成前說，互相發明。至於昔人疑端，各有專書，此不備引。下文則只從本文作者幾點新的觀點上，加以敍述。

第一　論法的觀念之成立

周官書中有極爲明顯之一事，足以證其書之爲晚出者，卽其書對「法」的觀念之重視是也。「法」字在古書中很少用。小戴禮有云：

禮不下庶人，刑不上大夫。

古人治國，只知有「禮」與「刑」耳，禮與刑之外，似不知所謂「法」。故詩書中「法」字極少見。春秋時人亦尚不知有如後人所謂「法」字之意義。左傳昭公六年，記鄭人鑄刑書云：

三月，鄭人鑄刑書。叔向使詒子產書，曰：「……昔先王議事以制，不爲刑辟，懼民之有爭心也。猶不可禁禦，是故閑之以義，糾之以政，行之以禮，守之以信，奉之以仁。制為祿位以勸其從，嚴斷刑罰以威其淫。懼其未也，故誨之以忠，聳之以行，教之以務，使之以和，臨之以敬，涖之以彊，斷之以剛。猶求聖哲之上、明察之官、忠信之長、慈惠之師。民於是乎可任使也，而不生禍亂。民知有辟，則不忌於上，並有爭心，以徵於書，而徼幸以成之，弗可為矣。夏有亂政，而作禹刑。商有亂政，而作湯刑。周有亂政，而作九刑。三辟之興，皆叔世也。今吾子相鄭國，作封洫，立謗政，制參辟，鑄刑書，將以靖民，不亦難乎？詩曰：『儀式刑文王之德，日靖四方。』又曰：『儀刑文王，萬邦作孚。』如是，何辟之有？民知爭端矣，將棄禮而徵於書。錐刀之末，將盡爭之。亂獄滋豐，賄賂竝行。終子之世，鄭其敗乎！肸聞之，『國將亡，必多制』，其此之謂乎！」復書曰：「若吾子之言。僑不才，不能及子孫，吾以救世也。」

子產鑄刑書，其事在當時，尚屬創舉，因此引動了時人之注意。叔向諫書中，竭力舉出當時政治意識上可有的種種手段和名字來勸止子產。凡所謂「義」、「政」、「禮」、「信」、「仁」、「忠」、「和」、「敬」等皆是，而獨無所謂「法」。子產刑書，時人亦只名之爲「辟」，不稱爲是「法」也。今據叔向諫書，卽知當時政治意識中尚未有「法」的觀念之存在。若謂叔向諫書係出後人僞撰，則更足證明「法」的觀念，直到後人僞撰叔向諫書時還未成熟也。

自子產鑄刑書後二十三年，魯昭公二十九年，晉國又鑄刑鼎。左傳云：

> 冬，晉趙鞅、荀寅帥師城汝濱，遂賦晉國一鼓鐵，以鑄刑鼎，著范宣子所為刑書焉。

此下載有仲尼、蔡墨兩人之批評，却都提到「法」字。仲尼云：

> ……夫晉國將守唐叔之所受法度，以經緯其民。……貴賤不愆，所謂度也。文公是以作執秩之官，為被廬之法。……今棄是度也，而為刑鼎。民在鼎矣，何以尊貴？……且夫宣子之刑，夷之蒐也，晉國之亂制也，若之何以為「法」？

蔡墨云：

> ……擅作刑器，以為國「法」，是法姦也。

此之所記，是否保存仲尼、蔡墨兩人當時說話眞象，已有可疑。試檢論語，孔子僅云：「爲政以德」，「爲邦以禮。」又曰：「政者，正也」，「道之以政，齊之以刑，民免而無恥。道之以德，齊之以禮，有恥且格。」凡此皆未及「法」字。孔子僅說過「法語之言」，却未有提到治國之「法」。惟論語堯曰篇「堯曰咨爾舜」一章，有「審法度」云云。然據後儒考證，「堯曰」章本非論語之舊。則孔子在當時，實亦尚未意識到此「法」字。即如左氏所記，仲尼評晉國鑄刑鼎，亦僅言「貴賤不愆」之「法度」。此仍與戰國以下法家後起所持之「法」的觀念有分別。

戰國法家興起，首推魏國之李悝。晉書刑法志有云：

秦漢舊律，其文起自魏文侯師李悝。悝撰次諸國法著法經。以為王者之政，莫急於盜賊，故其律始於盜賊。盜賊須劾捕，故著網捕二篇。其輕狡、越城、博戲、借假不廉、淫侈、踰制，以為雜律一篇。又以具律具其加減。是故所著六篇而已，然皆罪名之制也。商君受之以相秦。漢承秦制，蕭何定律，除參夷連坐之罪。

漢書藝文志法家有「李子二十二篇，名悝」，即其人。史記又作「李克」，「悝」、「克」一聲之轉，實即一人也。李悝之後，有吳起、商鞅，其人均與李悝有淵源。從此以後，政治界遂有「法」的觀念逐步成立。今周官天官大宰開始便云：「以八法治官府」，此下說到「法」字處不勝列舉。

即此已見周官書決非周公所著，亦決非春秋前所有矣。

第二　論法律公布之制

周官天官大宰又云：

正月之吉，始和（宣）布治於邦國都鄙。乃縣治象之法於象魏，使萬民觀治象。挾日而斂之。

地官大司徒亦云：

正月之吉，始和布教於邦國都鄙。乃縣教象之法於象魏，使萬民觀教象。挾日而斂之。

夏官大司馬亦云：

正月之吉，始和布政於邦國都鄙。乃縣政象之法於象魏，使萬民觀政象。挾日而斂之。

秋官大司寇亦云：

> 正月之吉，始和布刑於邦國都鄙。乃縣刑象之法於象魏，使萬民觀刑象。挾日而斂之。

至是始把國家一切政治、教育、刑律等，全都包括在「法」的一概念之下。而且一切「法」又都得公開宣布。此乃何等進步的現象？孫詒讓謂：

> 大凡典法刑禁之大者，皆表縣之門閭，卽布憲之義也。

其實此所謂「布憲之義」，亦決不甚古。若使在周初，周公制禮，早有每逢正月「縣法象魏，使萬民觀」之定制。子產鑄刑書，叔向博聞多識，何致驚詫反對？晉人鑄刑鼎，亦決不致招惹孔子之譏評。抑且鄭國之刑書，晉國之刑鼎，此等只是一種較爲固定之刑律，亦還說不到是「法」，更講不到一切國家法典，都時時要公開宣布。然而當時人早已萬分驚怪，羣起爭辨，此何故？正因當時貴族、平民兩階級尙是截然劃分。貴族制裁平民，平民服從貴族，事屬當然，本無需預定刑律，反使貴族自受束縛。蓋若刑律預定了，平民在那預定的刑律上，便有他們的地位，可向貴族據律相爭。此卽仲尼所謂「民在鼎矣」之說也。故此事自爲當時一輩明白有識見之貴族所不喜。然而平民之在當時，早已逐漸昂起頭來，使貴族階級感到制裁他們之不易。因使一輩明白有識見之貴族，雖不願給他們以一種地位，而到底不得不針對形勢，制定出一種制裁他們的刑律。此乃在時代轉換中一種帶有强迫性的形勢要求，而刑書、刑鼎遂接踵地在鄭國、晉國出現。而周官所謂「縣法使萬民觀」之制度，則其事斷當尚在後。大抵此等事態，其興起應尚在魏國李悝之後也。

呂氏春秋云：

吳起治西河，欲輸其信於民，置表於南門外。令曰：「有償南門外表者仕長大夫。」莫有償表者，相謂曰：「此必不信。」有一人試往償表，來謁吳起。吳起自見而仕之長大夫。自是之後，民信吳起之賞罰。

韓非子書中亦有「吳起令民徙車轅、赤菽」事，與此大同。不久而遂有商鞅徙木立信之故事。吳起、商鞅皆屬有名之法家。彼兩人均在魏國，應皆得聞李悝之遺教者。至於周官之「縣法象魏，使萬民觀」，此正近似吳起、商鞅城門置令之辦法，而特重加以學者間之一番理想化。此豈周公之所制，又豈春秋前之所有乎？

周官除上舉諸條外，說及聚官吏、民衆讀法者，有如下之諸官：

1.天官小宰　2.地官小司徒　3.鄉大夫　4.州長

5.黨正　6.族師　7.閭胥

說及布憲刑禁者，有如下之諸官：

1 天官小宰　2 宰夫　3 宮正　4 內宰　5 地官鄉師

6 鄉大夫　7 司市　8 胥師　9 司虣　10 夏官大僕

11 牧師　12 職方氏　13 訓方氏　14 山師　15 川師

16 撢人　17 秋官士師　18 布憲　19 司烜氏

此外雖無明文，而可以例推者，尚不在少數。大抵通觀周官全書，三百六十官，殆無一官無法制，亦殆無一官無禁令。而此等法制禁令，又惟恐其在下者之不知。於是必逐時逐年，竭力用意於向下宣布與申述。此等情況，則正合於老子之所謂「法令滋彰」之一語。然而法令雖所以制裁其下，而亦無異於在法令上卽給與其在下者以一種顯明和堅定的地位，法令以外，變詐多端，將使在上者益感其難於制裁。故老子曰：「法令滋彰，盜賊多有。」然則老子書只是批評了周官書裏的情形，而周官書也只記載了老子書裏所批評。此兩書時代大概相近。臨孝存謂「周官是一部黷亂不驗之書」，實非無見而云也。

第三 論五刑

「五刑」之制，見於周官大司寇之司刑，其言曰：

> 掌五刑之法，以麗萬民之罪。墨罪五百，劓罪五百，宮罪五百，刖罪五百，殺罪五百。

此有名的「五刑」，一向認爲是唐、虞以來之舊制，其實亦屬後起。周官以前，「五刑」之名，僅見於周書之呂刑。而呂刑亦是一篇晚出書也。呂刑云：

> 苗民弗用靈，制以刑，惟作五虐之刑曰「法」，殺戮無辜。

此處特地點出「五虐之刑曰法」一語，即已是呂刑晚出鐵證。古書稱刑曰「罰」，而「刑」者則只是殺人斷頸之名。康誥「刑人殺人、劓刵人」是也。呂刑始以「刑」爲肉刑之總名，又分出「罰」字專作罰金之義，此亦見其書之爲晚出矣。

且當魏文侯時，李悝撰次諸國法，著法經，尙祇六篇。盜賊、輕狡、越城、博戲、借假不廉、淫侈、踰制，乃屬李悝當時用法對象。在此六篇法經之內，據今推想，斷不容有很細密的刑律規定。而今周官五刑，則總有二千五百等，呂刑却有三千等。呂刑云：

墨罰之屬千，劓罰之屬千，剕罰之屬五百，宮罰之屬三百，大辟之罰其屬二百，五刑之屬三千。

此三千等的刑律，較之李悝法經，卽論其條目之繁簡，該有何等相差？豈能謂在子產鑄刑書前五百餘年，已有周公二千五百條刑律，至周穆王時，而增損成三千條。其事尙在子產鑄刑書前四百年。此則斷不可信者。無寧謂自晉人鑄刑鼎以後一百年，而有李悝之六篇法經。傳及商鞅，漸次確定了一個法治之雛形。到後才有一輩學者運其理想，作周官，作呂刑，始有二千五百條乃至三千條等第之刑律之想像，此始較近情實也。且秦人號爲一意於以刑法爲治矣，下逮蕭何，攟摭秦法而作律九章，亦豈有二千五百乃至三千等第之繁瑣乎？其爲虛構不實，亦斷可見矣。

且五刑成立，亦非一時俱起。大辟、宮刑以及劓、刖之刑，在春秋時已屢見。而少見有墨。此殆不可謂因其刑輕而忽之也。易睽卦：「其人天且劓。」困卦：「劓刖。」書盤庚：「我乃劓殄滅之。」此古書中劓刑之早見者。易噬嗑有「滅趾、滅鼻、滅耳」；楚子玉治兵，「鞭七人，貫三人耳」；（左僖二十七年傳）晏子云：「踊貴屨賤」，（韓非子難二）斷趾亦輕刑也。齊襄公「誅屨於徒人費，鞭之見血」，（左莊八年傳）鞭亦輕刑，尤當習用。而均不列「五刑」之內。至於墨面，此乃當時東南民族一種習俗風尚耳。韓詩外傳云：

> 越王勾踐使廉稽獻民於荊王。荊使者曰：「冠則得以俗見，不冠不得見。」廉稽曰：「越亦周室列封。處江海之陂，與魭鱣魚鼈為伍。文身剪髮，而後處焉。今來上國，必曰：『冠得俗見，不冠不得見。』如此，上國使適越，亦將劓墨文身剪髮，而後得以俗見，可乎？」（卷八）

可證「劓墨」乃是當時越人風尚。廉稽所謂「劓墨」，只是一種文面之習，近於文身，而盛行於南方熱地近水民族間。左傳哀七年亦云：

吳仲雍斷髮文身，贏以爲飾。

則吳俗先亦如是。漢書地理志又云：

粵地，……今之蒼梧、鬱林、合浦、交阯、九真、南海、日南，皆粵分也。其君禹後，……封於會稽，文身斷髮，以避蛟龍之害。

後漢書東夷傳亦云：

倭男子皆黥面文身。

「黥」和「墨」本屬一事。呂刑疏云：

黥面，卽墨刑也。

左傳襄十九疏亦云：

周禮謂之黥，尚書謂之墨，黥墨爲一。

文面之重要部分有二。一爲額。後漢書朱穆傳注云：

黥首，謂鑿額涅墨也。

國策秦策高誘注云：

刻其額，以墨實其中，曰黥。

刻額又稱「雕題」。禮記王制篇云：

東方曰夷，被髮文身，有不火食者矣。南方曰蠻，雕題交趾，有不火食者矣。

其實東南兩方民族，其風尚則有文身、雕題，而文身之與雕題，此兩事殆難嚴格劃分。中原諸夏呼南方民族爲黎，恐亦取義於「剺面」之「剺」。剺者，剺劃。老人稱「黎老」，面皮緺裂，亦如剺劃也。

文面除額外，其重要部分尚有鼻。廉稽云：「越俗劓墨」，此所謂「劓」，正是繡鼻，乃文面中一種重要工作也。文面又常連帶着剪髮。劉向列女傳云：

鑿顛者髡。

「鑿顚」卽是刻額，「髡」卽是剪髮。墨劓黥髡，在吳、越間本是一種時髦風尙。而在中原諸夏間，却變成爲一種刑罰。正如貫耳之刑，在南方民族間亦是一種裝飾；後漢書南蠻傳云：

珠崖、儋耳二郡，在海洲上。其渠帥貴長耳，皆穿而縋之，垂肩三寸。

而楚人乃以爲軍刑。正如墨劓之風，傳至中原，亦變成爲刑罰也。呂刑云：「苗民弗用靈，制以刑，惟作五虐之刑曰法。」此乃中原諸夏傳說五刑發源於南方民族——苗卽黎族——之證。周語內史過云：

……猶有散遷懈慢，而著在刑辟，流在裔土，於是乎有蠻夷之國，有斧鉞刀墨之民。

此說却犯前後顚倒之病。彼謂南方蠻夷，所以有刀墨剺面者，乃由中原諸夏，著在刑辟，而流在裔土之後裔，保留其祖先劓墨之遺風者。鄭玄注周官司刑亦云：

今東西夷或以墨劓爲俗，古刑人亡逃者之世類歟？

此皆倒因爲果，甚不足信。又考逸周書伊尹朝獻有云：

正西昆侖，狗國，鬼親，枳已，闟耳，貫胸，雕題，離身，漆齒。

此所謂「正西崑崙」云云，其實亦與南方民族有關。史記五帝紀：「遷三苗於三危，以變西戎」，尚書禹貢：「導黑水至於三危，入於南海。」史記夏本紀集解引鄭注云：「地理志益州滇池有黑水祠」，則古人所謂西南兩域，亦常混近。「崑崙」兩字，後人習用，亦以指南方民族。舊唐書南蠻傳：「林邑以南，卷髮黑身，通號崑崙。」是也。則周官鄭注所謂「東西夷」，實亦指南方熱帶水地民族而言可知。

至於黥墨之風，傳至中國，而變成爲一種刑罰，其事當在南方越民族與中原交通頻繁之後。最早應在春秋之末期。越民族最先來中原，應多至齊、魯諸邦。其人於文化經濟皆較落後，故於諸夏間多操賤役。周官大司寇之司隸，「掌帥四翟之隸」，殆卽是此等外夷民族留在諸夏之榜樣也。鄭司農司厲注云：

今之為奴婢，古之罪人也。

故當時諸夏間因犯罪而罰爲奴婢服賤役者，亦令其模倣外夷，施以黥髡之罪，是卽所謂墨刑也。

> 漢律，罪人妻子沒爲奴婢，黥面。（見魏志毛玠傳引）

史記載趙王張敖賓客，皆自髡鉗爲王家奴，隨王之長安。可證漢初家奴，仍都髡黥，此實承襲戰國風習也。而春秋時人則並不然。呂氏春秋開春論有云：

> 叔嚮之弟羊舌虎，善欒盈。盈有罪於晉，晉誅羊舌虎，叔嚮爲之奴而朡。

高誘注，「朡，繫也。」左傳襄二十三年有云：

> 斐豹，隸也，著於丹書。欒氏之力臣曰督戎，國人懼之。斐豹謂宣子：「苟焚丹書，我殺督戎。」

則似其時爲奴隸者，僅是收繫而登其名於奴籍，並不施以黥髡也。故其時實尚無所謂墨罪。黥墨罪之開始，當在春秋末期，或尚在春秋以後。魯國墨子及其墨徒，所以稱爲「墨」者，正取黥墨之義。（「墨」非姓，乃刑徒之號，論詳證余諸子繫年卷二。）可證其時中夏社會間已有「墨」稱，而此等稱呼尚仍新鮮，惹人興趣，故以名一學派也。漢書刑法志云：「秦用商鞅，連相坐之法，造參夷之誅，增加肉刑、大辟，有鑿顚、抽脅、鑊烹之刑。」其時秦刑中始有鑿顚，此乃商鞅從東方攜入之一種新鮮的刑名也。秦孝公太子師傅公子虔、公孫賈，均曾受黥劓之罰。此乃商鞅自我作古，遂以招致秦人極端之厭惡與反抗。而今周官「五刑」，墨爲第一，此豈誠周公之所制？又豈爲春秋前之所常有乎？

左傳襄公二十九年：「吳人伐越，獲俘焉，以爲閽，使守舟。吳子餘祭觀舟，閽以刀弑之。」漢書五行志云：「時吳子好勇，使刑人守門。」則其事亦決非自古皆然。而今周官掌戮乃謂：「墨者使守門，劓者使守關」，若定爲一制度。大概以刑人爲奴隸，其事至戰國時而更普遍，故周官著者遂無意中作爲一種制度寫出之。王制云：「公家不畜刑人」，以此較之周官，殆遠爲近古矣。

今考五刑種類，亦有異說。國語魯語中亦有所謂「五刑」。其言曰：「大刑用甲兵，其次用斧鉞。中刑用刀鋸，其次用鑽笮。薄刑用鞭朴。」此與周官「五刑」不同。周官書中，又另有「野刑、軍刑、鄉刑、官刑、國刑」之別，亦稱爲「五刑」。則五刑之說，卽在周官書中，其內容亦尚未固定。大概五行學說既起，乃始有五刑之編配。所謂「墨、劓、剕、宮、大辟」，則僅是當時人有意編成五刑之說中之一種耳。後來此說獨佔優勢，而五刑之解說遂臻固定。五行大義引逸周書逸文云：「因五行相剋而作五刑」，後漢書注、太平御覽並引白虎通云：「刑所以五何？法五行也。」此雖後起之說，然不失爲古代五刑說之眞確來源也。既五行學說盛起於孟子之後，則周官中之五刑說，其年代亦自可推定耳。

第四 論五刑以外之流放

五刑中之墨刑，本非春秋前所有，上文已論過。亦有春秋前極通行之刑名，而五刑中轉不再見者。輕刑如割耳，重刑如流放皆是。尚書康誥云：「劓刵人」，呂刑亦言：「爰始淫爲劓、刵、椓、黥」，「刵」是割耳之刑。詩泮水：「在泮獻馘」，左傳：「師縉示之俘馘。」（僖二十二年。）「馘」同是割耳。戰勝獲敵，截其左耳爲獻。刑罰之起源，其中一部分，本屬對付敵人俘虜。古者「禮不下庶人，刑不上大夫」，劓刵之刑，大抵亦僅施行於小民。至於卿大夫貴族犯罪，則別有一種懲戒之法，最著者爲幽囚和流放。周官大司馬有云：

以九伐之法正邦國，……暴內陵外則壇之。

鄭注：

「壇」讀如「同墠」之「墠」。王霸記曰：「置之空墠之地。」玄謂置之空墠，以出其君，更立其次賢者。

惠士奇禮說謂是古者幽囚之法。然此不論爲「出」爲「幽」，皆以對國君，非以對大夫。春秋宣元年：「晉放其大夫胥甲父於衞。」左莊六年傳云：

夏，衞侯入，放公子黔牟於周，放甯跪於秦，殺左公子洩、右公子職，乃卽位。

又襄二十九年傳云：

秋九月，齊公孫蠆、公孫竈放其大夫高止於北燕。

可見流放乃春秋時對待卿大夫所極常見者。何休公羊傳注謂：

古者刑不上大夫，故有罪放之而已。

下至戰國便不然。當時僅知「法自貴者始」，更不言「刑不上大夫」。大夫既可用刑，（以後竟至具五刑。）自無需再流放。且其時貴族階級已次崩潰，遊仕得勢，朝秦暮楚。「言不聽，諫不從，則去。」國君亦只能「極之於其所往」而止，若加以流放，豈非正使得其所？故周官天官大宰所掌「建邦六典」：

五曰刑典，以詰邦國，以刑百官，以糾萬民。

又曰：

以八法治官府，七曰官刑，以糾邦治。

又曰：

以八柄詔王馭羣臣，曰爵、祿、予、置、生、奪、廢、誅。

春官內史亦云：

掌王之八柄，曰爵、祿、廢、置，殺、生、予、奪。

百官可刑，可誅可殺，自無需再流放。夏官大司馬有云：

放弒其君則殘之。

似在周官著者心中，只知有臣放其君，不知有更常見的君放其臣。周官著者其生已晚，一時記不盡前代事。而即此一端，亦足證周官書出世遠在春秋之後矣。

又條狼氏：「誓大夫曰：『敢不關，鞭五百。』」萬斯大周官辨非論之云：

曲禮曰：「刑不上大夫」，……條狼氏之誓大夫者，奈何與曲禮背？……春秋之世，刑戮無常，諸侯多專殺大夫。書於經者不下數十，而鞭之見於記傳者，類皆卑賤末流。魯般之鞭犖，圉人也。齊襄之鞭費，徒人也。楚子玉鞭七人，治兵也。衛獻鞭師曹，齊莊鞭侍人賈舉，孟洩鞭成有司使，何嘗有及大夫者？春秋之世猶無之，而謂周公制之為禮，吾不信也。

大夫可鞭，事起戰國。而堯典亦云：「鞭作官刑」，正和條狼氏一例。堯典又云：

流宥五刑。

此乃謂犯五刑者，可以流放作赦宥。不知流放乃古者「刑不上大夫」時一種優待貴族階級之特有辦法。小民犯罪，何有流宥？貴族有辜，亦不得受墨劓之刑。則堯典此語，實乃無施而可。堯典又云：

流共工於幽州，放驩兜於崇山，竄三苗於三危，殛鯀於羽山。

所謂「放之四裔，不與同中國」，則仍是不明古人流放眞相之說。古者貴族世襲，流放出國，即失其政治上一切之特權，故流放不失爲對當時貴族階級一種有力之裁制。及貴族世襲之制既廢，即在本國亦無特權可享。轉至他國，一樣可以當權握勢，因彼此均無世襲貴族也。堯典作者，遂誤爲流放則必放之四裔，否則將不見其爲懲創。此乃自以後世情形逆推古代耳。

第五　論什伍相收司連坐之法

古代刑法之進展，其直接原因，自爲下層階級之難治，因而遂感刑法之需要。然古代之下層階級，亦非一起始便知所謂革命，便能作種種大規模之反抗者。當春秋世，社會不安，常見有所謂盜賊之記載。而其事已起於春秋之中晚。鄭子產死，子太叔爲政，鄭國多盜，取人於萑苻之澤。太叔與徒兵以攻萑苻之盜，盡殺之，盜少止。事在魯昭公二十年，此爲鄭國之盜患。魯襄公三十一年，子產使晉，亦云晉國盜賊公行，此乃晉國之盜患。襄公二十一年，左傳載魯多盜；論語季康子患盜，問孔子。孔子曰：「苟子之不欲，雖賞之不竊。」又曰：「子爲政，焉用殺？」此乃魯國之盜患。循至戰國初年，大概盜賊已確然成爲政治家一種注意之對象。李悝著法經，其主要對象便爲盜賊。其網捕兩篇，用意專在盜賊之刼捕。故曰：「王者之政，莫急於盜賊」，此誠戰國時代人理論也。一部春秋二百四十二年，實不見有所謂「王者之政，莫急於盜賊」之景況。

其後商鞅入秦變法，大體承李悝法經。史記商鞅傳云：

> 衛鞅定變法之令，令民為什伍，而相收司連坐。不告姦者腰斬，告姦者與斬敵同賞。匿姦者與降敵同罰。

此處之所謂「姦」，大體即相當於李悝法經之所謂「盜賊」也。盜賊即作姦之人，姦行乃盜賊所作爲之事。「收司」者，索隱本作「牧司」，乃相監察之謂。（詳王氏讀書雜誌。）「令民爲什伍，相牧司連坐」，大概亦是李悝遺法。用此種方法捕盜，正如用網捕禽獸般，可使無脫漏。故史記又云商鞅變法後：

行之十年，秦民大悅，道不拾遺，山無盜賊。

足證商鞅新法，正是李悝「網捕」精神也。「網捕」之主要對象爲盜賊。其最著之成效，便爲「道不拾遺，山無盜賊」。其後秦捕商君，商君亡至關下，欲舍客舍。客舍不知其是商君，曰：「商君之法，舍人無驗者坐之。」商君喟然嘆曰：「爲法之敝，一至此哉！」故知李悝「網捕」精神，眞可使盜賊無處躱藏也。

管子禁藏篇有對此制度一種最好之陳述，其言曰：

夫善牧民者，非以城郭也，輔之以什，司之以伍。伍無非其人，人無非其里，里無非其家。故奔亡者無所匿，遷徙者無所容。不求而約，不召而來。故民無流亡之意，吏無備追之憂。故主政可往於民，民心可繫於主。

此卽稱頌「網捕」精神也。李悝「網捕」法之發明及其應用，其主要對象，起於盜賊之難治。盜賊難治，起於平民階級漸漸活動，對於貴族統治階級，試行反抗和搗亂。遷徙奔亡，則是當時反抗和搗亂之最普通的手段也。此種情形，大概起於春秋之中晚，下及戰國初年而大盛。而今周官書中，却載有和李悝「網捕」、商鞅連相坐同性質之制度。地官大司徒云：

> 令民五家為比，使之相保；五比為閭，使之相受。

族師下云：

> 五家為比，十家為聯；五人為伍，十人為聯；四閭為族，八閭為聯。使之相保相受，刑罰慶賞，相及相共。

比長下云：

> 五家相受，相和親；有罪奇衺，則相及。

鄰長下云：

> 掌相糾相受。

秋官士師之職云：

掌鄉合州黨族閭比之聯，與其民人之什伍，使之相安相受，以比追胥之事，以施刑罰慶賞。

鄭注：

追，追寇也。「胥」讀如「宿偦」之「偦」，偦謂司搏（伺捕）盜賊也。

以上諸條，完全是商鞅「令民什伍，相牧司連坐」之制，完全是李悝法經「網捕」之法，完全是防禦人民之爲盜賊。故周官「刑職」，在於：

以詰邦國，以糾萬民，以除盜賊。（天官小宰）

盜賊成爲政治家値得注意之對象，此乃春秋以後之事。此種嚴密防禁盜賊之制度，又豈是周公所制，而爲春秋以前之所有乎？

然而周官作者，究竟比李悝、商君又生晚得多，故於地官大司徒「令民五家爲比，使之相保；五比爲閭，使之相受」之下，又云：

四閭爲族，使之相葬；五族爲黨，使之相救；五黨爲州，使之相賙；五州爲鄉，使之相賓。

此數項乃與上文「相保」、「相受」精神絕然不同。此乃周官作者又兼採了孟子書中「鄉田同井，出入相友，守望相助，疾病相扶持」之語，而配搭成此條文也。彼不悟前兩項「相保」、「相受」，乃人民對政府所負一種必然性的聯帶的責任。後四項，「相葬」、「相救」、「相賙」、「相賓」，乃人民相互間在經濟上一種可能而偶有之自由，如何可并爲一談？此又是周官作者湊合兩種不同性質之素材，加以組織，而一時疏忽，發生罅漏。正在此等罅漏中，卽是周官成書時代之一種正確報告。至於前引管子禁藏篇語，自然也當在戰國之晚年。其實到此時，李悝「網捕」、商鞅什伍之制度，亦復失其效用。盜賊之多，遷徙奔亡之盛，平民社會之活動，仍是有增無減。故老子乃慨然而歎，謂：「法令滋彰，盜賊多有」也。盜賊既無法網捕，於是老子乃遊神於其「小國寡民，使民重死而不遠徙，老死不相往來」之幻想中。老子之與周官，蓋同是戰國晚年作品，而老子誠「深遠」矣。後人誤信周官乃周公之制作，則老子「聖人不死，大盜不止」之說，洵爲確切有據矣。

第六　論作內政寄軍令

一個政治家理想應有之功能，固不當僅止於防禁人民之爲盜賊，而使其無可奔亡遷徙而已。彼固當誘導爲盜賊者，使其能轉向於對國家有利之途徑。在戰國初年，求能誘導人民有利國家，其事尚簡，在內則務農耕，在外則事戰鬭，故李克（卽李悝）、吳起、商鞅，皆以法家而兼擅兵農之能事。此三人之事業，亦各有其成就。（余有詳考，散見諸子繫年卷二、卷三。）而周官作者，在其講論刑法之一端，似乎仍還不失三家規矩。故秋官大司寇云：

以五刑糾萬民：一曰野刑，上功糾力；二曰軍刑，上命糾守；三曰鄉刑，上德糾孝；四曰官刑，上能糾職；五曰國刑，上愿糾暴。

史記記衞鞅說秦孝公變法修刑，內修耕稼，外勸戰死，此卽相當於周官書中之「野刑」與「軍刑」也。而野刑、軍刑之在周官書中，亦仍佔「五刑」次序之最先，故謂其猶不失三家規矩也。在士師有「五禁之法」：

一曰宮禁，二曰官禁，三曰國禁，四曰野禁，五曰軍禁。

此亦田野與軍旅並言。其實皆是農戰並重之遺旨也。呂氏春秋上農篇曾詳細講到野禁節目，又發揮田野與軍旅兩者間之關係，其文曰：

古先聖王之所以導其民者，先務於農。民農非徒為地利也，貴其志也。民農則樸，樸則易用，易用則邊境安，主位尊。民農則重，重則少私義，少私義則公法立，力專一。民農則其產復，其產復則重徙，重徙則死處而無二慮。民舍本而事末則不令，不令則不可以守，不可以戰。民舍本而事末則其產約，其產約則輕遷徙，輕遷徙則國家有患，皆有遠志，無有居心。民舍本而事末則好智，好智則多詐，多詐則巧法令，以是為非，以非為是。

此可謂是一種耕農、軍旅、法令三位一體之理論。最先起於李悝、吳起，至商鞅而其效大顯。以後遂常爲一輩學者所歌頌而鼓吹。呂氏此文，即其一例。而此種理想之發展至於最完密者，則爲上託於管子之所謂「作內政而寄軍令」。

齊語云：

卒伍整於里，軍旅整於郊。……伍之人祭祀同福，死喪同恤，禍災共之。人與人相疇，家與家相疇，世同居，少同遊。故夜戰聲相聞，足以不乖；晝戰目相見，足以相識。其歡欣足以相死。居同樂，行同和，死同哀。是故守則同固，戰則同彊。

以此較之李悝之「網捕」，商鞅之什伍相牧司，則此兩人者，既已僅屬消極之防制。以此較之孟子之所謂「守望相助，疾病相扶持」，又見孟子所云之疲軟不切時務。自有造爲管子「內政寄軍令」之理論，而李商、孟子雙方精神，全都容納，而成爲一種健全而積極强有力之想像。後人遂常把此番理論和春秋時管仲之實際功業發生聯想，認爲是管仲當時之眞制度。其實在管仲當時，尚不需要此種深密部署，來做他功業之礎石。管子和周官兩書，顯然同是戰國晚年一輩學者之理想，惟周官則似乎在制度上格外寫得精密與出色些而已。

姑擧一例，如地官小司徒有云：

小司徒之職，掌建邦之教法，以稽國中及四郊、都鄙之夫家、九比之數，以辨其貴賤、老幼、癈疾，凡征役之施舍，與其祭祀、飲食、喪紀之禁令。乃頒比法於六鄉之大夫，使各登其鄉之衆寡、六畜、車輦，辨其物，以歲時入其數，以施政教，行徵令。及三年，則大比，大比則受邦國之比要。乃會萬民之卒伍而用之。五人為伍，五伍為兩，四兩為卒，五卒為旅，五旅為師，五師為軍。以起軍旅，以作田役，以比追胥，以令貢賦。乃均土地，以稽其人民而周知其數。上地家七人，可任也者家三人；中地家六人，可任也者二家五人；下地家五人，可任也者家二人。凡起徒役，無過家一人，以其餘為羨；唯田與追胥竭作。凡用衆庶，則掌其政教與其戒禁，聽其辭訟，施其賞罰，誅其犯命者。凡國之大事，致民；大故，致餘子。乃經土地，而井牧其田野。九夫為井，四井為邑，四邑為丘，四丘為甸，四甸為縣，四縣為都，以任地事，而令貢賦，凡稅斂之事。乃分地域而辨其守，施其職，而平其政。

此一節，把一國之財政、軍事、教育、刑法一切政令，全在一個精神下統一起來。全國凝結成一個有機體，於內務耕稼、外勸戰死之後面，再爲補上一種爲民制産、修其孝弟的儒家精神。則無怪後人要樂於承認周官爲眞是周公致太平之書矣。其實只專就寄軍令於內政之一節而論之，便知已不是致太平之規模。尙不如說此爲管仲霸諸侯之陰謀，猶較爲近情也。

上引呂氏春秋上農篇耕農、軍旅、法令三位一體之理論，又加進教育與孝弟，便成管子和周官。此皆屬於積極方面者。惟老子則不然，彼既不要教育，又不要軍政，又不要法令，而僅是一個歸眞復樸，反於耕農。此若消極之至，而老子則自認爲是積極之至，故曰「無爲而無不爲」，此猶謂最消極者，乃始是最積極者也。然此或先或後，要皆爲戰國晚年書，爲同一時代下之作品，故雙方意見得相提而並論之也。

第七　論入矢金贖罪

周官秋官大司寇有云：

以兩造禁民訟，入束矢於朝，然後聽之。以兩劑禁民獄，入鈞金，三日乃致於朝，然後聽之。

鄭注：

必入矢者，取其直也。必入金者，取其堅也。

其說純出想像，殊非事實。其實入金矢贖罪，亦爲「作內政寄軍令」之一面。其制可證之於管子。管子中匡篇云：

甲兵未足，請薄刑罰，以厚甲兵。於是死罪不殺，刑罪不罰，使以甲兵贖。死罪以犀甲一戟，刑罪（舊誤「罰」，依王校改。）以脅盾一戟，過罪以金鈞。（舊誤「軍」，依王校改。）無所計而訟者，成以束矢。

可見令民入束矢然後聽其訟，正爲欲厚甲兵，並不取其矢之直。小匡又云：

齊國寡甲兵，吾欲輕重罪而移之於甲兵。制重罪入以兵甲犀脅、二戟，輕罪入蘭、盾、鞈革、二戟，小罪入以金鈞分宥，薄罪入以半鈞。無坐（挫）抑而訟獄者，正三禁之而不直，則入一束矢以罰之。美金以鑄戈、劍、矛、戟，惡金以鑄斤、斧、鉏、夷、鋸、欘。

可見入金亦爲是厚甲兵，並非取其金之堅。周官秋官之職金亦云：

掌受士之金罰、貨罰，入於司兵。

鄭注：

給治兵及工直也。

罪金而入於司兵，其爲給治兵之用顯然矣。故鄭說於此乃不誤。淮南氾論訓云：

齊桓公將欲征伐，甲兵不足，令有重罪者出犀甲一戟，有輕罪者贖以金分，訟而不勝者出一束箭。

此亦謂罰金贖罪，乃屬管仲之創制。然在春秋初期，民間行使金屬，決不能甚普遍，則使出鈞金贖罪，其能應者亦僅矣。當時國際間，亦決沒有像戰國時那般大規模的戰爭接續爆發，使感有甲兵之急切需要。抑且當春秋時，兵甲藏於官府，臨戰頒給，在民間也並無私藏的武器。至如犀脅、蘭、盾、鞈革、戟之類，苟非國家特設公官製造，民間全是小農生活，何能自行鼓鑄？故知周官與管子兩書，仍是戰國晚年人說話也。

若試推尋此種制度之遠源，在李悝的故事裏，似乎可得有幾分暗示。韓非子云：

李悝為魏文侯上地之守，欲人之善射也，乃下令曰：「人之有狐疑之訟者，令之射的，中之者勝，不中者負。」令下而人皆疾習射，日夜不休。及與秦人戰，大敗之。

此一故事，或可爲周官及管子令民入金矢判獄贖罪之前身。然而尚書堯典之作者，却早已說那時已是「金作贖刑」了。呂刑作者又云：

墨辟疑赦，其罰百鍰。劓辟疑赦，其罰惟倍。剕辟疑赦，其罰倍差。宮辟疑赦，其罰六百鍰。大辟疑赦，其罰千鍰。

一鍰重六兩，（夏侯、歐陽說，見周官職金疏。）試問那時的民間，何來有如許金？周官地官質人又云：

掌成市之貨賄、人民、牛馬、兵器、珍異。

王制云：

戎器不粥于市，兵車不粥于市。

民間至於有戎器、兵車相交易，國家特設有禁令及掌成之官，此恐都是戰國晚年人語矣。
根據上論，亦證周官出戰國晚世，似屬晉人作品，遠承李悝、吳起、商鞅，參以孟子，而與管子、老子書相先後。

三　關於田制

周官記載宗教祀典，大部分採取戰國晚年陰陽家思想。關於法制刑律，則有許多是李悝、商鞅傳統。此在上面已述及。此下再從經濟方面，略事討究。
周官講經濟，最重要者自然是田制。井田有無，歷來辨論甚多，此處不擬詳述。大概言之，井田該是有這麼一回事的。周人開國，本已是一個耕稼民族。隨其勢力之東展，懿親功臣，分封各地。他們選定各自邦土內肥沃平衍的可耕地，督導他們統治下的人民，爲他們墾治。他們是大地主，爲他們耕墾土地者，則是他們的耕戶。左昭七年傳，楚國芋尹無宇曾謂：

封略之內，何非君土？食土之毛，誰非君臣？

此乃當時之實情也。在其頒給領土，督導耕墾之際，自可大體上劃分疆界，平均分配。一夫治田一方（百畝），一方（百畝）和一方（百畝）間，有著畔岸和溝洫。一縱一橫，如此般劃分著。此即所謂井田之大體規模也。

崧高之詩有之，曰：

> 王命申伯，式是南邦。因是謝人，以作爾庸。王命召伯，徹申伯土田。王命傅御，遷其私人。

要封一個申伯，先爲之築城，（作庸。）再爲之劃地，（徹土地。）然後爲之移民。（遷私人。）此乃當時封建之應有順序也。江漢之詩又云：

> 江漢之滸，王命召虎。式辟四方，徹我疆土。匪疚匪棘，王國來極。于疆于理，至于南海。

周人封建之力之所至，即是周人文化政制之所及。首先是闢地劃田，爲之疆理，在宣王時如此，在宣王之前後亦略可知。在南方江漢之滸如此，在東方齊魯一帶亦略可知。漢人晁錯亦謂：

臣聞古之徙遠方以實廣虛也，相其陰陽之和，嘗其水泉之味，審其土田之宜，觀其草木之饒。然後營邑立城，製里割宅。通田作之道，正阡陌之界。先為築室，家有一門二內，門戶之閉。

其言可與崧高、江漢所述情形相參。故井田之與封建，此兩制度實應同時並起也。

至其所以名爲井田者，或是數家同井，資爲灌溉，爲當時耕墾土地一個自然的區分。或是阡陌縱橫，形如井字般，略如後世所述井九百畝之制度。其詳不可知。總之所謂一井，只是一組耕戶和別一組耕戶之劃分。至於用數目字來精密敍述，則多半出於後來學者間之理想和增飾。整齊呆板，並非眞相。然不能因此遂疑古代並無井田。至於周官書中之井田制度，則多半出自戰國晚年一輩學者理想中所冥構。然而亦有許多有來歷，有根據，正可從此推論周官之成書年代。

第一　論公田制

詩經小雅大田之詩有云：

雨我公田，遂及我私。

此爲西周田制有公田之證。孟子嘗謂：

惟助爲有公田。

又云：

龍子曰：「治地莫善於助，莫不善於貢。貢者，校數歲之中以爲常。樂歲，粒米狼戾，多取之而不爲虐，則寡取之；凶年，糞其田而不足，則必取盈焉。」

又曰：

夏后氏五十而貢，殷人七十而助，周人百畝而徹，其實皆什一也。

此從土地制度而說到賦稅制度，其間有可信，有不可信。如云「惟助爲有公田」，此當可信。如云「夏后氏五十而貢，殷人七十而助，周人百畝而徹」，雖似孟子是在引用當時原有的一項成語，而實際却不可信。今就情理推想，當時貴族階級劃地授田，不一定全是一夫百畝。儘可有五十畝或七十畝，（卽如孟子所謂「卿以下，必有圭田，圭田五十畝；餘夫二十五畝」，便是一證。）所謂一夫治田百畝，或已是一輩學者注意到農民的耕種能力和其生活上之經濟需要，而加以規定與鼓吹而遂有此說。或許如「男子三十而娶，女子二十而嫁」，此僅爲一種大限的序述。至於「助法」之與「貢法」，亦未見是貢法在前，而助法在後。如大田詩所云，顯見西周定有公田，故孟子又云：「雖周亦助也。」

助法之大體，謂是：

方里而井，井九百畝，其中爲公田。八家皆私百畝，同養公田。

此種制度之內在精神，並不在八家與百畝之數字之硬性規定，而在其有「公田」與「私田」之區別。一輩貴族大地主，劃分著他們所受封的一整塊土地，賜給幾家耕戶，爲之墾治。各家分得同量的一區，爲其各家之私業。而同時合力來墾治另一區的公田，作爲對地主之報償。公田不必定在中央，一井（卽一組。）不必定是八家。亦儘可有五、六家一井，十一、二家一井者。此一井之公田，亦儘可在百畝以上或以下。所謂「八家同井，井九百畝，中爲公田」者，此乃是公田制裏一個最像樣最整齊的模範格局。而所謂「私田」者，則只是耕戶各私其田畝墾治之所穫，而並不是私其田畝之所有權。

萬充宗曰：

古者地廣人稀，田不盡井，隨處皆有閒田餘地。授萊田，取之於此。圭田及餘夫之田，亦取之於此。且生齒日增，已井之田不足以給，亦取於此以授之。每夫百畝，不必盡爲井田之制也。

此說似乎較近情理。惟是既在封建制度下之一種授田制度，則土地所有權，必屬封建地主，自可無疑也。

此種制度，在權利觀念尚未十分發展成熟，私有權觀念尚未堅强產生，所謂風氣較淳之時代，亦未見其不可行。然而權利觀念之生長和進展，終於不可避免。於是「雨我公田，遂及我私」之歌頌，遂不免變成如何休所謂「不肯盡力於公田」之情況。耕戶之不肯盡力於公田，即是助法制度要崩壞改革之先機。於是在貴族階級中，自有人會想到把公田一併頒給了耕戶，而在耕戶們各自耕種的田地上，派他們繳納額定的租稅。此即所謂「校數歲以爲常」之「貢法」也。如此說之，應是助法先行，而貢法後起。萬充宗曰：

已井之田不足給，每夫百畝不必盡為井。此無公田，當用貢法；餘夫之田，亦宜用貢。

此又是采行貢法之另一因。王制有云：

古者公田藉而不稅。

春秋魯宣公十五年：「初稅畝。」穀梁傳云：

古者什一，藉而不稅。井田九百畝，公田居一。私田稼不善，則非吏；公田稼不善，則非民。初稅畝者，去公田而履畝十取一也。

左傳云：

初稅畝，非禮也。穀出不過藉，以豐財也。

此乃春秋時魯國開始改革公田藉（助）法，而創行履畝而稅之貢法之明證。當時諸侯必是先後隨時代潮流之變遷，而改革他們的田制，自可從此類推。助法之廢，一面固是農民之不肯盡力於公田，另一面還是有些貴族貪得無厭，取之無藝，亦同樣足以促進田制之改革。此理甚明，可不詳論。

其次試論「徹法」。「徹」字在先不像是一種稅制之名稱。詩公劉：

徹田爲糧。

崧高：

徹申伯土田，……徹申伯土疆。

此等詩句，並不能援爲周初或西周早行徹法之證。「徹」字有開列之義，「徹田爲糧」，只是開派田畝，令衆墾治，以爲糧食。崧高詩亦只說宣王先命召伯爲申伯開劃田土疆畔，先把申伯私人遷去，好叫他們墾種。先使申地有了糧食委積，纔好讓申伯快些成行，到他新封的國土去。江漢詩又云：

王命召虎，式辟四方，徹我疆土。

「徹」和「辟」同是開闢義。秦制有「徹侯」，得劃分田土，此「徹」字則仍還是援用的古義。

舊說認「徹」爲一種稅制者，最先是根據論語顏淵篇：

哀公問於有若曰：「年饑，用不足，如之何？」有若對曰：「盍徹乎？」曰：「二，吾猶不足，如之何其徹也？」對曰：「百姓足，君孰與不足？百姓不足，君孰與足？」

此章文義，極費解。「二，吾猶不足」，集解：

孔曰：「二，謂什二而稅。」

邢疏：

古者公田之法，十取其一，謂十畝內取一。舊法旣已十畝取一矣，春秋魯宣公十五年初稅畝，又履其餘畝，更復十收其一，乃是十取其二。故哀公曰：「二，吾猶不足。」

今按：魯宣公十五年初稅畝，乃是廢公田，行貢法，邢疏之說不可信。然捨此則十二而稅之說更無據。竊疑「二，吾猶不足」，本不作「什二而稅」講。考春秋魯哀公十二年：「春，用田賦。」公羊傳：

十有二年春，用田賦。何以書？譏。何譏爾？譏始用田賦也。

孔廣森公羊通義說之云：

魯語曰：「季康子欲以田賦，子謂冉有曰：『先王制土，藉田以力，而砥其遠邇。賦里以入，而量其有無。任力以夫，而議其老幼。於是乎有鰥、寡、孤、疾。有軍旅之出則徵之，無則已。其歲，收田一井，出稯禾、秉芻、缶米，不是過也。』」五經異義周禮說：「有軍旅之歲，一井九夫百畝之賦，出米二百四十斛，芻秉二百四十斤，釜米十六斗」，謂此田賦也。古者公田藉而不稅，有武事，然後取其賦。故「賦」之字從「貝」從「武」。昔伯禽徂征淮夷，芻茭餱糧，郊遂峙之，田賦之法也。今魯用田賦者，是無軍旅之歲，亦一切取之，厲民甚矣。稅畝本無其制，故言「初」。田賦本有其制，特不宜非時用之，故言「用」。傳例曰：「用者，不宜用也。」

其事左傳亦有記載，曰：

> 季孫欲以田賦，使冉有訪諸仲尼。仲尼曰：「丘不識也。」三發，仲尼不對，而私於冉有曰：「君子之行也，度於禮。施取其厚，事舉其中，斂從其薄，如是，則以丘亦足矣。若不度於禮，而貪冒無厭，則雖以田賦，將又不足。」

此處「以丘亦足矣」，即是「丘不識也」之「丘」。是仲尼自稱名，猶謂「照我看也儘夠了」。杜注把周官書中「十六井一丘」之「丘」說之，遂使這一節文字，從此辨論紛紜，至今莫解。只有孔廣森據國語解春秋，不用左傳杜注解國語，獨得古人之眞。原來田稅是經常的，而軍賦則是臨時的。魯哀公却把臨時的軍賦，一併按年徵收。自此農民遂逐年有兩分負擔，而政府則逐年有兩分收入。然而魯哀公還感得「年饑，用不足」，正給孔子一語道著，所謂「雖以田賦，將又不足」也。

劉寶楠論語正義云：

> 舊有一說云：哀公十二年、十三年皆有螽，連年用兵於邾，又有齊警，此所以年饑而用不足也。

劉氏又自疑此說，謂哀公問有若，當在十二年用田賦之前。其實此舊說甚是。哀公問有若，正應在十二年用田賦之後。有若所對，正是其師孔丘仲尼之意。俞氏正燮癸巳類稿（卷三徹足用義篇）云：

君卿從無年饑不足食之事。……蓋用非米粟也，徹非賦役也。

此說亦是。有若所謂「盍徹乎」，正是勸魯哀公罷免常年軍賦，止徵其一分的田稅。故哀公說：「二，吾猶不足，如之何其徹也？」這是說：「我兼徵了田稅、軍賦兩分，尙嫌不夠，如何叫我仍止徵收一分的田稅呢？」魯用田賦在十二年春，是年冬十有二月螽，明年十三年秋九月又螽，連遭此兩度歉收，哀公之問，有若之答，蓋在其時。若如上所解，則論語「盍徹乎」、「二，吾猶不足」兩語，涵義極明白。而由此爲說，則有若當時之所謂「徹」，僅止是徵收田稅義，正從「徹田爲糧」之「徹」字含義轉來。並不是一稱特殊的稅制，並不是在「貢」、「助」兩法外別有一種「徹」法，亦並非是相反於「什二而稅」之一種「什一之稅」。而在孟子書中，却說成「夏后氏五十而貢，殷人七十而助，周人百畝而徹」，好像有三種田制，和三種稅法。遂又使後人百端解說，終無是處。其實龍子祇很感慨地說：

治地莫善於助，莫不善於貢。

孟子亦云：

雖周亦助。

是此兩人，只痛惡眼前之「貢法」，只歌誦已往之「助法」。却並非於貢、助之外，另說出一個「徹法」之眞實意義來。故我謂「徹法」是一個本未嘗有之說法也。

姚文田求是齋自訂稿說之云：

「徹」之名義，嘗屢求其說而不得。其制度何若，終不能明。惟周官司稼云：「巡野觀稼，以年之上下出斂法。」是知徹無常額，惟視年之凶豐。此其與「貢」異處。「助法」正是八家合作，而上收其公田之入，無煩更出斂法。然其弊必有如何休所云「不盡力於公田」者。故周直以公田分授八夫，至斂時則巡野觀稼，合百一十畝通計之，而取其什一，其法亦不異於「助」。故左傳云：「穀出不過藉」。然民自無公私緩急之異，此其與「助」異處。

今試據姚氏說再爲疏說，竊謂這裏有首先當分別者，一是土地制度，另一則是賦稅制度。若專就土地制度言，則只有「貢」與「助」兩種，其主要在有公田與無公田。若兼就賦稅制度言，則可以有「貢」、「助」、「徹」三種。魯自宣公時，履畝而稅，便已廢公田了，只就各家私田而徹取其十一之稅，那就是「徹法」了。如此說之，則有若「盍徹乎」一語，涵義便十分顯明了。如此說之，則「貢法」之起應猶在後。因當時貴族地主，既不願逐年麻煩，按照田畝實際收穫來徹取十一，於是規定出一常數，不管年歲豐歉，只照此常數徵收，這便成爲「貢法」了。若如此說之，則孟子文義與歷史事實皆說得通。所剩下者，只是「夏后氏五十而貢，殷人七十而助，周人百畝而徹」此一番話，把兩種土地制度與三種賦稅制度硬分派到夏、殷、周三代，又分別出五十畝、七十畝與百畝之異，則似乎斷非歷史事實。孟子曰：「盡信書，不如無書」，正當如此看法。若我們因一時講不清孟子話，遂謂孟子當時只是信口開河，隨意造謠，則實斷斷無此理也。

今再進一步看龍子、孟子意見，則兩人顯有不同。龍子似乎只看到當時貴族們之重斂掊克，痛心疾首，想要恢復古代已廢公田爲助之舊制。而並未顧及古制之所以廢，在當時已因具有了流弊而乃至於不能維持了。孟子雖贊成龍子，他却提出一種較爲折衷的辦法來。他說：

請野九一而助，國中什一使自賦。

又云：

公事畢，然後敢治私事，所以別野人也。

孟子此番主張，只斟酌情形，希望恢復一部分的公田。一則野外地較寬平，可以有整塊田畝劃做井制；至於國中，地狹人稠，卿大夫以下圭田，多只以五十畝起算，不能改成整塊九百畝的井地。因此只可什一而稅，不再恢復公田助法了。第二，所謂「野人」者，他們地位比較低，知識比較淺，大概都是別處遷徙來的流氓。不得意於故主，而來求新主。他們還不敢明白主張土地私有權。還可以強制他們，使他們保存一種「公事畢，然後敢治私事」的心理。還可以教他們歌誦「雨我公田，遂及我私」之詩句。至於國中百姓，和四鄙氓人不同。大概是和他們的統治階級所謂在上之「君子」，或有親族上的關係，（略如崧高詩所說申伯遷來的私人。）多半是祖世土著。又或於耕稼外，別營工、賈等其他業務，他們的一般地位高過野人。他們早已漸次抱有土地私有的新觀念。無論沒有整塊田土劃分井制，就使在小面積裏，也不能再支配他們依隨上世淳樸心理，叫他們「公事畢，然後敢治私事」。因此那一些田地，漸漸變成那一輩土著者所私有，祖世相傳。國家只把來賞給卿大夫貴人們，讓其自去徵收他們什一之稅，作爲國家支給的俸祿。將來受田的人換了，那有田的農人還是不換。正和野人之「受一廛而爲氓」者恰相反。因爲野人受田，儘可逐年換，而田主却依舊。此其在土地之權位，大是不同。因此孟子並不想把「莫善於」的助法來一致地推行。

以上講述孟子書中所載兩種田制和三種稅法，他話雖不能說全可信，然也不能因此疑他所說全是造謊，全在託古改制。若必先存了一疑心，謂古人全在造謠假託，則一切古書，也就無從再研究。以上從孟子話，來推論古代田制之大概，可謂雖不中亦不遠。

若上引孟子一節話，誠可作如是之解釋，試再來看周官，則似乎周官書中，已全沒有保留公田之舊制。江永周禮疑義舉要論此事有云：

小司徒惟言「九夫為井」，未及論其中區之為公為私。載師任地，「近郊什一，遠郊二十而三，甸、稍、縣、都，皆無過什二」，似皆無公田。司稼：「巡野觀稼，以年之上下出斂法」，亦惟皆私田，乃有不定之斂法。如行助法，則惟以公田之稼歸公，不必論年之上下矣。據司馬法：「畝百為夫，夫三為屋，屋三為井」，而小司徒言「考夫屋」，旅師言「聚野之屋粟」，是用「夫三為屋」之法矣。用屋法，則非八家同井之法。

江氏此說甚是。周官書究竟比孟子又晚出了幾時，周官作者已明白得公田之制終於不可復，所以在周官書中，乃索性把周初之公田制削去，因此也不見有所謂「助」。

地官旅師：

掌聚野之耡粟、屋粟、閒粟。

鄭注：

耡粟，民相助作，一井之中所出九夫之稅粟也。

江永云：

旅師所掌，即遂人「以興耡利甿」之事。耡粟者，農民合出之，因合耦於耡，故名耡粟。正猶隋唐「社倉」、「義倉」，每歲出粟少許，貯之當社，以待年饑之用者也。旅師所聚，以耡粟為主。耡粟無多，恐不足以給，又以載師之屋粟、閒粟益之。鄭注謂「九夫之稅粟」，非也。

江氏此辨，雖無的據，亦似可信。以上指述周官之井田制中無公田。若論稅額，周官又並不遵守什一之定制，只說「無過什二」。此亦是時代潮流逼得周官作者比孟子更要圓通些。周官書中主張「以年之上下出斂法」，此種理論，在戰國初年，本已有人主張過。其人即是魏文侯師李悝。而上引姚文田書，論孟子書中之「徹法」，卻引周官「以年之上下出斂法」爲說，則又錯了。

漢書食貨志記李悝爲魏文侯作盡地力之教，其言曰：

糴甚貴傷民，甚賤傷農。民傷則離散，農傷則國貧。故甚貴與甚賤，其傷一也。善爲國者，使民毋傷，而農益勸。今一夫挾五口，治田百畝，歲收畝一石半，爲粟百五十石。除十一之稅十五石，餘百三十五石。食，人月一石半，五人終歲爲粟九十石，餘有四十五石。石三十，爲錢千三百五十。除社閭嘗新春秋之祠，用錢三百，餘千五十。衣，人率用錢三百，五人終歲用千五百，不足四百五十。不幸疾病死喪之費，及上賦斂，又未與此。此農夫所以常困，有不勸耕之心，而令糴至於甚貴者也。是故善平糴者，必謹觀歲有上、中、下熟。上熟其收自四，（四倍平收，總六百石。）餘四百石；中熟自三，餘三百石；下熟自倍，餘百石，小飢則收百石，中飢七十石，大飢三十石。故大熟則上糴三而舍一，中熟則糴二，下熟則糴一。使民適足，賈平則止。小飢則發小熟之所斂，中飢則發中熟之所斂，大飢則發大熟之所斂，而糶之。故雖遇饑饉水旱，糴不貴而民不散，取有餘以補不足也。

李悝以此法行之魏國，國以富强。此法者，正是周官司稼「巡野觀稼，以年之上下出斂法」之一篇絕好注解也。其所謂「斂」，卽孟子「狗彘食人食而不知檢」之「檢」，此與什一而稅並不同。依上引李悝話計算，彼所謂什一之稅，似乎不論年歲飢熟，常收定額十五石。卽相當於孟子所謂「校數歲之中以爲常」之「貢」。而李悝行法精善處，在乎別以「斂糴之法」爲調劑。今周官書，則正採取了李悝意見，所以在「以年之上下出斂法」之下繼曰：

掌均萬民之食，而賙其急，而平其興。

江永曰：

興，起也，發也。謂賙急之時，平其所興發之廩食，猶旅師「平頒其興積」也。

知此處所謂「興」，正當於李悝之所謂「發」與「糶」。周官旅師下又云：

凡用粟，春頒而秋斂之。

此亦與上引同意。孟子亦曾言之，曰：「塗有餓莩而不知發。」似乎孟子亦知李悝當時理論，但並未爲之詳細發揮。孟子只鼓吹他自己的「野九一而助，國中什一使自賦」之想法。周官既採李悝斂散之法，則於孟子所謂「莫善於」之「助」，「莫不善」之「貢」，以及所謂周人之「徹」，自均可置放一邊，不成問題。故周官書中則只有「貢」有「賦」而並無「助」與「徹」也。

孫詒讓周禮正義卷三十一有云：

斂法謂賦斂之正供，卽周之徹法也。

孫氏此說，與上引姚文田說同。其他淸儒如江永輩，似乎均取此同一之意見。然此意見，實不可信。管子大匡篇有云：

案田而稅，二歲而稅一。上年什取三，中年什取二，下年什取一。歲飢不稅。

此一說，却與孟子書中之所謂「徹法」者用意相近。然和李悝、周官所主張之斂發之政又不同。管子書亦論糴糶斂散。如云：「人君不能治，故使蓄賈游市，乘民之不給，百倍其本。」（國蓄篇）此則戰國晚年商人階級崛興以後始有之現象，故在李悝時猶未詳細說到此情形，而周官泉府却亦有此說。至於西周田制之所謂公田爲助，則反不見於周官。試問周官之書，何能爲周公之所制？又何嘗是春秋前之所有乎？

周官亦有採取孟子之說者，則在載師任地，「近郊」、「遠郊」不同，此近於孟子「君子」、「野人」之分也。賈疏云：

近郊乃宅田、士田、賈田；遠郊乃官田、牛田、賞田、牧田；甸、稍、縣、都，乃公邑之田。

此明是國中養君子，郊外處野人之意。旅師云：

凡新甿之治皆聽之。

鄭注：

新甿，新徙來者也。

孟子公孫丑篇：「則天下之民皆悅，而願爲之氓矣。」又滕文公篇：「許行自楚之滕，踵門而告文公曰：『願受一廛而爲氓。』」呂氏春秋高義篇：「墨子願至越，自比賓萌。」凡新甿皆在野受田，其地位自和國中百姓不同。旅師治新甿，雖云「使無征役」以爲招徠，而待遇實遠不如國中之百姓。鄭注卻謂：

周稅輕近而重遠，近者多役也。

此乃未能細密劃清歷史上之時代演變，而空推聖人用意以爲說，則宜其多誤矣。

第二　論爰田制

田制初興，應屬附有「公田」之「助法」。每一組耕戶各有他們應該擔負的一塊公田。家數可以有多少，公田可以有大小；不一定全是「八家同井，井九百畝，公田百畝」那麼樣呆板。所謂「八家同井，井九百畝，公田百畝」者，只是公田制裏一個理想上最整齊的模式，實際不必全如此。此種田制之主要精神，則在公田之與助。此一層上面已討論過。故公田助法廢，即無異於井田廢。而廢公田以外，另有興「爰田」一事，亦爲廢井田之先聲。

左傳僖公十五年：

晉於是乎作爰田。

晉語作「轅田」，是爲爰田制之初見。漢書地理志云：

秦孝公用商君，制轅田，開阡陌。

是爲轅田制之再見。張晏云：

周制三年一易，以同美惡。商鞅始割列田地，開立阡陌，令民各有常制。

孟康云：

三年爰土易居，古制也；末世寖廢。商鞅相秦，復立爰田。上田不易，中田一易，下田再易。爰自在其田，不復易居也。

食貨志述其制又云：

民受田，上田夫百畝，中田夫二百畝，下田夫三百畝。歲耕種者為不易上田，休一歲者為一易中田，休二歲者為再易下田。三歲更耕之，自爰其處。

大概初行井田時，只是幾家同一井，各受田一方，同耕公田一方，如此而止。至於同井幾家之間，田有肥磽，此井與彼井之間，更有相差，一時也顧不及。到後才定出「三年爰土易居」的辦法。（何休公羊注作「三年一換主易居」，「爰土」與「換主」，其實大有別。大概普通只是換土，而或至於換主也。）使「肥饒不得獨樂，墝埆不得獨苦」。（何休宣十五年公羊注。）一輩農民，過了三年，大家有一個機會互相易地。

詩魏風碩鼠有云：

碩鼠碩鼠，無食我黍！三歲貫女，莫我肯顧。逝將去女，適彼樂土。

周官地官小司徒亦云：

三年大比，各登其鄉之衆寡。

正爲有三年一易居之機會，一輩耕戶，在其大地主治下，過了不如意生活，三年之後，不免想遷徙遠去，投奔新主人。孟子亦云：

死徙無出鄉。

趙岐注：

徙，謂爰土易居，平肥磽也。不出其鄉，易爲功也。

此爲耕戶三年一易居，僅求其不致爲對他們故主之痛心疾首而遷移遠去。如是則使地主對其治下耕戶所施種種政教易於收功也。

然而三年爰土易居，總是件麻煩事。無論田廬改易，紛擾已甚，而且也不一定眞能有嚴密的分配。先耕上地者，未必定易到下田；先耕次地者，未必定換到上田。然而地主們肯給農民三年一易居換土之機會，總算是好意。若改行爰田制，受上田者百畝，受中田者二百畝，受下田者三百畝。苦樂既均，又免易居紛擾，自然更受耕戶之歡迎矣。晉國在當時，國君被虜，國中無主，一輩朝臣纔想出此法，討好國民。那時晉國國民感激圖報，不憚征繕的心理，自不必說。商鞅將此制推行於秦。其後秦人招徠三晉墾民，遂以東雄諸侯，此亦事所應有。惟此制推行，則八家同井之公田制，便須根本動搖。不僅八家百畝之數字，更難符合；其尤重要者，在其田地所有權之無形轉移。在公田分井時代，公田乃此一塊耕地中最主要之一區。幾家耕戶，爲對地主盡其墾治公田之勞，而暫時享受到公田旁一帶棄地（卽私田）之使用利益。故曰：「雨我公田，遂及我私。」這也不盡是耕戶對地主忠誠心理之表現，實是當時關於田地主權及其使用與享受上之關係，義應如此也。耕戶可以易土換居，此非耕戶之自由，實是耕戶對其耕地之絕無主權，而出於地主之一番好意而已。一旦爰田制推行，各耕戶可以自爰其處，不復易居換土。這一來，此一塊土地之所有權，雖未明白規定轉歸耕戶自有，而其田地之成爲此一家耕戶之永業，實漸漸從此栽根。因此爰田制推行，無疑有幾點重要的變化：一是國家授地均等的制度破了；上地授百畝者，中地、下地可以授二百畝、三百畝。二是三年易土換居的制度廢了；耕者對其墾地，可以永遠繼續，不再紛更。三是耕戶對耕地之關係變了；因其自爰其處，不復易居，漸成永業，而田地所有權，無形中遂移歸耕者所有。田地所有權之觀念既變，公田爲助之稅法無形中亦必隨之而變。據今所知，晉行爰田在晉惠公六年被虜於秦之歲。（西曆紀元前六四五）而魯廢公田，初稅畝，則在魯宣公十五年。（西曆紀元前五九四）其間相去尚五十餘年，然不能謂絕無影響關係也。而班氏食貨志乃將自爰其處之爰田制混併於八家同井之公田制中，一體說之，則不能說其不是一種錯誤耳。

抑又有疑者，爰田制殆非晉國所首創。當其國破君虜，子金自秦脫歸，臨時推行爰田，結懽國人，實在不像是精心創設了一個新制度。或當時別國早有推行，而晉人特臨時模效爲之。考齊風甫田之詩：

無田甫田，維莠驕驕。無田甫田，維莠桀桀。

舊說其詩刺襄公。若其說而信，此詩年代，應在晉行爰田前四十多年。而其時在齊似乎已有多授大田之制，惟當時人尚未懂得歲休更種之法，故詩人以「維莠驕驕」、「維莠桀桀」爲戒。或者遇次田則多授，其制已先有。而晉人之行爰田，亦非卽是開始指導農民以一種新的歲休更種的輪耕法。在當時之所謂爰田，則僅是一種更寬大的授田制度而已。本來授田百畝者，現在可以因地之高下而增授至二百畝或三百畝。如此，則得上地者無奪，得中地、下地者有與。本來三年一易地者，現在可以永不紛更。如此則耕者皆得有其永業，故爲國人所喜。至於歲休更種，此是耕墾技術之進步，與土地制度無涉。惟自爰田制推行，此種歲休輪耕法，自然易於爲人發現，爲人傳播。而此種歲休輪耕法，究起何時，則不可考。今若專以歲休輪耕法說爰田，恐未是也。

要之均等授地，公田爲助，乃一種較先的制度；而分等授地，自爰其處，爲一種較後的制度。證之左傳，其事可信。而周官書中講田制，則亦採取較後起之爰田制。地官大司徒云：

凡造都鄙，制其地域而封溝之，以其室數制之。不易之地家百畝，一易之地家二百畝，再易之地家三百畝。

此種制度，明是春秋以來之爰田制，而非西周八家同井之公田制。而且周官書中又很明白講到歲休更種的輪耕法。遂人云：

辨其野之土，上地、中地、下地，以頒田里。上地，夫一廛，田百畝，萊五十畝，餘夫亦如之；中地，夫一廛，田百畝，萊百畝，餘夫亦如之；下地，夫一廛，田百畝，萊二百畝，餘夫亦如之。

此與大司徒造都鄙所說，又略不同；然同是採取爰田制之精神則一也。呂氏春秋樂成篇有云：

魏氏之行田也以百畝，而鄴獨二百畝，是田惡也。

此亦是一種爰田制也。大概爰田制亦並不定分百畝、二百畝、三百畝三等，在數字上亦容有出入。竊疑此制或亦與李悝有關。晉人本行爰田，戰國初魏國亦行爰田，蓋是採取晉國舊制。商鞅變法，多承李悝遺敎，遂又移行此法於秦。鞅之制轅田，實卽是廢井田也。惜乎後人不能把此兩種制度之異同，詳爲剖悉，遂使商鞅變法之來源及其眞相，茫昧莫明。至於周官著者，講刑制，多採李悝、商鞅，上節已述及，而講田制又如此。故在周官書中，乃惟見有後起之爰田制，更不見先行的公田制。則周官之爲戰國晚出書，更復何疑乎？

然而周官之小司徒又云：

> 九夫爲井。

不悟既行爰田制，則一夫不一定是百畝，一井又不一定是九夫。周官小司徒又云：

> 上地家七人，可任也者家三人；中地家六人，可任也者二家五人；下地家五人，可任也者家二人。

大司馬又云：

凡令賦，以地與民制之。上地食者三之二，（田百畝，萊五十畝。）其民可用者家三人；中地食者半，（田百畝，萊亦百畝。）其民可用者二家五人；下地食者參之一，（田百畝，萊二百畝。）其民可用者家二人。

不悟既行爰田制，上地家百畝，中地家二百畝，下地家三百畝，又不必再定上地家七人、中地家六人、下地家五人之限。若把上地給多人之家，中下地給少人之家，似又不必再分所給用地之多少。其間似又有衝突。竊疑周官著者，乃盡量網羅了當時各種好辦法，而一時忘了辦法與辦法之間之有重複與牴牾也。

呂氏春秋上農篇有云：

上田夫食九人，下田夫食五人，可以益，不可以損。一人治之，十人食之，六畜皆在其中矣。此大任地之道也。

此乃云一個上田夫，至少該食九人，一個下田夫，至少該食五人，是乃督促農人盡力耕墾之一個標準也。孟子亦云：

耕者之所獲，一夫百畝。百畝之糞，上農夫食九人，上次食八人，中食七人，中次食六人，下食五人。

王制亦同此說。此與呂氏春秋上農之言相似，惟分說之益細耳。周官著者，似乎誤會了此種意思，却把經濟上一種自然的現象，來寫定在政治上成爲一種必然的制度，於是又引起後儒許多爭辨。至於地官小司徒之「三年大比」，又顯然保存舊制，與商君制轅田，「令民有常制」，與夫「靜生民之業」者復不同，此皆其牴牾之痕迹之不可掩者也。

第三　論封疆溝洫

公田之廢，爰田之推行，固是井田制崩壞之原因，然而尚不止此。井田制之主要精神，本維繫在封建制度上。西周王室之初行封建，其懿親功臣，隨其天子之勢力，而封殖到東方來。一如棋枰布子般，先是東一子，西一子，稀疏歷落，依着局面之緊要處，而絡續地散開。本不曾如孟子、周官、王制許多書中所說，有那樣像方格塊般的嚴密、緊湊和整齊。那些分封出去的諸侯，初到他們分地，首先是要劃疆自保。一部分隨從而去的宗族黨徒，緊簇在侯國之四圍。而本地一些服從歸化之土著，則屏在較遠之郊野。故每一侯國則建立起一城郭。待其漸次擴張，一如周室之分封，來封殖他們的子弟宗親。一樣地稀疏歷落，散布在侯國之境內或伸展到新闢的領土去，仍然是築城郭，起封疆，來保護他們一份世襲罔替的產業。其治下子民，則在其封疆之內各爲其主盡他們耕墾貢賦的責任，而生息着。亦還各自有其「邑」、「里」、「鄉」、「社」。此等邑、里、鄉、社，亦復各有封疆，各自分散，不必東阡西陌，緊相湊簇。正如一盤棋子，初下時，東一子，西一子，並不怎樣地鬬湊。以後便不然了，棋愈下愈密，糾紛便起。侯國與侯國間，壤地接觸，幷兼繁興。卿大夫之采邑，同樣因互相鄰接而發生交涉。列國之間之所謂正疆界，列卿之間之所謂爭田地，屢見於春秋之記載。以前是劃疆自保，以後則「疆埸之邑，一彼一此，何常之有？封疆之削，何國蔑有？」封建局面，展衍在數百年之間，實有其極大之變動。

井田本是一種圍在格子眼裏的東西，亦復稀疏歷落，一區區地分隔存在。以後人口愈增，土地愈闢，所謂格子線，根本不能存在，那格子眼裏的東西，如何能保持原態？此乃井田制崩壞之最大原因，同樣隨着數百年來之自然衍變而改動。

左傳僖公二十四年，記介子推事，有云：

晉侯求之不獲，以緜上爲之田。

史記晉世家則謂：

遂求所在，聞其入緜上山中，於是文公環緜上山中而封之，以爲介推田，號曰介山。

楚辭惜往日篇亦云：

封介山而爲之禁。

可證封建時代之田制，亦是環而封之以爲禁之一區，正如棋盤上之一子，稀疏歷落，各有距離。當時某氏某邑種種名稱，多如介山般，標著名號，指示出在其環而封之之裏面，各是某一家之禁臠，不容別家之侵入。然而那格子線動搖的情形，則終不免於愈來愈烈。試舉左傳襄公一君之歷年爲例。

六年十一月，齊滅萊，遷萊於郳，高厚、崔杼定其田。

八年，莒人伐魯東鄙，以疆鄫田。

十年，初子駟為田洫，司氏、堵氏、侯氏、子師氏皆喪田焉。……

十六年，晉會諸侯溴梁，命歸侵田。

十九年春，諸侯盟於督揚，遂次於泗上，疆鲁田。取邾田，自漷水歸之於鲁。

二十六年六月，晉、鲁、宋、鄭討衛，疆戚田。取衛西鄙懿氏六十以與孫氏。

二十四年夏，齊烏餘以廩丘奔晉，襲衛羊角，取之，遂襲鲁高魚，又取邑於宋。

二十七年春，晉使胥梁帶治之。使諸喪邑者具車徒以受地，使烏餘具車徒以受封。烏餘以其衆出，盡獲之。皆取其邑而歸。

二十九年，晉使至鲁治杞田。

三十年，鄭子皮授子產政。子產使都鄙有章，上下有服，田有封洫，廬井有伍。從政一年，輿人誦之，曰：「取我衣冠而褚之，取我田疇而伍之。孰殺子產，吾其與之。」及三年，又誦之，曰：「我有子弟，子產誨之；我有田疇，子產殖之。子產而死，誰其嗣之？」

此外如文元年：「晉侯疆戚田」，昭元年：「秋，叔弓帥師疆鄆田」，昭三十年：「吳二公子奔楚。楚子大封，而定其徙。」這一類事，見於春秋二百四十二年之所記載者，眞是引不勝引。至於列國卿大夫賞田、奪田、致邑、封邑，益更紛仍，難於詳列。起初是分疆劃界，東一塊，西一塊，各自封閉在各自的格子眼裏。到後來攙做一起，互相接連，棋盤上形成了大殺局。最顯者如鄭國。地狹民稠，變動最亟。子駟、子產父子，在十年間，相繼想把鄭國境內田地疆界封洫重加整理。然子駟因此被殺，子產也險不免。最可笑者，是鄭國一輩小民，在子產着手整理田土疆界時，也不免感到紛擾不快，高聲唱着革命的歌。只要有個領袖，他們都願加入革命隊伍，去殺子產。三年後，才知子產本爲他們小民着想，現在是受到實惠了。而恍然明白子產一死，不再有像子產般的人，能站在貴族地位上，再爲他們小民來爭福利，於是又唱起可憐的悼歌來。

此一種趨勢，愈演愈烈，下至戰國時，情形更爲混亂。故孟子曰：

> 仁政必自經界始。經界不正，井地不均，穀祿不平。是故暴君汙吏，必慢其經界。經界既正，分田制祿，可坐而言也。

可見「經界」實爲井田制裏最重要一元素。廢公田，行爰田，也可說是當時田制上進步了，而慢經界則是一大退步。孟子論井田，請野九一而助，未免有些不合時宜。至其論正經界，則實爲當務之急，未可一并而譏。

這裏最主要的，自然是一人口問題，尤與封建與井田之變動有關。起先是彼疆此界，東一塊，西一塊，各自藏在格眼裏，互不相干。後來，人煙日旺，萊蕪日闢，全都衝到格子線外，那些格子線，逐一動搖漫滅，不復存在。此刻要重整疆界，遂大不易。

此所謂格子線，便是指的古人之所謂「封疆」。各處的侯國，各處的卿大夫采邑，各處的邑、里、鄉、社，他們各有所謂封疆。高高地築成一帶土堤，堤下隨着一帶深溝，圍在他們的所謂邑、里、邦國之外。楚國芋尹無宇嘗謂：

封略之內，何非君土？食土之毛，誰非君臣？

可知當時人對於土地之觀念，乃專指其被圍在封略之內者而言。而所謂「封略」，則是一種具體的、高厚凝固的建築。左傳定公四年又云：

封畛土略，自武父以南，及圃田之北竟。

這明明是一帶漫長蜿蜒的大建築。在此之內，有封建，有井地。在此以外，則是茫茫禹域，並與封國井地無關。

所以有「略地」，如：

隱五年傳：「吾將略地焉。」

宣十五年：「以略狄土。」

昭二十二年：「荀吴略東陽。」

昭二十四年：「以略吴疆。」

又有「略人」，如：

成十二年：「略其武夫。」

又有「略牲畜」，如：

齊語：「犧牲不略。」

所謂「略地」者，正猶云「井田」，正猶云「封國」。把別人的土地、人民、牲畜，用强力圈入自己封疆之內，而使爲我有，此則稱爲「略」。因於後起動亂中之「略」，正可推想初起時之所謂「封」。

所謂「封略」者，不僅是一舉動，並形成一實體。皆是在其佔有之外，而興起一帶高築的土功建築，不像後世般，田疇相望，阡陌相連，村落布野，漫無關限。此決非古代之景況。古人之所謂「封略」，則並不如後世般，只在文書觀念上，而在具體構造上。古之所謂「國」，也如都、邑般，僅是一城，乃及四郊，而封閉於一個大的土工建築之內者，古人謂之「封疆」，今姑稱之曰「格子線」。封國有格子線，而井地也有格子線。然封國之格子線破了，仍可有國，而井田之格子線一破，則不復有井田。

史記商君列傳云：

凡為田開阡陌封疆，而賦稅平。

此處「開阡陌封疆」一語，從來爲人誤解。其實「開阡陌封疆」者，即是剗去與打開格子線之謂。惟朱子作開阡陌辨，始透露出此中消息。朱子曰：

商君但見田為阡陌所束，而耕者限於百畝，則病其人力之不盡。但見阡陌之占地太廣，而不得為田者多，則病其地利之有遺。又當世衰法壞之時，則其歸授之際，必不免有煩擾欺隱之姦。而阡陌之地，切近民田，又必有陰據以自私，而稅不入於公上者。是以一旦奮然不顧，盡開阡陌，……墾闢棄地，悉為田疇，……以盡地利。使民有田卽為永業，而不復歸授，以絕煩擾欺隱之姦。使地皆為田，田皆出稅，以覈陰據自私之幸。……故秦紀、鞅傳皆云：「為田開阡陌封疆，而賦稅平。」蔡澤亦曰：「決裂阡陌，以靜生民之業，而一其俗。」詳味其言，則所謂「開」者，乃破壞剗削之意，而非創置建立之名。所謂「阡陌」，乃三代井田之舊，而非秦之所制矣。

朱子此一說，始依稀描繪出當時井田封疆之眞相。剗去阡陌，卽是廢壞井田，正可於朱子文中體會也。

漢書匡衡傳有云：

> 匡衡封僮之樂安鄉，鄉本田提封三千一百頃，南以閩陌為界。初元元年，郡圖誤以閩陌為平陵陌，多四百頃。

可見古代阡陌，至漢代猶有遺迹。其時所謂閩陌、平陵陌者，正是古來阡陌遺跡也。朱子開阡陌辨，正可將此一條記載作助證。大抵人口日密，田畝日闢，「開阡陌」乃是一種自然趨勢。故井田之廢，實與人口日增，田畝日闢有關也。

而開阡陌之事，實亦不始於商鞅。崔述承朱子意而益申之，曰：

子產治鄭，使田有封洫。先王之制，計夫授田，不得自為多寡，為之封洫，以防水旱，而制兼幷，亦何待於子產之使？是知春秋之時，王制已廢，井疆已紊，但計田以取粟，而不復計夫以授田矣。今論者皆以阡陌之開咎商鞅，然鞅所開者，秦之阡陌耳。關東諸侯，何以亦無復有存者？然則自周東遷以來，固已陸續廢壞，豪強兼幷，多寡不均，税畝之法，恐亦類是。

此謂在春秋以來，正已阡陌日廢，封疆日闢矣。此亦據於如我上文之所引，而可想像其然者。然所謂「開阡陌封疆」一語，其尤重要者，當在「封疆」而不在「阡陌」。朱子所謂「田為阡陌所束，阡陌占地太廣」云云，若移以說「封疆」，當尤為切當。大概至戰國時，秦國四境之內，還比較多留了些西周田制遺跡。所以阡陌封疆，猶多存在。其後秦人招徠三晉移民，為秦墾荒，可見秦國人口增殖，直至商鞅以後亦尚未到衝破格子線之機緣。許氏說文云：

秦田二百四十步為畝。

玉篇以爲是秦孝公之制。鹽鐵論：

御史曰：「古者制田，百步為畝。先帝哀憐百姓，制二百四十步而一畝。」

鹽鐵論所謂「先帝」，乃指武帝言。食貨志趙過代田法云：

十二夫為田，一井一屋，故畝五頃。

注引鄧展曰：

九夫為井，三夫為屋，於古為十二頃。古千二百畝，則得今五頃。

可見武帝時改古十二頃田爲五頃，其實是把西方的秦田來改當時之所謂「東田」也。此據黃以周禮書通故第三十五。蓋「東田」是當時六國田畝，只以百步爲畝；商鞅入秦，開阡陌封疆，廢地盡闢，故得擴大以二百四十步爲畝。而其時東方，雖是封疆阡陌早廢，而仍是地狹民稠，故只成了步百爲畝之小田耳。惟黃氏又謂漢武帝改東田，乃續開商鞅未開之阡陌，其說本俞正燮癸巳類稿，則恐不可信。

封疆既爲井田與封建之同一要徵，因此，廢井田，開封疆，亦如等於廢封建。所以商君入秦變法，在其「爲田開阡陌封疆」之前，先「集小都、鄉、邑、聚爲縣，置令、丞。」此卽是把國內封君采地，一幷收爲國有，是卽廢封建也。廢封建之代替物，便是所謂「二十級爵」。馬端臨文獻通考封建六論之曰：

古之所謂爵者，皆與之以土地。如公、侯、伯、子、男，以至附庸，及孤卿、大夫，亦俱有世食祿邑。若秦法，則惟徹侯有地，關內侯則虛名而已。庶長以下，不論也。始皇遣王翦擊楚，翦請美田宅甚衆。曰：「為大王將，有功，終不得封侯。」然則秦雖有徹侯之爵，而受封者蓋少。考之於史，惟商鞅封商於、魏冉封穰侯、范雎封應侯、呂不韋封文信侯、嫪毒封長信侯，……然鞅、冉、不韋、毒皆身坐誅廢。范雎雖幸善終，而亦未聞傳世。……蓋秦之法，未嘗以土地予人，不待李斯建議，而後始罷封建也。

其實秦之廢封建，行郡縣，大體亦是商鞅先創之。史記所謂「賦稅平」，朱子釋還未盡。在封建時，各區封略中之人民，受各個封君之支配，則賦稅如何得平？今改行縣制，縣令直接朝廷，受同一制度之支配，則賦稅自然平。農民在同一國內，受同一待遇，自然也不想遷徙。（除非要出國。）故蔡澤云：「靜生民之業，而一其俗也。」此乃商君變法之大概。

孟子云：「世祿，滕固行之矣。」又云：「國中什一使自賦。」惟世祿之家，既有權自賦其民，試問又如何能命其必賦什一乎？此乃孟子不如商鞅處。然孟子對於封疆，似亦不主保留。故曰：

> 域民不以封疆之界，固國不以山谿之險。

蓋是時東方諸侯，田畝日闢，人烟相望，早已無所謂封疆，所以孟子亦復如此說之。而當時各國仍都努力建造他們國境上的長城，如齊、趙、韓、魏多有，此仍是古代封疆之變相也。直至秦始皇造萬里長城，亦仍是沿襲着封疆的古觀念。顧亭林日知錄卷三十一「長城」條有云：

> 春秋之世，田有封洫，故隨地可以設關，而阡陌之間，一縱一横，亦非戎車之利也。觀國佐之對晉人，則可知矣。至於戰國，井田始廢，而車變為騎，於是寇鈔易而防守難，不得已而有長城之築。

是顧氏已認識到戰國長城乃是封建時代封疆既廢後之替代物，可爲卓見。

今試推尋商君開封疆之主張，其先亦有人明白說過，其人卽魏文侯師李悝。漢書食貨志云：

李悝爲魏文侯作盡地力之教，以爲地方百里，提封九萬頃，除山澤邑居，參分去一，爲田六百萬畝。治田勤謹，則畝益三斗。（本作「升」，依臣瓚注改。）不勤則損亦如之。地方百里之增減，輒爲粟百八十萬石矣。

又刑法志云：

一同百里，提封萬井。

蘇林云：「提，音秪，陳留人謂舉田爲秪。」李奇云：「提，舉也；舉四封之內也。」師古曰：「李說是，蘇音非。說者或以爲積土而封謂之隄封，既改文字，又失義。」地理志亦言「提封田」，師古曰：「提封者，大舉其封疆也。」今按：李、顏說似未得「提封」本訓。「封」乃田畝封疆，「提」是棄去義。揚雄大玄：「晦，脁提明德」，注曰：「提，弃也。」小戴禮記少儀篇：「牛羊之肺，離而不提心」，注曰：「提，絕也。」「提」又訓「舉」，訓「擲」，均有離絕棄去義。

方里而井，一井九百畝，方百里得九萬頃，此乃棄去封疆，盡作實田之數。若加進各田封疆實際計算，則決不能得九萬頃。故凡言「提封」，皆是棄去封疆，作淨田計算之意。漢書匡衡傳云：

> 樂安鄉本田提封三千一百畝。

又東方朔傳云：

> 迺使大夫吾丘壽王與待詔能用算者二人，舉籍阿城以南，盩厔以東，宜春以西，提封頃畝，及其賈直。

亦謂提開封疆，作淨田計算也。廣雅：「提封，都凡也。」都凡，猶云總數，即是連幷耕地與封疆總合算之也。此「提封」二字，既始見於李悝書，可見墾闢封疆一事，必是李悝先已提倡，所以當時稱之爲「盡地力之教」。並不是僅僅治田勤謹，便算盡地力也。

韓非子有云：

> 吳起治楚，以楚國之俗，封君太衆，教楚悼王使封君之子孫，三世而收爵祿，絶滅百吏之

祿秩。

淮南子亦云：

吳起衰楚國之爵，而平其制祿。

呂氏春秋曰：

吳起令楚貴人往實廣虛之地。

合三說而觀之，吳起亦承李悝遺教，主張破封建，盡地力。商鞅則又承李悝、吳起遺法而推行之於秦國。結果，吳起、商鞅均遭秦、楚封君貴族之怒，而致殺身。殆以封建餘勢，在中原諸侯間，早已崩潰，而在秦、楚邊國，比較保留尚多。所以李悝幷不爲人注意，而吳起、商鞅却轟動一時，既得名，又得禍。然後世治史者，却連他們當時事業也全模糊了，因後世更無古代封建遺迹可見也。

上述井田、封建關係，以及當時封疆之大概，再試轉讀周官，則有甚可怪者。蓋周官作者，對田制主廢公田，行爰田。又主以粟賦祿，來代替封建食邑。天官大宰云：

以九式均節財用，八曰匪頒之式。

地官稟人云：

掌九穀之數，以待國之匪頒、賙賜、稍食。

「匪頒」即是祿食，鄭注：「稍食，祿稟。」此制必晚起，斷非封建時代所有。左傳昭元年，秦、楚二公子同食百人之餼於晉，此皆給以穀祿，恐是待別國逃亡者之暫法也。趙孟於絳縣之老人，雖使爲小官，亦與之以田。晉語云：「士食田。」可見春秋時則無不以賜田代祿也。而商君書境內篇乃云：「爵五大夫，有賜邑三百家，賜稅三百家。」「邑」言田，「稅」言穀，始以賜田、賜祿分說。管子大匡篇云：「桓公賦祿以粟」，此皆戰國晚年人語耳。苟若盡以粟賦祿，即無食邑，無封建，此卽是商君之「開封疆而賦稅平」也。

周官作者，采取此諸項制度，全屬後世進步後之事實，全爲井田破壞之原因與現象。而周官同時又主張正經界。周官爲書，每一官開首，照例有「體國經野」之語，可見周官著者對此之重視。惟正經界不必定要復封建，正經界亦儘不失爲一種進步之主張。而周官書中另一面却又竭力鋪張封建規模。周官既是一部講周家制度之書，封建自然是第一件大事，斷斷不能廢忘不講。既講封建，又把古代封疆規模，竭意鋪張。如云：

辨其邦國都鄙之數，制其畿疆而溝封之。（地官大司徒）

乃建王國焉，制其畿方千里而封樹之。（同上）

凡造都鄙，制其地域而封溝之。（同上）

凡建邦國，立其社稷，正其畿疆之封。（小司徒）

掌設王之社壝，為畿封而樹之。（封人）

凡封國，設其社稷之壝，封其四疆。（同上）

造都邑之封域者亦如之。（同上）

鄰、里、酇、鄙、縣、遂，皆有地域，溝樹之。（遂人）

制畿封國，以正邦國。（夏官大司馬）

掌修城郭、溝池、樹渠之固。（掌固）

凡國都之竟，有溝樹之固，郊亦如之。……若有山川，則因之。（同上）

掌九州之圖，以周知其山林川澤之阻，而達其道路。設國之五溝五涂，而樹之林，以為阻固，皆有守禁，而達其道路。國有故，則藩塞阻路而止行者，以其屬守之。（司險）

……（掌疆）（缺）

掌制邦國之地域，而正其封疆。（形方氏）

掌四方之地名，辨其丘陵、墳衍、原隰之名物之可以封邑者。（原師）

此皆地官、夏官兩篇所載，從此還可推見古代封疆之面影，證明如上文所謂之格子線之大概。在那一帶土封格子線之上，還栽種許多樹木，好讓隄封堅固。竊疑此與「社樹」或有關。一國之四封，比較宜栽某種樹，其封域內之居民，亦奉某種樹爲社神，而特地崇敬之。封建「建」字，本訓樹立。楚屈建卽令尹子木，（左襄二十五年傳）楚太子建亦字子木，（左哀十六年傳）則古人言「建」，正訓立木。在高的堤封上，種立一排樹木，卽以表明此封內田地之有所屬，是卽所謂「封建」也。游牧部落分隊之標幟用旗，故名「族」。族，从㫃，从矢。農耕部落分土之標幟用樹，故名「社」。社，古文从土，从木。封建制度是農耕部落之事。農耕部落之有社，正如游牧部落之有族。族相當於近人之所謂「圖騰」，而社則是圖騰之變相和進化。墨子曰：

聖王建國營都，必擇國之正壇，置以為宗廟；必擇木之修茂者，立以為叢位。

「叢位」即是社。社又是封建時代計地之一個單位。晏子春秋內篇雜下有云：「齊桓公以書社五百封管仲」，荀子仲尼篇作「書社三百」。管子小稱篇有云：「衞公子開方以書社七百下衞」，呂覽知接篇作「書社四百」。左傳昭公二十五年有云：「自莒疆以西，請致千社。」哀公十五年有云：「齊與衞書社五百。」史記孔子世家有云：「楚昭王將以書社地七百里封孔子。」此恐當作「書社七百」，其下冉有曰：「雖累千社，夫子不利。」可知當時自以「社」計，不以「里」計也。呂氏春秋高義篇亦云：「越以書社三百封墨子。」下至戰國，郡縣之名漸盛，書社之稱却絕。可見「社」正是封建時代特有之名稱。擴而大之，至於建邦國，建都邑，亦如建社般，一樣是封土圈地，只是工程和規模則比較大了。此種情形，只在遼濶的大地上，如弈棋似的，疏疏落落下子，才有可能。一到人口稠密，壤地促狹，便無需乎封建，亦不容其封建。今周官書中，既已全是後世繁密景象，而仍還裝上古代荒疏規模，此又不得不謂是其書一大罅漏也。

左傳子產云：

天子之地一圻，列國一同，自是以衰。

天子本不曾自爲限制，至說列國以百里爲率，似尚近情。孟子亦云：

公、侯皆方百里，伯七十里，子、男五十里。

百里之地，即以淨田計，也不過九萬頃。其間又須有卿大夫采邑，各有地域溝樹，各有郊疆曠地，山澤除外，不能如李悝算法有田六百萬畝之多。其間也決沒有許多整塊的千夫、百夫之地。而今周官地官大司徒乃云：

諸公之地，封疆方五百里，其食者半。諸侯之地，封疆方四百里，其食者參之一。諸伯之地，封疆方三百里，其食者參之一。諸子之地，封疆方二百里，其食者四之一。諸男之地，封疆方百里，其食者四之一。

顯是分地太大，不合古代情實。遂人又云：

凡治野，夫間有遂，遂上有徑；十夫有溝，溝上有畛；百夫有洫，洫上有涂；千夫有澮，澮上有道；萬夫有川，川上有路，以達於畿。

這是何等寬大整齊、平正通達的景象？試問照此景象，又那裏裝上許多地域溝池封疆之界？溝樹封疆，乃是早期小國寡民之所有。而千夫、萬夫，則是後來地闢民稠之景象。待到千夫、萬夫時，那些溝樹封疆，早已消失。而周官作者，却硬要把小國寡民時代的溝樹封疆，裝點到後世「鷄鳴狗吠相聞，而達乎四境」之情況中來，這又如何裝點得上？而且「鷄鳴狗吠相聞，而達乎四境」，乃是孟子時齊國氣象。所以孟子還說：「地不改辟矣，民不改聚矣」，可見齊以外未必盡如此。若不加一番闢草萊、徠遠氓的工夫，便不能鷄鳴狗吠相聞，而達乎四境。又那裏有周官遂人所記那種千夫、萬夫平正通達、整齊寬大的規模？可見周官作者究是生得晚了，所見早是「開阡陌封疆」後之狀態。乃又從而加上一番想像中阡陌封疆之描寫，把疏的規模，來裝在密的現實上，遂成這樣大塊整齊的田制。此何嘗是周公所制，亦何嘗是春秋前所有？而且餘夫受田，又在何處？不成遠遠的隔在千夫、萬夫之外？周官作者，只圖在文字上寫得整齊好看，不問事實牴牾，往往如此。

周官中尚有和遂人五溝五涂之描寫相似者，厥爲考工記匠人溝洫之制。其文曰：

鄭玄說之云：

匠人為溝洫，耜廣五寸，二耜為耦。一耦之伐，廣尺，深尺，謂之甽。田首倍之，廣二尺，深二尺，謂之遂。九夫為井。井間廣四尺，深四尺，謂之溝。方十里為成。成間廣八尺，深八尺，謂之洫。方百里為同。同間廣二尋，深二仞，謂之澮。專達于川。

鄭玄說之云：

九夫為井。井者，方一里，九夫所治之田也。……方十里為成。成中容一甸。甸方八里出田稅，緣邊一里治洫。方百里為同。同中容四都、六十四成，方八十里出田稅，緣邊十里治澮。

又小司徒云：

九夫為井，四井為邑，四邑為丘，四丘為甸，四甸為縣，四縣為都。

鄭玄說之云：

九夫為井者，方一里，九夫所治之田也。此制小司徒經之，匠人為之溝洫，相包乃成耳。

邑丘之屬，相連比以出田稅。溝洫爲除水害。四井爲邑，方二里。四邑爲丘，方四里。四丘爲甸，……方八里，旁加一里，則方十里，爲一成。積百井，九百夫，其中六十四井，五百七十六夫，出田稅；三十六井，三百二十四夫，治洫。四甸爲縣，方二十里。四縣爲都，方四十里。四都方八十里，旁加十里，乃得方百里，爲一同也。積萬井，九萬夫。其四千九十六井，三萬六千八百六十四夫，出田稅；二千三百四井，二萬七百三十六夫，治洫；三千六百井，三萬二千四百夫，治澮。

照此算法，方百里之地九萬井，除開溝洫，所占面積只賸四千九十六井實田，可出租稅。今試回看漢書食貨志所引李悝盡地力之教有云：

地方百里，提封九萬頃，除山澤邑居參分去一，爲田六百萬畝。

刑法志亦云：

一同百里，提封萬井。除山川沈斥、城池邑居、園囿術路，三千六百井，定出賦六千四百井。

此所除者乃是山澤邑居，而鄭氏周官注所除，則是田之溝洫。依李法三分去一，僅餘六百萬畝，而方百里已是一公侯之國；即依周官說之，也已是一個男國。無論如何，一男國中，決不能沒有園囿術路，決不能沒有山川沈斥，更不能沒有城池邑居。而且那些又不能集在一處，定會不規則地分佔各處的地面。則試問在此上又如何再容考工匠人之「溝洫」？若照鄭氏算法，一同萬井。那三萬六千八百六十四夫出田稅的，他們的里、廛、邑、屋，又在何處安放？他們的君子卿大夫統治者的城、郭、都、國，又在何處建立？其勢不能沒有了耕種者及其社會，而只有所耕種的田畝之理。若說鄭氏所除亦係山澤城邑等，則據孫詒讓正義卷八十五所計算，謂：

> 凡五溝積數，每井有一溝、三遂；每成有一洫、八溝、百九十二遂；每同有一澮、八洫、四千九十六溝、九萬八千三百四遂。其五涂則徑與遂同，畛與溝同，涂與洫同，道與澮同。

試問那些名目，要不要佔去面積？而且徑、畛以通車徒，徑容牛馬，畛容大車，涂容乘車一軌，道容二軌，溝洫之廣與之相稱。則鄭氏算法所除，又確爲溝洫明甚。這又何法可通？

黃以周禮書通故第三十五駁鄭說，謂：

如鄭義，經宜曰「井間謂之溝，甸間謂之洫」矣。司馬法云：「通十為成，成百井；十成為終，終千井；十終為同，同萬井」；漢志文同。如鄭義，成實六十四井，無百井；同實四都，無萬井矣。竊謂一成百井，內容甸六十四井，其沿邊十里為隰臯，所謂牧也。

如黃說，鄭氏除溝洫爲算，實是錯了；然黃氏亦未得其是。因黃氏定一成百井，沿邊十里爲隰臯，則內容仍是六十四井，仍與鄭氏如二五之爲一十，仍不合司馬法與漢志。而且溝洫所佔面積之廣，若統統圈在丘、甸、縣、都之外圍，也決不止方百里而止。今羅列衆儒之說，互相矛盾，而周官本書之不可信自顯。正爲周官作者，在其下筆時，却沒有像後儒般彼此照顧，精密計算。實僅搬弄字面，做一種竹簡上的數字遊戲，本不曾認眞。而另一面，則由周官考工的作者，也只把古代井田制裏荒棄隔絕的封疆，盡變成他理想上墾闢通達的溝涂，所以有此規模。而朱子却重把商君之「開阡陌封疆」來證成周官考工裏的「溝洫」，這又是朱子的誤解了。

溝洫本以通水利，而考古代諸夏水患，惟晉爲烈。智伯決晉水灌晉陽，城不沈者三板。又曰：「汾水利以灌安邑，絳水利以灌平陽。」孟門、呂梁之險，以及玄冥、臺駘、鯀、禹治水之故事，流傳皆始於晉。其次則河南，於六國爲魏。蘇代有言：「決白馬之口，魏無外黃、濟陽；決宿胥之口，魏無虛、頓丘。」信陵君亦云：「決滎澤而水大梁，大梁必亡。」其後秦將王賁攻魏，果引河溝灌大梁，城壞而降。當時山西、河南沿河兩岸，水患最盛。因此亦出了許多水利專家。魏文侯時，與李悝同朝者，有西門豹。梁惠王時有白圭，梁襄王時有史起。著名的水工鄭國，乃韓人，亦籍河南。竊疑周官作者，當爲晉人，一面是承襲了李悝、吳起、商鞅，講究法制、農事、軍政；一面則注意水利，盛言溝洫之制，是西門豹、白圭、史起之遺教。

三晉地狹民稠，早不存古代封疆遺跡。周官書中，又把封疆轉換爲溝洫，而一面還保存著古封疆之遺制，按實排來，更見無地以容。地官載師云：

以大都之田任畺地。

畺地有任，便如商君之開封疆。遂人又云：

以彊予任甿。

「彊」，釋文作「疆」，宋建陽本同。此亦是把田外疆土授給新甿，使之墾治，則同樣是開封疆也。周官書中，應該早已沒有了廢地曠土，荒的盡墾了，封疆全變成溝涂，如何又有疆地可任呢？總之一切是理想，決無此現實。

上文三節，第一論公田之廢棄，第二論爰田制之推行，第三論封疆之破壞。都是古代井田制度消失之最大現象。周官一書，論其大體，都已是跟着時代，採用了當時新興的局面。後人只說周官講井田，甚至謂劉歆、王莽爲要推行井田，而僞造周官作根據，是何不考之甚也！依據上論，周官還只是像戰國三晉人作品。遠承李悝、吳起、商鞅，參以孟子，而爲晚周時代的一部書。

四 其 他

上陳三章，證周官乃戰國晚年書，已可無疑。此下乃幾條零星的討論。

第一 論周官裏的封建

周官所記封建，決非古制眞相，前人辨難已多。茲姑舉一點言之。井田本隨封建而來，第三章已詳及。而周官書中，却從井田上來造成封建，先後倒置，顯見非史實記錄。卽如孟子，亦何嘗不想從正經界開始，而達到分田制祿，重新釐訂封建世祿的古規模？顯見孟子、周官同爲戰國以下人思想，而周官說來愈細，乃愈見其爲晚出耳。

姑擧一例，如地官小司徒之職有云：

乃經土地而井牧其田野，九夫為井，四井為邑，四邑為丘，四丘為甸，四甸為縣，四縣為都，以任地事。

此乃先有了井田規劃，纔分丘、甸、縣、都等區域。無異於說先有田制，再造都鄙，顯違古代情實。

詩云：「商邑翼翼」，邑是王畿。書云：「用附我大邑周」，春秋諸侯自稱「敝邑」，則邑是侯國。左傳莊二十八年云：「凡邑，有宗廟先君之主曰都，無曰邑」，則邑爲都邑。楚辭大招：「田邑千畛」，邑又是田邑。易經云：「邑人三百戶」，論語說「十室之邑」，邑是民居所聚。民居有多有少，故邑有大邑、小邑。極其大則爲王都，極其小稱十室之邑，其間大小不等，決無呆板的規定。左傳莊二十八年又云：「邑曰築，都曰城。」大概邑與都同有一種土功建築物圍着，只是大小不同。故都、邑，散文則通，並無區別。今周官謂「四井爲邑」，於古於後，全無可證。左傳隱元年有「大都」、「中都」、「小都」，決非全是四縣方四十里之稱。

且考左傳記載，「縣」與「都邑」不同。縣可以包都邑，但不即是都邑。都邑可以爲縣，也儘可不隸於縣。左傳僖三十三年，晉襄公以再命命先茅之縣賞胥臣。宣十一年，楚子縣陳。十二年，鄭伯逆楚，曰：「使改事君，夷於九縣。」十五年，晉侯賞士伯以瓜衍之縣。成六年，韓獻子云：「成師以出，而敗楚之二縣。」襄二十六年，蔡聲子曰：「晉人將與之縣，以比叔向。」三十年，有絳縣人。昭三年，州縣爲欒豹之邑。五年，薳啓彊曰：「韓賦七邑，皆成縣也。」又曰：「因其十家九縣，其餘四十縣。」十一年，叔向云：「陳人聽命而遂縣之。」二十八年，晉分祁氏田爲七縣，分羊舌氏田爲三縣。哀二年，趙簡子云：「上大夫受縣，下大夫受郡。」十七年，縣申、息。凡此諸條，無一與「四甸爲縣，四縣爲都」之說相合。且考之左傳，亦僅晉、楚有縣，秦至孝公，商鞅變法，始并諸小鄉聚，集爲大縣，全國分四十一縣。縣的制度，亦是絡續而散亂地在諸國間成立。

至於丘、甸，「甸」乃郊外田野，或以田獵，或以耕種，統可稱甸。「丘」是民居村落，莊子曰「丘里」，孟子曰「丘民」，齊太公封營丘。是丘者尚未成邑，甸者尚未成縣。丘民所集，加上一圈土功建築便成邑，甸地加上一番政治劃分便成縣。春秋前後書籍可考者，遇此等字，意義略相同。凡曰井、丘、邑、都、縣、甸，皆屬自然發展。今周官著者，把來隨便編排，套進一整齊累進的算式之下，此何能認爲史實？

至論公、侯、伯、子、男五等封爵，其實也如此。井田本只是在封建制度下自然形成的一些散亂的現象。而周官著者却從「九夫爲井」上，推定出五等封爵的規模來，成一嚴密整齊的系統。此乃一種數字遊戲，僅可在紙上劃分。好像天下早已一縱一橫、千夫萬夫地盡劃成一方方的「井」字，然後再在那些井字上分建五等封爵，造成都、鄙、縣、邑，求之實地，尋之實事，何能有此？後世一輩儒者，紛紛從周官、孟子、王制諸書精密討論，嚴切剖辨，實可不必耳。

又堯典：「肇十有二州，封十有二山，濬川。」吳摯甫日記云：「『肇』、『封』與『濬』對文。『肇』，大傳作『兆』。詩：『肇域彼四海』，鄭箋：『「肇」，當作「兆」。』孝經：『卜其宅兆』，注謂塋墓界域。『兆』本灼龜坼，借爲界畫之義。『封』如『畿封』、『封疆』之『封』。周官大司徒職：『凡造都鄙，制其地域而溝封之。』『封』即堯典所謂『封山』，『溝』即『濬川』也。封山、濬川，皆『肇十有二州』之事。以山爲界曰『封』，以川爲界曰『濬』。」今按：周官之書，把整個中國劃分五等封爵，已屬一種理想。堯典却又把中國劃爲十二州，顯是戰國晚年封建制已崩潰、郡縣制已興起以後人思想。堯典、周官用同一理想，同一字面，一寫周官，遂成五等封爵，一寫堯典，遂成十二州。而其同爲晚周以下作品，則以兩兩對比而益顯。

第二 論周官裏的軍制

封建井田軍制，都是一套相聯。周官言井田封建，並非古制眞相，則其言軍制可知。下文姑舉數條爲例。

一 論車乘及卒伍

夏官大司馬云：

凡制軍，萬有二千五百人為軍。

古以車戰，軍制應以車計。周官僅云一軍萬二千五百人，而不及車數，顯是其書晚出之證。後儒勉强分説，如孔廣森經學巵言謂：

以詩考之，軍蓋五百乘，乘蓋二十五人。天子六軍，而采芑曰「其車三千」，魯僖公時二軍，而閟宮曰「公車千乘」，五百乘為軍，是其明證。

其實詩人所詠「其車三千」，不一定准照現實制度中數字。否則城濮之戰，晉三軍皆出，何以只七百乘？鞍之戰，郤克力爭，增爲八百乘，亦復三軍全出。楚蔿賈云：「子玉過三百乘，不能以入。」全不像有五百乘爲一軍之痕跡。直至春秋晚世，昭公八年，魯蒐於紅，革車千乘。又十三年，晉人治兵於邾南，甲車四千乘。定九年，夷儀之救，在中牟者有千乘。其時各國車乘之衆，遠過春秋初期，然亦不見有五百乘爲一軍之痕跡。至於徒卒，亦並不與車乘混合編配。江永羣經補義有云：

觀左傳諸言戰處，雖云車馳卒奔，而車上甲士被傷，未聞車下七十二人為之力救。遇險猶待御者下而推車，似車、徒各自為戰，而徒亦不甚多。

其説甚是。大概春秋徒卒，始盛於南方楚及吳、越，然已在春秋之晚期。定公四年，吳夫概王以其屬五千先擊楚，此已似用大隊步卒作戰，而並不與車乘相配。哀公元年，越以甲楯五千保會稽。八年，魯微虎欲宵攻吳王舍，私屬徒七百人。十一年，魯、齊戰於郊，冉有以武城人三百爲己徒卒。哀十三年，越伐吳，吳彌庸屬徒五千。黃池之會，吳帶甲三萬，其布陣也不像是車制，或已步騎兼用。又命王孫雒率徒師過宋。此皆春秋晚期步戰漸漸從南方諸國推行之證。至北方羣狄亦用步戰。晉人禦狄，改車爲行，語詳下條。左傳桓五年，鄭爲魚麗之陳，先偏後伍，伍承彌縫。宣十二年楚君之戎，分爲二廣，廣有一卒，卒偏之兩。成七年，申公巫臣以兩之一卒適吳，舍偏兩之一焉。此三條皆是車制。杜注以車徒兼說，遂致糾紛。說詳江氏羣經補義。司馬法亦戰國中晚之作，諸儒據司馬法講左傳，終難通，此不詳辨。

總之一車附步卒二十五人或七十二人之說，並非春秋時事實。而周官大司馬乃謂：

五人爲伍，二十五人爲兩，百人爲卒，五百人爲旅，二千五百人爲師，萬有二千五百人爲軍。

在其軍隊編制中，僅見有人，不見有車，顯是春秋以後人語。而後人偏要以一車二十五人爲解。孔廣森說已見上引，孫詒讓周禮正義卷五十四又申孔說，謂：

書牧誓敍孔疏引風俗通云：「車有兩輪，故稱為『兩』」，蓋「兩」即車一乘之名。故毛詩召南鵲巢傳：「百兩，百乘也。」在軍以五伍共衛一車，因謂二十五人為兩。

無奈如此講法，於事實全難貫通，則亦復何必乎？要之周官軍制，只講徒卒，不及車乘，固足爲其書晚出之證。即謂一軍五百乘，一乘二十五人，如孔、孫諸人之解，亦已足證其非春秋時事實矣。

二　論輿司馬及行司馬

周官大司馬政官之屬，有：

大司馬，卿一人。小司馬，中大夫二人。軍司馬，下大夫四人。輿司馬，上士八人。行司馬，中士十有六人。

孫詒讓正義釋之云：

賈疏：「左氏僖二十八年傳云：『晉侯作三行以禦狄。』注云：『晉置上、中、下三軍，今復增置三行，以辟天子六軍之名。以所加三軍者謂之三行。』彼名『軍』為『行』，取於此『行司馬』之名也。」易祓云：「左傳：『魯會晉師於上鄍，輿帥受一命之服；晉享六卿於蒲圃，輿尉受一命之服。所謂『輿』者，車也。晉作三行以禦狄，其後晉中行穆子與無終及羣狄戰於太原，毀車為行。所謂『行』者，徒也。成周師田之法，險野徒為主，易野車為主，於是設二司馬之屬，專掌車與徒之任。」黃度亦云：「輿司馬掌車，行司馬掌卒，軍司馬兼掌之。」詒讓案：易氏據左成二年、昭元年傳，證「輿」為車，「行」為徒，左傳杜注亦謂「輿帥主兵車」，其說可通。蔣載康、林喬蔭說亦同。竊疑詩唐風彼汾沮洳有「公路」、「公行」，「公路」卽輿之長帥，「公行」卽行之長帥，與此「輿」、「行」兩司馬義同，惜諸職並亡，無可質證。

今考春秋時諸夏用車戰，而戎狄則以步卒。故隱九年北戎侵鄭，鄭人患之，曰：「彼徒我軍，懼其侵軼我。」晉居山西，與羣狄爲隣。僖公二十八年已作三行禦狄，至昭公元年，中行穆子與羣狄戰，始決意毀車爲行。

將戰，魏舒曰：「彼徒我車，所遇又阨。……請皆卒，自我始。」乃毀車以爲行。五乘爲三伍。荀吳之嬖人不肯卽卒，斬以徇。

當時以五乘改三伍，可證乘車者一車三人，並無二十五步卒附後。否則不勞毀車爲行，只須捨其車而單用每車附後之二十五步卒卽可。今必毀車爲行，便知一車二十五步卒，定爲後人僞造。戰國時趙武靈王胡服騎射，其情事實與中行穆子毀車爲行相彷。周官軍制有「輿司馬」、「行司馬」，卽證其書出晉人，在春秋後矣。

三　論國子與庶子

地官師氏有「國子」，天官宮伯有「庶子」。庶子又見於外饔、酒正、司士、大僕、象胥、掌客諸職。惠士奇禮說有云：

秦爵有公士，越軍有教士，楚師有都君子。說者謂公士乃有爵之步卒；教士乃教練之精兵，近乎周之士庶子；都君子乃都邑之士，君所子養而有復除，近乎周之國子。

此將周官「國子」、「庶子」比之春秋末期楚、越之「都君子」與「教士」，雖不盡確，然其間實有相近處。楚之都君子，始見於左傳昭二十七年，實是當時一種特養之鬪士。吳語吳有「賢良」，越有「私卒君子六千人」，史記越世家又有「敎士四萬人」。此皆是特練的軍隊，與臨時有事徵自田間之農兵不同。此種制度，始起於春秋末期南方楚、越諸邦。而中原諸夏間，尚不見有此等長期訓練及特別豢養之軍隊。觀於魏文侯時，李悝爲上地守，欲民善射，遂以射決獄，足徵其時軍隊尚多是臨時向民間徵調也。其後吳起相楚，廢公族疏遠者，以撫養戰鬪之士。商鞅入秦變法，定二十級爵，戰獲一首，賜爵一級。其第一級卽爲「公士」。此皆注意於培養一輩特殊的戰鬪階級之用心之可徵者。從此魏有「武士」、(又稱「武卒」。)「蒼頭」、「奮擊」；(見魏策。)齊有「技擊」；秦有「銳士」，(均見荀子。)又有「陷陣」。(見吳子。)當時各國，大概各有長期武裝軍隊出現。遂使宗法社會變成軍國，一輩貴戚功臣之子弟，亦不得不加入軍隊，以掙扎其地位與前程。周官書中之「國子」，卽是其時代產物也。夏官諸子云：

> 國有大事，則帥國子而致於大子。有兵甲之事，則授之車甲，合其卒伍，置其有司，以軍法治之。司馬弗正。凡國正，弗及。

證之趙策，左師觸龍願以其少子補黑衣之缺，以衞王宮，正與周官所謂「國子」相近。彼輩在平日，侍從暱近，雖是一種武裝衞隊，而實由貴戚功臣子弟爲之，此等並不能眞有戰鬬實力，已與春秋末期楚、越之所謂「都君子」者不同。下及西漢，有郎署，掌守門戶，執戟宿衞，出充車騎，亦多由外戚功臣之子弟爲之，則與周官書中「國子」却肖。至於「庶子」來源，亦與國子並無十分區別。劉向新序雜事篇：「楚莊王中庶子曰：『臣尙衣冠御郎十三年，前爲豪矢，後爲藩蔽。』」，可見正是宮廷宿衞之一類。其次如商鞅以衞諸庶孽公子爲魏相公叔座中庶子，甘茂孫甘羅事秦相呂不韋爲庶子，此等均屬近臣侍從，並不一定能隨軍戰鬬。再下則如韓非子內儲說上有「商大宰使少庶子之市」，又「卜皮爲縣令，使少庶子佯愛御史妾」。孫詒讓正義卷七說此等，謂：

> 蓋皆良家少年子弟，為家臣給使令者，雖職事卑褻，然亦周官都家庶子之遺制。

其實只見庶子亦是戰國新制，春秋以前並無見。如新序說楚莊王，又韓非內儲說下有晉平公時「少庶子」，此等皆戰國晚年以後人語。不能據此證春秋時亦有所謂「庶子」一職也。

惠士奇禮說又云：

有卿大夫之庶子，有民之庶子。卿大夫之庶子，爲國子。民之庶子衞王宮，守城郭，屬都家，謂之士庶子。軍行則從，歲終則饗，有功則勞，死則弔焉。

蓋周官書中所載庶子地位與性質，仍與軍事有關。惠說並不誤。此輩蓋仍是一種特養鬭士之變相也。今考漢制有羽林，掌隨從，次期門，常選漢陽、隴西、安定、北地、上郡、西河六郡良家補。又取從軍死事之子孫，養羽林官，教以五兵，號「羽林孤兒」。而周官外饔、酒正，享士庶子，亦每與享耆老、孤兒連舉。耆老、孤兒，則均是死事者之父祖、子孫。可見周官書中之國子與庶子，實似西漢諸郎和羽林之別。乃遠從春秋末期都君子、賢良之制蛻變而來，此乃自宗法社會過渡到軍國社會時之一種現象。不論非周初所有，即春秋時亦無其事。至於戰國現實制度，自與周官理想上記載有不盡脗合處，然亦正可證周官乃戰國時代產物也。

又按：俞正燮癸巳類稿周官庶子義謂：「漢人所謂童騎，梁書沈瑀傳所謂縣僮，五代、遼、金、元人所謂孩兒班、寢殿小底、著戶郎君，及諸王以下祇侯小底，明所謂門子，今所謂小茶房，乃周官、儀禮之正名庶子也。」此言亦得庶子之一義，然似不如惠說之得其源。而儀禮有「庶子」，同於周官，亦正可證其同爲晚出書耳。

四　論餘子

地官小司徒：

凡起徒役，毋過家一人，以其餘為羨；惟田與追胥竭作。

又說：

凡國之大事，致民；大故，致餘子。

鄭司農曰：

餘子，謂羨也。

今按：「餘子」之名亦起戰國。秦策：「范雎爲梁餘子。」趙策：「燕、趙久相攻，士大夫餘子之力盡於溝壘。」呂覽離俗：「齊、晉相與戰，平阿餘子亡戟得矛。」莊子秋水篇有「壽陵餘子」。管子問篇：「餘子父母存不養而出離者幾何人？餘子之勝甲兵有行伍者幾何人？」此皆戰國時始有「餘子」之名之證。春秋晉國始惟一軍，(見莊十六。)既增爲二軍，(閔二。)三軍，(僖二十七。)五軍，(僖三十一。)又舍二軍，(文六。)旋作六軍，(成三。)又罷爲四軍，(成十六。)尋復三軍，(襄十一。)可見國民並不盡隸軍籍，故以漸而增，既增復舍。隨武子曰：「楚國荆尸而舉，商、農、工、賈，不敗其業」，正見當時農民隸軍籍者尚佔少數，故雖出軍而不敗其業。(江永羣經補義據此證春秋時兵、農已分，則誤。)魯作三軍，季氏取其乘之父兄子弟盡征之；孟氏以父兄及子弟之半歸公，而取其子弟之半；叔孫氏盡取子弟而以其父兄歸公。江永曰：

> 所謂子弟者，兵之壯者也。父兄者，兵之老者也。皆其素在兵籍，隸之卒乘者，非通國之父兄子弟也。

至周官地官小司徒之職始云：

> 乃會萬民之卒伍而用之。五人為伍，五伍為兩，四兩為卒，五卒為旅，五旅為師，五師為軍。以起軍旅，以作田役，以比追胥，以令貢賦。

於是而軍旅、田役、追胥、貢賦，一樣要爲通國的每個丁男所負擔。又曰：

上地家七人，可任也者家三人；中地家六人，可任也者二家五人；下地家五人，可任也者家二人。

是一家男女老幼七人者，共任其三人；五人則任二人。除去老弱婦女，豈非每一壯丁，都逃不了國家的任務？故蘇秦曰：

臨淄之中七萬戶，臣竊度之，下戶三男子，三七二十一萬，不待發於遠縣，而臨淄之卒固已二十一萬矣。

周官書所謂上地可任者家三人，自蘇秦言之，尙算是下戶。蓋其時凡屬丁男，殆無弗被發爲卒者。故周官地官鄉大夫有云：

國中自七尺以及六十，野自六尺以及六十有五，皆征之。其舍者，國中貴者、賢者、能者、服公事者、老者、疾者，皆舍。

賈疏：「七尺年二十，六尺年十五。」楚策：「楚襄王使昭常守東地，悉五尺至六十，三十餘萬。」

說苑：「齊伐莒、魯，下令丁男悉發，五尺童子皆至。」在此種情況下，始有所謂「餘子」。餘子者，正是尚未壯有室，而亦已登上了國家之軍伍役籍也。雖則杞之城，絳老與焉；淸之戰，僮汪錡死焉，然此等亦已在春秋中、晚，並亦非常見之事。而周官作者勒爲定制，一則曰「竭作」，再則曰「致餘子」，又曰「皆征之」，若不到戰國之晚年，使民嚴酷，當不致如此。臨孝存謂周官乃「瀆亂不驗之書」，豈不甚允！然亦幸而不驗，若其驗，則久矣其亂矣！而寧謂周公之制作有是乎！左傳宣二年晉有「餘子」，則與此不同。

五　論軍門稱和

大司馬：

遂以狩田，以旌為左右和之門。羣吏各帥其車徒，以敍和出，左右陳車徒。

鄭注：

軍門曰和，今謂之壘門。

今按：軍門稱「和」，亦戰國人語也。齊策：「秦攻齊，威王使章子將，與秦交和而舍。」孫子軍爭篇云：「將受命於君，合軍聚衆，交和而舍。」燕策：「景陽開西和門，通使於魏。」韓非子外儲說左云：「李悝警其兩和。」此皆戰國以下軍門稱「和」之證。吳語：「遷軍接龢」，「龢」、「和」同字，其前則無稱軍門爲和者。左傳文十二年：「胥甲、趙穿當軍門呼曰。」又宣十二年：「趙旃夜至楚軍，席於軍門外。」齊語：「執枹鼓立於軍門。」此皆不稱「和」。且春秋時屬車戰，亦不能雙方軍門相交接。左傳成十六年，晉、楚戰鄢陵，楚晨壓晉軍而陳，范匄曰：「塞井夷竈，陳於軍中，而疏行首。」杜注：「疏行首者，當陳前決開營壘，爲戰道」，可見其時兩軍相對，決不能有「交和」、「接和」之事也。軍門稱「和」，大概是車戰改徒戰後語，故其名始於吳。此雖小節，亦證周官晚出，非春秋前書矣。

第三　論周官裏的外族

周官大司寇司隸，掌四翟之隸，一蠻隸，二閩隸，三夷隸，四貉隸，有閩、貉而無戎、狄，甚爲可怪。詩經及左傳言及外族，主要者乃戎、狄，其次始及蠻、夷。「貊」字惟韓奕之詩「其追其貊」一見。春秋以後書，用「蠻、夷」字漸多於「戎、狄」，而「貊」字亦漸見。論語有「蠻、貊之邦」，孟子有「貉道」，又有「大貉、小貉」，荀子勸學篇有「干、越、夷、貉」，彊國篇有「秦與胡、貉爲鄰」，墨子非攻篇有「燕、代、胡、貉」，兼愛中有「干、越南夷」，又稱「蠻、夷醜貉」，管子小匡及齊語言「胡貉」、「卑耳之貉」，管子又稱「穢貉」、「荆夷」，中庸云：「施及蠻、貊。」今周官書亦以「貉」字代替了「戎、狄」地位。大司馬「九畿」、職方氏「九服」，有「蠻、夷」，無「戎、狄」。秋官象胥：「掌蠻、夷、閩、貉、戎、狄之國使」，「戎、狄」列最後。其書爲戰國晚出甚顯。近人多疑尚書堯典「蠻、夷猾夏」一語，謂其時不應已有「夏」稱，此是也。其實猾夏者在當時應是戎、狄，不應是蠻、夷，用「蠻、夷」字更可疑。禹貢「五服」有蠻、夷，無戎、狄，又有島夷、嵎夷、萊夷、淮夷、和夷，有三苗，而西戎只一見，狄則無，正與周官、堯典大致相同。蓋自春秋晚期以後，東南外族，漸占重要地位，而戎、狄已遠攘，少人注意。故戰國時代人，多言蠻、夷，少言戎、狄也。而「貉」字尤爲到戰國時始見通用。惟韓奕一詩，既言「因時百蠻」，又云「其追其貊」，亦復以「蠻、貊」代替「戎、狄」，在詩三百篇中，特爲變例，今則無可詳說矣。至於「閩」字，不僅詩經、左傳中少見，卽孟、荀、管、墨諸書中亦未有。周官究是一部極晚出之書，亦卽此而可決矣。

又職方氏稱「四夷，八蠻，七閩，九貉，五戎，六狄」，對諸外族，加上種種數字，此亦晚出語。「三苗」、「九黎」，亦同樣與周官可作爲晚出之證。墨子節葬：「堯北敎乎八狄」，北堂書鈔作「北狄」；「舜西敎乎七戎」，書鈔及太平御覽作「犬戎」；「禹東敎乎九夷」，御覽作「于越」。除「九夷」一語見論語外，惟「四夷」字常見，其他則惟見於周官及戴記之明堂位。

周官又謂：「夷隸掌養牛馬，與鳥言」，此因左傳僖二十九年介葛盧聞牛鳴，遂造爲此說耳。介葛盧事信否不論，卽有其事，亦屬偶然，如何便叫夷隸「掌與鳥言」，貉隸「掌與獸言」乎？此一破綻，乃極粗忽而甚可笑者。萬斯大周官辨非已言之。

第四　論周官裏的喪葬

地官掌蜃：

掌斂互物蜃物，以共闉壙之蜃。

左傳成公二年：「宋文公卒，始厚葬，用蜃炭。」鄭司農曰：「言僭天子也。」今考昭公二十年傳：「海之鹽、蜃，祈望守之。」蜃是海疆物產，豈周初已定蜃炭闉壙之制？左傳僅言「始厚葬」，不言「僭天子」。地官掌蜃，明是春秋以後葬用蜃炭已成習俗，而周官作者本以爲說。

又春官冢人：

以爵等爲丘封之度與其樹數。

今考檀弓孔子曰：「古也墓而不墳。」鄭注强說古爲殷時，王制則謂：「庶人不封不樹」，其實文、武、周公葬於畢，秦穆公葬於雍橐泉宮祈年館下，樗里子葬於武庫，皆無丘隴之處。延陵季子葬子嬴、博之間，封墳掩坎，其高可隱。（均見漢書劉向傳。）孔子所謂「古也墓而不墳」，決不遠指殷時，亦不專言庶人。左傳載宋文公厚葬，仍不見大爲丘隴。直至吳王闔廬乃有高墳。其後厚葬之風，日盛一日。呂氏春秋安死篇云：「世俗之爲丘隴也，其高大若山，其樹之若林。」周官正和呂氏處同一時代，所以要主張「以爵等爲丘封之度與其樹數」也。

冢人又云：

及葬，言鸞車象人。

小戴記檀弓篇：「塗車、芻靈，自古有之，明器之道也。孔子謂『爲芻靈者善』，謂『爲俑者不仁』，不殆於用人乎哉？」孟子梁惠王篇亦曰：「仲尼曰：『始作俑者，其無後乎！』爲其象人而用之也。」淮南子繆稱訓：「魯以偶人葬而孔子嘆。」此處之「象人」，正是孔子所嘆爲不仁無後者所用之俑人也。作周官者，自本晚周風氣，將「鸞車象人」明定於葬制，殆幷孔子之言而忘之矣。若謂周官書係周公作，豈始作俑而當無後者，孔子亦以斥周公乎？

又地官閭師：

凡庶民，不畜者祭無牲，不耕者祭無盛，不樹者無椁，不蠶者不帛，不績者不衰。

鄭注：

皆所以恥不勉。

其實周官此條乃襲孟子而誤。孟子曰：「五畝之宅，樹之以桑，五十者可以衣帛矣」，並非凡不蠶者皆不准衣帛也。又曰：「中古棺七寸，椁稱之。自天子達於庶人。非直爲觀美也，然後盡於人心」，並非凡不樹者皆不得用椁也。又曰：「禮曰：『諸侯耕助，以供粢盛；夫人蠶繅，以爲衣服。犧牲不成，粢盛不潔，衣服不備，不敢以祭。惟士無田，則亦不祭。』牲殺、器皿、衣服不備，不敢以祭。」非謂凡不耕畜者，都不許有犧牲、粢盛之祭也。孟子從民間經濟自然狀況言，周官却用以勒爲定制，瑣碎不近人情，宜其見譏爲「黷亂不驗」也。

第五　論周官裏的音樂

春官大司樂章是周官書在漢朝出現得最早的一篇，篇中有云：

以樂舞教國子，舞雲門、大卷、大咸、大磬、大夏、大濩、大武。

此所謂「六樂」，大磬以上，春秋前頗少見。左傳襄公二十九年，吳公子札在魯論樂，也僅及韶、夏、濩、武，沒有雲門、大卷、大咸。若說「魯用四代之樂」，何以孔子在齊始獲聞韶？季札聞樂，本非當時情實，僅是戰國時人一種傳說，而周官尚在其後。大司樂章又云：

以六律、六同、五聲、八音、六舞，大合樂，以致鬼神示。凡六樂者，一變而致羽物及川澤之示，再變而致贏物及山林之示，三變而致鱗物及丘陵之示，四變而致毛物及墳衍之示，五變而致介物及土示，六變而致象物及天神。

又云：

凡樂，圜鍾為宮，黃鍾為角，大蔟為徵，姑洗為羽，雷鼓雷鼗，孤竹之管，雲和之琴瑟，雲門之舞，冬日至，於地上之圜丘奏之，若樂六變，則天神皆降，可得而禮矣。凡樂，函鍾為宮，大蔟為角，姑洗為徵，南呂為羽，靈鼓靈鼗，孫竹之管，空桑之琴瑟，咸池之舞，夏日至，於澤中之方丘奏之，若樂八變，則地示皆出，可得而禮矣。凡樂，黃鍾為宮，大呂為角，大蔟為徵，應鍾為羽，路鼓路鼗，陰竹之管，龍門之琴瑟，九德之歌，九磬之舞，於宗廟之中奏之，若樂九變，則人鬼可得而禮矣。

此一節有一從來極費討論之問題，即何以三大祭都只有宮、角、徵、羽而無商聲是也。鄭注說之曰：

祭尚柔，商堅剛。

然其說牽强，後儒都不取。魏書樂志載長孫稚、祖瑩表云：

臣等謹詳周禮，布置不得相生之次，兩均異宮，並無商聲，而同用一徵。計五音不具，則聲豈成文，莫曉其旨。

隋書音樂志載牛弘、姚察、許善心、劉臻、虞世基議，亦謂：

周禮四聲，非直無商，又律管乖次，以其為樂，無克諧之理。

是皆根本懷疑周官之不可信者。而唐會要載開元八年趙愼言論郊廟用樂表有云：

周禮三處大祭，俱無商調。商，金聲也，周家木德，金能剋木，作者去之。今皇唐土王，卽殊周室。其三祭並請加商調，去角調。

後儒因此多說周官無商，乃無商調，非無商聲。所以無商調，則因周以木德王，商金聲，避金克木之嫌。至於律管乖次，也有說明。然據今論之，五德終始，乃秦一統後始有齊人奏上，謂是鄒衍所著，其前固未有。且周官書亦未采及五德終始之說，則此處不當據以爲說。此外復有一問題，爲歷來諸儒所未經注意者，卽音樂能致物怪鬼神之理論是也。春秋以前，似絕未見此等說法。即季札論樂，論語孔子論樂，都不涉及音樂能致物怪鬼神事。縱曰樂舞所以降神，然神之來享，則顯不爲樂舞。此在春秋時人尚均如此說，左傳之書可據也。今考音樂能致物怪鬼神，及樂戒商音二事，其實全起戰國。其證則在韓非子。韓非十過篇有云：

> 昔者衛靈公將之晉，至濮水之上，稅車而放馬，設舍以宿，夜分，而聞鼓新聲者而說之。使人問左右，盡報弗聞。乃召師涓而告之，曰：「有鼓新聲者，使人問左右，盡報弗聞。其狀似鬼神，子為我聽而寫之！」師涓曰：「諾。」因靜坐撫琴而寫之。師涓明日報曰：「臣得之矣，而未習也，請復一宿習之。」靈公曰：「諾。」因復留宿，明日而習之，遂去之晉。晉平公觴之於施夷之臺。酒酣，靈公起言曰：「有新聲，願請以示！」平公曰：「善。」乃召師涓，令坐師曠之旁，援琴撫之。未終，師曠撫止之，曰：「此亡國之聲，不可遂也。」平公曰：「此道奚出？」師曠曰：「此師延之所作，與紂為靡靡之樂也。及武王伐紂，師延東走，至於濮水而自投。故聞此聲者，必於濮水之上。先聞此聲者，其國必削，不可遂。」平公曰：「寡人所好者音也，子其使遂之。」師涓鼓究之。平公問師曠曰：「此所謂何聲也？」師曠曰：「此所謂清商也。」公曰：「清商固最悲乎？」師曠曰：「不如清徵。」

公曰：「清徵可得而聞乎？」師曠曰：「不可。古之聽清徵者，皆有德義之君也。今吾君德薄，不足以聽。」平公曰：「寡人之所好者音也，願試聽之。」師曠不得已，援琴而鼓。一奏之，有玄鶴二八，道南方來，集於郎門之垝。再奏之，而列。三奏之，延頸而鳴，舒翼而舞；音中宮商之聲，聲聞於天。平公大悅，坐者皆喜。平公提觴而起，為師曠壽。反坐而問曰：「音莫悲於清徵乎？」師曠曰：「不如清角。」平公曰：「清角可得而聞乎？」師曠曰：「不可。昔者黃帝合鬼神於泰山之上，駕象車而六蛟龍，畢方竝轄，蚩尤居前，風伯進掃，雨師灑道，虎狼在前，鬼神在後，騰蛇伏地，鳳凰覆上，大合鬼神，作為清角。今主君德薄，不足聽之，聽之將恐有敗。」平公曰：「寡人老矣，所好者音也，願遂聽之。」師曠不得已而鼓之。一奏之，有玄雲從西北方起。再奏之，大風至，大雨隨之。裂帷幕，破俎豆，隳廊瓦。坐者散走，平公恐懼，伏於廊室之間。晉國大旱，赤地三年。平公之身遂癃病。

此故事極生動。不必晉平公時確有此事，而戰國時確有此說。淸商乃亡國之樂，靡靡之音，所謂「濮上之聲」者是，所以周官三大祭皆不用商，正爲其是濮上遺聲也。而音樂之足以感召物變鬼神，亦在此故事中竭力描出。周官六樂，變致羽物，乃至於六變致象物，全從此種故事中來。且周官言「羽物、贏物、鱗物、毛物、介物」，此皆常名可知。又有所謂「象物」，此乃顯指韓非書師曠鼓清角而致玄雲風雨言。此等何以謂之「象物」？其義當求之老子書與易繫傳。此中已涵「天人相應」之說，而禮樂可以通天地，感鬼神，其論暢發於小戴記。不僅孔孟論禮樂，並無此等意想，即荀子書言禮，亦尚不如此立說也。老子與易大傳與小戴記則正同爲戰國晚年書，殆皆與周官、韓非略同其時代也。

又樂記載孔子與賓牟賈論樂，及於大武之舞，孔子曰：

> 「聲淫及商，何也？」對曰：「非武音也。」子曰：「若非武音，則何音也？」對曰：「有司失其傳也。若非有司失其傳，則武王之志荒矣。」

是徵其時大武之舞也有商，而一輩講音樂者乃力事排斥。正因商聲淫靡，乃濮上之新聲，故不認爲是武王之古樂也。可知周官三大祭無商，固不必以「金克木」之說釋之。樂記則本是漢河間獻王與諸生共采周官及諸子而成，自應與周官書有同樣之理論也。而尚書堯典亦云：

> 擊石拊石，百獸率舞。

棄稷篇亦云：

簫韶九成，鳳凰來儀。

此亦不能不謂其乃與周官大司樂爲同時代之作品矣。至於九德之歌，從左傳來，辨僞古文尚書者論之已詳，此不再。

又史記封禪書引周官云：

冬日至，祀天於南郊，迎長日之至。夏日至，祭地祇。皆用樂舞，而神乃可得而禮也。

今周官無其文，蓋卽約大司樂章「凡樂，圜鍾爲宮」一節也。漢書藝文志稱：「孝文時，得樂人竇公獻書，乃周官大宗伯之大司樂章。」則周官此篇，在漢文帝時早已發見。惟謂竇公乃魏文侯時樂人，事實難信。桓譚新論謂竇公年百八十歲。以文帝初卽位上推百八十年，（西元前一八〇——三五九）當爲秦孝公三年，値梁惠王之十二年。其時竇公初生，何能爲魏文侯樂人？齊召南推算竇公在魏文侯時已爲樂工，其年必非甚幼；見漢文帝又未必卽在元年；其壽蓋二百三、四十歲。其實史記六國表載魏文侯、武侯年均誤。魏武侯史記僅十六年，而竹書紀年有二十六年。史記誤脫十年。依齊氏推算，竇公年還需增十年始合。謂竇公獻書年已二百五十歲，其事頗難信。若依桓譚百八十歲之說，孟子遊梁，竇公大約已四十歲。然其時尚不可有周官。至呂不韋著春秋，又八十年，竇公應已百二十歲，其時則周官已成書。大概周官實是魏國人作，竇公則只是魏惠王以後樂人。或者過甚其辭，當其獻書時，竇公尚不到百八十歲，而妄稱上及魏文侯。此正如說鄒衍及見梁惠王、齊宣王也。惟周官大司樂章，則竇公可以有，司馬遷可以見，而摘寫其大意於封禪書，其事不必全可疑。俞氏癸巳類稿謂周官孝文時已在祕府，以校竇公之書，其說亦非不可信。又武帝時，河間獻王與毛生等共采周官及諸子言樂事者，以作樂記。正爲周官之書行於魏晉，故竇公得其大司樂章，而河間王收書，亦得周官也。主張今文經學者，必疑史、漢記事全僞，周官一書定是劉歆、王莽僞造，此實難圓之論耳。

且即以大司樂章所謂必用何種樂舞而後鬼神乃可得而禮者，此亦晚周先秦燕齊方士之緒論也。封禪書載李少君言上：

> 祠竈則致物，致物而丹沙可化爲黃金。黃金成，以爲飲食器，則益壽。益壽，而海中蓬萊僊者乃可見。見之以封禪，則不死。黃帝是也。

又亳人謬忌奏祀太一方，曰：

天神貴者太一。太一佐曰五帝。古者天子以春秋祭太一東南郊，用太牢，七日，為壇開八通之鬼道。

於是武帝令太祝立其祠長安東南郊，常奉祠如忌方。此所謂「方」，卽「方術」之「方」，感召鬼神，須遵一定之方術，擅其術者，所以見稱爲「方士」也。方士初起，亦本儒家禮樂爲說。禮樂之能通天地，感鬼神，其甚深妙義，皆闡發於小戴禮書中，此則爲儒家言。至如謬忌之祠太一方，卽是一種獨擅祕方，非如此則太一之帝不可得而祠。此種祕方，亦可謂是一種祭祀之禮。儒家與方士之相通，當從此着眼。而周官大司樂章，其實亦只是一種方術也。謂非如此則鬼神不可得而禮，此非方術而何？惟專從樂舞說之耳。故知秦、漢方士神仙，實與儒生禮樂鬼神，同出一源，史實俱在，正當從此等處闡求之。然則方士者，最先本講禮樂，求以感召鬼神，以希接引。大概與陰陽家言五德方色數度之異相通。其次乃講服食外丹，又進而講修鍊內丹。近人只知服食、修鍊爲求仙之兩道，各有祕方；不悟求仙求神最捷、最古之一徑，厥爲禮祠鬼神，期感召而得接引。而祭祀之方，在秦皇、漢武時，其重要猶遠在講服食、修鍊兩方之上。其說實與於戰國晚世，乃由一派儒家，匯通道家神仙與陰陽五行之說，而逐步形成者。春秋時固無此等議論。而今周官著者講音樂，亦謂作此樂舞，而後鬼神乃可得而禮，是豈周公之所著？又何嘗爲春秋以前之所有乎？若說劉歆、王莽僞造，則其時方士議論已衰，而禮樂之含義又變，決知其不如此說之矣。

錢穆先生學術年表〔一〕

一八九五年　光緒二十一年

六月初九（公歷七月三十日）生於江蘇無錫。

一九〇一年　光緒二十七年

入私塾讀書，拜孔子像。

一九〇四年　光緒三十年

入無錫蕩口鎮私立果育小學。

一九〇七年　光緒三十三年

考入常州府中學堂。

〔一〕　本年表由郭齊勇撰寫。

一九一一年　宣統三年

轉入南京鍾英中學讀書。

一九一二年

任教秦家水渠三兼小學。

一九一三年

任教鴻模小學（其前身爲果育小學），教高小國文、史地課程。改名爲穆。

一九一七年

講授論語，寫成論語文解一書。是秋完婚。

一九一八年

論語文解由上海商務印書館出版。

一九一九年

任后宅鎮泰伯市立第一初級小學校長。

一九二二年

應施之勉教務長之聘，到厦門集美學校任高中部與師範部畢業班國文教師。

一九二三年

經無錫江蘇省立第三師範資深教席錢基博先生薦，至同校任教。

一九二五年

論語要略由上海商務印書館出版。

一九二六年

孟子要略由上海大華書局出版。

一九二七年

執教蘇州省立中學，任最高班國文教師兼班主任，爲全校國文課主任教席。

一九二八年

爲商務印書館『萬有文庫』作墨子和王守仁。是年夏秋之際，原配夫人及新生嬰兒相繼去世。長兄聲一先生趕回家幫助料理后事，因勞傷過度，舊病突發，不幸也病逝。

一九二九年

課外撰寫先秦諸子繫年。與張一貫結婚。顧頡剛、胡適相繼來蘇中演講，錢穆得以與顧、胡相交。顧頡剛讀到繫年初稿，建議到大學教歷史。與蒙文通過從。

一九三〇年

由於顧頡剛的推薦，一九三〇年秋，得以任北平燕京大學講師，講授國文。劉向歆父子年譜在燕京學報第七期出版，是文批駁康有爲新學僞經考，考據確鑿，詳實可信。

一九三一年

始受聘爲北京大學副教授，清華亦請兼課。在北大教必修課『中國上古史』和『秦漢史』，另開一門選修課『中國近三百年學術史』。周公、國學概論、惠施公孫龍三書由上海商務印書館出版。

一九三二年

開出選修課『中國政治制度史』。老子辨由上海大華書局出版。

一九三五年

代表作先秦諸子繫年由上海商務印書館出版。新交學人有湯用彤、熊十力、梁漱溟等三十餘人。

一九三七年

代表作中國近三百年學術史由上海商務印書館出版。

一九三八年

輾轉至蒙自、昆明，任教西南聯大，撰著國史大綱。

一九四〇年

代表作國史大綱由上海商務印書館出版，教育部定爲部定大學用書，風行全國。任教成都齊魯大學國學所。

一九四一年

在樂山武漢大學講授『中國政治制度史導論』、『秦漢史』，嚴耕望得列門墻。又在馬一浮主辦之復性書院講課。

一九四三年

任教華西大學，兼四川大學教席。

一九四五年

政學私言由重慶商務印書館出版。

一九四六年

前往昆明五華書院任教，又兼雲南大學課務。

一九四七年

中國文化史導論由正中書局出版。

一九四八年

東返，執教江南大學，任文學院院長。與唐君毅先生論交。撰湖上閒思録、莊子纂箋。

一九四九年

與唐君毅應廣州私立華僑大學聘，由上海同赴廣州。秋，到香港亞洲文商學院任教。余英時得列門墻。

一九五〇年

與唐君毅、張丕介在香港創建新亞書院。書院的宗旨是：『上溯宋明書院講學精神，并旁採西歐導師制度，以人文主義教育爲宗旨，溝通世界東西文化。』新亞以各門課程來完成人物中心，以人物中心來傳授各門課程。該院始設文史、哲教、經濟、商學四系，後擴充爲文理商三學院十二個系。創辦時條件十分艱苦，師生多爲内地去港人員。諸先生以人文理想精神自勵並感染同仁與學生，嘔心瀝血，創辦新亞，亦得到許多同道的支持。

冬，到臺北演講。

一九五二年

多次到臺灣演講。出版、印行四部著作：文化學大義、中國歷史精神、中國思想史、中國歷代政治得失。

一九五三年

宋明理學概述、四書釋義在臺北出版。耶魯大學盧定（Harry Rudin）教授代表雅禮協會資助新亞書院，雙方簽約。先生坦率相告，卽使獲得資助，也不能改變新亞的辦學宗旨，不能把新亞變成教會學校，雅禮表示決不干預校政。

一九五五年

新亞書院獲哈佛燕京學社資助，購置圖書，建圖書館，出版新亞學報。新亞以儒家教育理想爲宗旨，在校内懸挂孔子畫像。港府在香港大學當年畢業生典禮上，授予錢穆名譽博士學位，以示尊重。出版、印行中國思想通俗講話、人生十論、陽明學述要、黄帝等著作多種。訪日，在京都等地演講。

一九五六年

元月，在九龍農圃道舉行新亞書院新校舍奠基典禮，發表演講。赴港後，繼配張氏與諸子女皆留在大陸。先生獨居無侶，生活維艱。春，與胡美琦締婚，始有安定生活。

一九五七年

莊老通辨由新亞研究所出版。

一九五八年

印行、出版學籥、兩漢經學今古文平議。

一九六〇年

應邀出國講學，先後在美國耶魯大學、哈佛大學講課和講演。在耶魯大學講課結束時被授予該校名譽博士學位。後又去哥倫比亞大學爲『丁龍講座』作演講。在美國停留七個月後，應邀去英國訪問，參觀了牛津、劍橋大學。從英國到法國、意大利遊覽，最后回到香港。出版湖上閒思錄、民族與文化。

一九六一年

出版中國歷史研究法。

一九六二年

出版史記地名考。

一九六三年

出版中國文學講演集、論語新解。十月，港府集合崇基、聯合、新亞三書院成立香港中文大學。先生早就打算從行政職務中擺脱出來，乃向董事會提出辭呈，未獲通過。

一九六四年

再度請辭，董事會建議休假一年後再卸任。十六年來，爲辦新亞，先生付出了多少精力！在繁忙的教學與行政事務之餘，先生還出版多種著作。自此再潛沉書齋，埋首研讀。居鄉村小樓，開始計劃寫朱子新學案。

一九六七年

四部概論連載於人生雜志。十月定居臺北，住金山街。

一九六八年

七月遷至臺北外雙溪蔣中正所贈庭園小樓。因錢先生幼居五世同堂大宅之素書堂側，故以『素書樓』名新居。先生以最高票當選爲臺灣『中央研究院』院士。出版中華文化十二講。

一九六九年

先生用七年時間完成巨著朱子新學案。此書寫作得到哈佛資金協助。此書乃先生晚年的重要代表作。應張其昀之約，任臺灣中國文化學院歷史系教授，每周兩小時，學生到先生家聽課。又應蔣復璁之約，任『故宮博物院』特聘研究員。

一九七〇年

出版史學導言。

一九七一年

印行、出版朱子新學案、中國文化精神。

一九七三年

出版中國史學名著。

一九七四年

出版理學六家詩鈔、孔子與論語。

一九七五年

出版孔子傳、中國學術通義。

一九七六年

出版靈魂與心。一九七二年後將自己六十年來主要學術論文匯總，保持原貌，略作改訂，自編中國學術思想史論叢，共八册。是年由臺北東大圖書公司出版第一册，至一九八〇年陸續出齊。次年出版世界局勢與中國文化。

一九七九年

先一年患黃斑變性症，雙目失明。是年，歷史與文化論叢、從中國歷史來看中國民族性及中國文化兩書分別在臺、港出版。

一九八〇年

夏，在夫人陪同下到香港與闊别三十二年之久的在大陸的三子（拙、行、遜）一女（輝）相見，相聚僅七天。出版中國通史參考材料。

一九八一年

偕夫人再到香港，與長女（易）、長侄（偉長）相見。出版雙溪獨語。

一九八二年

出版古史地理論叢。定稿八十憶雙親師友雜憶合刊，次年出版。秋，已不能再親筆寫書。

一九八四年

先一年出版宋明理學三書隨劄。是年七月復去香港,門人舉行壽慶活動,先生得以與二子、二女及孫(鬆)孫女(婉約)團聚了一個月,享受天倫之樂。出版現代中國學術論衡。次年七月,自中國文化大學退休。

一九八六年

春,應臺北聯合月刊編輯之請,發表對國運與時局之評論,主張海峽兩岸統一,首次爲大陸人民日報摘登。六月九日,九十二歲生辰,下午在素書樓講最后一課,告别杏壇。最后對學生贈言:『你是中國人,不要忘記了中國!』

一九八七年

出版晚學盲言。

一九八九年

出版中國史學發微、新亞遺鐸。九月,赴港出席新亞書院創立四十年院慶活動。

一九九〇年

五月，由於臺灣黨派之爭，先生不得不離開晚年居住了二十二年的外雙溪素書樓寓所，遷臺北市杭州南路新居。八月三十日上午九時，在臺北寓所平静地走完了生命的最後一刻，享年九十六歲。先生晚年的最后一篇文章，是臨終前三月口授，由夫人記錄整理而成的，表達了先生對中國文化的最終信念。先生對儒家『天人合一』這一最高命題『專一玩味』，並因自己最終『徹悟』而感到『快慰』。先生生前曾多次指出：『天人合一是中國文化的最高信仰，文化與自然合一則是中國文化的終極理想。』先生的晚年定論和臨終遺言中國文化對人類未來可有的貢獻發表於九月二十六日的臺灣聯合報。

一九九一年一月，錢夫人捧先生靈灰歸葬於太湖西山之俞家渡石皮山。錢夫人及二三門人搜集、整理的一千七百萬言之錢賓四先生全集三編（甲編：思想學術，乙編：文史學術，丙編：文化論述）五十四巨册，一九九四年至一九九七年由臺北聯經出版公司出版。